明清皇帝讲学录

孔庙和国子监博物馆◎编

故 宫 出 版 社

国子监牌楼

太学门

琉璃牌楼旧影，约 1902 年

琉璃牌楼

辟雍殿旧影，20 世纪初

辟雍殿

彝伦堂

敬一门

先师门

大成门

大成殿

大成殿内景

崇圣门

崇圣祠

序 言

北京国子监是元、明、清三代最高学府和国家教育的管理机构。国子监又称“太学”。“太学”一词源于西周，汉武帝时设立太学，作为传授儒家经典的中央官学、最高学府。从此，太学作为国家最高学府的代称一直延续到清末，所以在国子监成为最高学府之后也代指国子监。国子监的名称源于西晋设立的国子学，北齐改国子学为“国子寺”，隋代又改称“国子监”，专门管理教育事业，统领各官学。此后，国子监即作为中央官学，为中国古代教育体系中的最高学府。元代监学分置，明代监学合一，国子监既有最高学府的教育职能，又有国家教育机构的管理职能，两项职能合二为一。

北京国子监，创建于元代至元二十四年（1287），大德十年（1306）增建，迄至大元年（1308）建成。明代嘉靖年间增建了敬一亭，清代乾隆时期增建了辟雍等建筑。国子监建筑群坐北朝南，三进院落，现占地27000多平方米。中轴线上的建筑依次为集贤门、太学门、琉璃牌坊、辟雍、彝伦堂、敬一亭。太学门内的第二进院落是国子监的主要办公区和教学区，院中央的辟雍是国子监的中心建筑。东西两侧分布二厅六堂：东为绳愆厅、率性堂、诚心堂、崇志堂，西为博士厅、修道堂、正义堂、广业堂。国子监设祭酒、司业、监丞、博士、助教、学正、学录等职官。最高管理者是祭酒和司业，监丞掌管行政和教务，博士掌管教学，助教、学正和学录分管六堂。国子监的学生通称为监生。监生来自全国各地，由各府、州、县学经严格考选送来深造。国子监的教育以教授儒家经典四书五经为主，校规校纪非常严格。监生在监学习期间的生活费用全部由朝廷负担，毕业后可通过科举考试入仕，或利用历事的机会考职，到中央各机构工作。

国子监的东边是孔庙，二者共同构成了左庙右学的规制。北京孔庙是元、明、清三代皇家祭祀孔子的场所，也是国家教育机构中用以实施礼乐教化的地方。孔庙始建于元代大德六年（1302），明代嘉靖年间增建了崇圣祠，构成三进院落，现占地22000多平方米。主体建筑依序为先师门、大成门、大成殿、崇圣门和崇圣祠。作为专门供皇家祭祀孔子的场所，其建筑等级和祭祀规格都是最高的。历史上，每年二、八月的上丁日在此举行祭孔，称为“丁祭”。

明清两朝的皇帝在即位之初，一般都要到孔庙祭祀先圣，并到国子监讲学，以示敦崇礼教，感化士子。乾隆四十九年（1784）辟雍建成后，乾隆皇帝于次年在辟雍举行了盛大的临雍讲学典礼。可以说，乾隆皇帝修建辟雍殿就是为了将临雍付诸实践。临雍始于东汉光武帝莅临辟雍讲学，开创了封建皇帝到太学讲学的先河。此后，各朝各代皇帝到太学讲学都被称作“临雍”。但是，现实中的辟雍究竟是什么样子，历朝历代却谁也说不清楚。

辟雍的建筑形式和内涵源于周代。据《礼记·王制》记载:“大学在郊，天子曰辟雍，诸侯曰泮宫。”在传统观念中，辟雍是中国古代最高等级的学宫。辟雍四周环水，形成外圆内方的形制，以喻天圆地方。古时的“辟”通“璧”，水中陆地是为“雍”。天子的学宫建于水中高地之上，整体形状如同一块玉璧，故而名唤辟雍。辟雍四周环水，四面桥门，又寓传流教化，泽惠四方之意。

清代乾隆盛世时期，御史曹学闵曾在乾隆三十三年（1768）向乾隆建言于太学中修建辟雍，但由于礼部的否决没有实现。乾隆四十八年（1783），乾隆皇帝为了追求至善至美的文治武功，索性直接下令修建辟雍于太学之中，来实现自己真正在辟雍讲学的雄图伟业。对此，乾隆坚持认为，“稽古国学之制，天子曰辟雍。所以行礼乐，宣德化，昭文明而流教泽，典至钜也。朕此次释奠礼成，念国学为人文荟萃之地，规制宜隆。而辟雍之立，自元明以来，典尚阙如，自应增建，以臻美备”。经过和珅、刘墉等臣工的努力，终于在乾隆四十九年（1784）将乾隆皇帝心目中理想的辟雍建成。同时增建的还有琉璃牌楼和两座御碑亭、两座钟鼓亭。

乾隆五十年（1785）春天，乾隆皇帝在新建成的辟雍举办了盛大的临雍讲学典礼。讲学当天，听讲师生及各级官员达数千人，仅听讲的学生就有3088人，跪满了圜桥以南中院、前院和集贤门外两侧街道。皇帝讲学前，先由满汉大学士讲四书，再由满汉祭酒讲《周易》，称之为助讲，之后才是皇帝亲发御论。讲学内容由传胪官逐级高声传诵于殿外、院外。乾隆皇帝将创建辟雍和临雍讲学作为自己功德圆满的一种象征。他不仅为辟雍题写匾额，还为辟雍亲题“雅涵於乐”匾，又题对联“金元明宅於兹，天邑万年今大备；虞夏殷阙有间，周京四学古堪循”。此外，还为琉璃牌楼题写了“圜桥教泽”和“学海节观”。乾隆皇帝所题匾联均有典故出处，寓意深刻。例如“雅涵於乐”，“於乐”一词出自《诗经·大雅·灵台》:“经始灵台，经之营之。庶民攻之，不日成之。经始勿亟，庶民子来。王在灵囿，麀鹿攸伏。麀鹿濯濯，白鸟翯翯。王在灵沼，於牣鱼跃。虡业维枞，贲鼓维镛。於论鼓钟，於乐辟雍。於论鼓钟，於乐辟雍。鼍鼓逢逢，矇瞍奏公。”“辟雍”一词也出自于此。这首诗描写了周文王修建灵台，在辟雍作乐，钟鼓齐鸣，与民同乐。“乐”能够让人在精神上得到愉悦，“乐”也可以调和人际的关系，协和整个社会。“於乐”二字的读音为**wū yuè**。其中於为发语词，并无实际的意义；乐为奏乐、音乐之意；涵是涵泳，深入体会。“雅涵於乐”意为在辟雍作乐，钟鼓齐鸣，深入体会，反复玩味，以得圣人之道。自乾隆之后，辟雍就专门作为皇帝临雍讲学的场所，讲学后为辟雍题匾也成为相沿的礼仪习惯。

临雍讲学的典礼，是表达皇帝本人和封建国家重视教育、宣扬教化的一种形式。但同时也该注意到，讲学的内容却不是随便选取的，皇帝所讲的段落、阐发的御论，代表着最高统治者在当时的一种期许或心愿，自然有他的意图所在。拿乾隆五十年（1785）的临雍讲学来讲，首先这次讲学是历史上规模最大的一次，不管是场面的隆重还是听讲的人数和范围，都力求做到尽善尽美。其次是在讲学之后将讲学礼仪编成规范，写入会典。为什么会如此重视呢？这就要考虑到当时那个时代，乾隆皇帝把创建辟雍和临雍讲学当作自己功德圆满的象征。彼时的乾隆帝经历了十全武功、六下江南，大清王朝政治稳定、经济繁荣、版图统一，表面上一派盛世繁华。

个人人生达到顶峰，王朝国家处于极盛。在这样的历史情境下，讲出“天行健，君子以自强不息”这样的话，展现的是一代帝王的志得意满，是要“向天再借五百年”的不老雄心。当然，也多多少少有些对权位的恋恋不舍。他阐发的御论“然天之运行，终古不息”，不就是为天子万年找到的理论依据吗？而“圣人之言，非特为为君者言，盖人人皆有法天之道”，不就是在勉励臣下要紧随其后再创辉煌吗？同理，两位大学士进讲的“为人君止于仁，为人臣止于敬，为人子止于孝，为人父止于慈，与国人交止于信”五句，恰恰是将本朝视作理想化的君仁臣敬、父慈子孝、国人诚信的乾隆盛世，是希望大家恪守君臣之道，将这君臣相得创造的太平盛世永远继续下去。

如果说乾隆皇帝的讲学表达的是自己的理想，那么咸丰皇帝的讲学则透露出深深的忧思。咸丰三年（1853）的讲学是在二月举行，而早在正月，太平天国的军队便已经自武汉出发顺流东下，直驱南京。江南乃国家财赋所出，面对前后不过十二天南京即被占领的现实，想必最高统治者也忧心如焚。肘腋之变近在眼前，也难怪会讲出“惟天无亲，克敬惟亲，民罔常怀，怀于有仁”这样的题材，并在御论中大谈守成相比创业之难，担心“民心自涣，民心日离”。这显然是对天下更替的恐惧自省和深重的危机感。

一般来讲，皇帝讲学是为了彰显统治者崇儒重道，为的是笼络士子，巩固国本，但深层次来看，讲学的题目，却几乎都是有感而发。这么隆重正式的国家典礼，所讲的题目或经书段落，不可能随随便便拟就。皇帝阐发的御论，也不可能毫无所指。礼仪是为了宣示国策，内容就是为了表达心愿。只有盛大的排场、隆重的礼乐，才能显示出对教育的重视，也只有通过所讲的话语才能一窥皇帝的心思。明白了个中道理，我们才能做到不仅仅将讲学视作讲学。也就是说，讲学还关系到国策的变化。帝王们不可能跳出他们所处的历史情境，他们的宣讲也就必然会立足于当时的国家背景、社会情况而体现出统治者的某种意图。不论是江山易代后的改弦更张，还是江河日下时的维持守成，不论是个人对秉承天命的辩解，亦或是乱世面对危机的恐惧，讲学都意味着皇帝要做点什么。而做事就需要用人，统治者的讲学也必然有一种对所需人才的期许。于是，讲学这种务虚的形式便会十有八九调动起科举的指挥棒来务实。列位臣工把在听讲时揣摩到的帝王心思具化为科举试题，来选取皇帝心目中的人才，致力于国家的建设，那就再顺理成章、再合适不过了。咸丰三年（1853）的讲学忧惧而自省，咸丰六年（1856）的会试便考察了通古今之变的能力。彼时的清朝又面对英法修约的紧逼和即将爆发的侵略，身处内忧外患之中，彷徨无定之际，正需要向传统汲取力量来应付千年未有之世变。而后来成为两代帝师的翁同龢之所以脱颖而出，恐怕恰恰在于他那篇《告诸往而知来者》切中统治者的心思要害！由此，将视野扩展开来我们才知道，皇帝的讲学和科举的取士总有着某种剪不断的联系。一为理论导向，一为制度实践；一务虚，一务实。同时我们也当注意，科举取士选取的符合统治者期许的人才不是孤单的个例，他们一批一批地分散于国家建设和社会服务的方方面面。或言经济，或重军事，或兴教育，或启思想，或擅外交，或治学术，无论是中枢宰辅，还是地方要员，均能立德、立行、立言，发挥推动国家社会发展的正能量。

当前的时代需要发展，优秀的传统需要总结。国人的价值观和精神世界，始终植根于传统文化的沃土之中，同时又随着历史和时代而与日俱新、与时俱进。习近平总书记在纪念孔子诞辰 2565 周年国际学术研讨会上发表的重要讲话《从延续民族文化血脉中开拓前进》中指出：“中国优秀传统文化的丰富哲学思想、人文精神、教化思想、道德理念等，可以为人们认识和改造世界提供有益启迪，可以为治国理政提供有益启示，也可以为道德建设提供有益启发。对传统文化中适合于调理社会关系和鼓励人们向上向善的内容，我们要结合时代条件加以继承和发扬，赋予其新的涵义。”明清皇帝的讲学，不正是那个时代最高统治者对官僚和士绅阶层的教化吗？而科举制度选拔出的大量良臣循吏，也代表着那个时代的官德典范。我们要做的，正是去其糟粕，取其精华，从传统文化中提炼出有益的内容，服务于当前的时代建设。习总书记也正是这样告诫我们：“不忘历史才能开辟未来，善于继承才能善于创新。优秀传统文化是一个国家、一个民族传承和发展之本，如果丢掉了，就割断了精神命脉。我们要善于把弘扬优秀传统文化和发展现实文化有机统一起来，紧密结合起来，在继承中发展，在发展中继承。”要深刻认识到“当代中国是历史中国的延续和发展，当代中国思想文化也是中国传统思想文化的传承和升华，要认识今天的中国、今天的中国人，就要深入了解中国的文化血脉，准确把握滋养中国人的文化土壤”。正是基于这样的理念，本书主要涵盖了三个方面的内容：一是明、清两代皇帝历次祭孔讲学的题目与内容，这些代表了当时统治者的教育国策和治理国家的理念导向；二是从讲学之后举行的科举考试中精选出优秀科举试卷，包括殿试和会试，力求比较全面地展现科举考试的实践；三是分类例举科举考试录取的优秀人才在施政时的作为及取得的社会效果。在这三个方面的基础上，尝试从古代教育和国策的关系、教育理念和士子价值观的培养、儒学的当代价值、古代教育传统中发掘出一些历史启示，用以阐发传统历史文化，呼应当下时代精神。

随着历史的发展和时代的进步，作为元、明、清皇帝讲学、祭孔之地的国子监和孔庙也历经变迁。北京国子监在 1961 年被列为首批全国重点文物保护单位。1956 年，首都图书馆在此成立，直至 2003 年迁出。北京孔庙于 1988 年被列为全国重点文物保护单位，1981 年首都博物馆于此设立并对外开放，直至 2005 年迁出。2005 年，国子监与孔庙合并，恢复历史建制，成立了孔庙和国子监管理处，隶属北京市文物局。2008 年 6 月更名为孔庙和国子监博物馆，全面对外开放。孔庙和国子监博物馆自成立后，以弘扬中华优秀传统文化为己任，发扬“国学、博学、修身、修为”的精神，开展古代教育和儒家文化研究，打造国学品牌，传播传统文化。真诚地希望孔庙和国子监博物馆能够实现全面、协调、可持续的发展，不断发掘自身文化资源，使读者能够学习和传承祖国优秀的文化成果。是为序。

吴志友

2016 年 3 月

目 录

前言

中国古代元、明、清三朝皆定都北京。北京孔庙国子监是元、明、清三代皇家祭祀孔子的专门场所和国家的最高学府、教育管理机构。三朝统治者崇儒重道，实行科举，他们驾临孔庙国子监祭孔讲学，不仅是为笼络士子，更是以儒家思想培育王朝的中坚力量用以治国，来实现统一的多民族国家的长治久安。这些宣讲与作为均体现出最高统治者立足于当时国家历史背景、社会形势而对所需人才的期许，是对国家教育方向、文化政策的理论导向。而在科举制度下，不断吸纳士人群体中的优秀分子又成为这种理论导向的具体实践。同时，国家的教育体制、教育机构也会起到积极的配合作用。在符合统治者要求的人才融入到统治阶层开始肩负起治理国家的重任之后，又必然会产生强大的社会效果，推动历史向既定的理论方向发展。这些由国家教育策略引发的一系列因果关系能够给予我们丰富的历史启示，使我们能够在古代旧有材料上发掘出新的时代精神，从而汲取古人的智慧，为当政者鉴。

清乾隆皇帝曾说："京师为首善之区，国学为首善之地。"这里的国学就是指北京孔庙国子监，它是元、明、清三代国家行礼仪、宣教化之所。北京是中国的首善之区，孔庙国子监是北京的首善之地。本书不仅深入挖掘孔庙国子监的历史文化内涵，借鉴三朝教育国策的得失，更使我们对古都北京的历史文化有全面深入的认识。

本书涵盖的内容主要有以下三个方面：一是明清两代皇帝历次祭孔讲

学的题目与内容，这些代表了当时统治者的教育国策和治理国家的理念导向；二是历代科举考试的试题和精选出的优秀科举试卷，这自然包括殿试、会试、乡试，可以更加全面地体现科举考试的实践；三是分类例举科举录取的优秀人才在施政时的作为及取得的社会效果。在这三个方面的基础上，我们力求从古代教育和国策的关系、教育理念和士子价值观的培养、儒学的当代价值、古代教育传统中发掘出一些历史启示，用以阐发古都文化历史内涵，唤醒新的时代精神。

| 上篇 |

理念导向——明清皇帝讲学录

一 明清国家教育政策及尊孔

北京孔庙国子监是元、明、清三代皇家祭祀孔子的专门场所和国家的最高学府、教育管理机构。三朝统治者崇儒重道，实行科举，他们驾临孔庙国子监祭孔讲学，不仅是为笼络士子，更是以儒家思想培育王朝的中坚力量用以治国，来实现统一的多民族国家的长治久安。这些宣讲与作为均体现出最高统治者立足于当时国家历史背景、社会形势而对所需人才的期许，是对国家教育方向、文化政策的理论导向。而在科举制度下不断吸纳士人群体中的优秀分子又成为这种理论导向的具体实践。同时，国家的教育体制、教育机构也会起到积极的配合作用。在符合统治者要求的人才融入到统治阶层开始肩负起治理国家的重任之后，又必然会产生强大的社会效果，推动历史向既定的理论方向发展。

（一）教育政策

明清两代是中国古代中央集权政治的顶峰时代，其教育政策的最大特点便是文教政策受集权政治的影响深刻。明清两代官学在国家政治体系中的地位显然要超过私人性质的教育机构，这是集权政治对教育政策影响的体现。统治者将程朱理学作为主要统治思想，但只是摘取其中符合统治需求的内容，并把它们当作教条作为主要教育内容。明清两代的教育目标是追求短期功利，其课程设置、考试方法都围绕科举考试运行，学校在发展上缺乏独立的指导思想，单从这一点来说，从汉武帝建立太学时起，中国的学校就从未在精神上得到健全的发展。但毋庸置疑，中国古代的学校制度却在长久的历史发展中不断地完善，成为培养人才的主要机构。

中国古代在孔子之前教育机构皆为国立，“夏曰校，殷曰序，周曰庠，学则三代共之”。春秋之前实行世官制度，贵族子弟入学校学习，“学而优则仕”。战国以后，世袭身份制度被逐渐打破，与此同时私学兴起，出身平民和没落贵族而经由私学成才的游士遍天下，成为各国选官的一个重要来源。汉武帝在长安兴建太学，设《诗》、《书》、《礼》、《易》、《春秋》五经博士为教官，招收博士弟子。汉平帝时，规定郡、国等各级地方设立地方学校。晋武帝在太学外另设国子学。唐时，于京师设国子监，长官称国子监祭酒，分国子学、太学、四门学（以上专收贵族官僚子弟）、律学、书学、算学。地方有府学、州学、县学，设博士、文学、助教与教官。宋代除了太学外，有律、算、书、画、医诸学，书院制度也开始兴起。元代有蒙古国子学、回回国子学，教授蒙文、阿拉伯和波斯文学。

明清两代教育系统按地域范围可分为中央和地方两大类；又按办学性质，则可分为官学和私学两大类。中央官学主要有国子监，此外还有宗学（明代于两京设立的皇族贵胄子弟学校）、觉罗学（清代为皇族贵胄设立的官学）、旗学（清代为旗人专设之学）、武学（为武举考试而设立的学校）、医学、阴阳学、俄罗斯文馆（乾隆朝设）、四夷馆等。地方官学主要有府学、州学、县学。明代还有教司儒学、行都司儒学、卫儒学、都转运司儒学、宣慰司儒学、按抚司儒学等。此外，府州县皆设有武学、医学、阴阳学，又有专为孔、孟、颜后裔设立的三氏学。清代沿袭明代，地方有府学、州学、县学、卫学，统称为儒学。明清两代的私学主要有：私塾、社学、义学。清代童子启蒙教育，除专聘的家庭教师以外，大多为小规模公共教育的私塾。私塾为私人、宗族或地方社会所办，讲授“百家姓”、“千字文”、“三字经”等启蒙教材。社学和义学也属于启蒙教育机构，均起源于宋、元，一般为地方社会所创办。社学一般是以乡为单位设立一个社学，官府免除社学教师的差徭，并酌给薪水。义学一般为地方社会或急公好义的人士集资创办，专收孤儿和家境贫寒的生童入学。

本书欲介绍的明清皇帝临雍讲学就发生在中央官学系统的国子监中。

国子监是隋朝以后中央的官学，是中国古代教育体系中的最高学府。汉武帝始设太学，为中央官学，为传授儒家经典的最高学府。西晋初立国子学，突出国家教育管理机构的功能，北齐称之为国子寺。隋、唐、宋、元、明、清称之为国子监。清末改革学制，光绪三十一年（1905）12 月 6 日设学部，国子监次年归并学部，其教育行政功能丧失。

元代孔子加号碑

北京国子监创建于元至元二十四年（1287），大德十年（1306 年）增建，属集贤院，辖国子学。国子监内掌教学事务的有祭酒、司业，管理各杂务的有监丞。所学课程有《孝经》、《小学》、《论语》、《孟子》、《大学》、《中庸》，以及《诗》、《书》、《礼记》、《周礼》、《春秋》、《易》等。同时又设蒙古国子监和回回国子监，以与汉人区别开来。蒙古国子监管辖蒙古国子学，入学资格限于朝廷里的蒙古、汉人百官等。学习内容主要是以蒙古文译写的《通鉴节要》，并兼习算术，学成考试，量才授官。回回国子监管辖回回国子学。回回国子学于元世祖至元二十六年（1289）创立，入学资格限于公卿大夫及富民子弟，学习内容以“亦思替非”文学为主，目的是培养诸官衙译史人才。世祖年间，国子学生员无定额。延祐二年（1315）规定：官给廪膳者 100 名，其中蒙古人 50 名，色目人 20 名，汉人 30 名。后增为 150 名。入学者都是随朝蒙古、汉人百官及怯薛薰官员的子弟，只是在诸路蒙古子学，除诸路府官子弟外，招收部分民间俊秀者入学。

明太祖改应天府学为国子学。明太祖定都南京后，重建国子学。洪武十五年（1382）改国子学为国子监。永乐元年（1403）明成祖增设北京国子监。永乐十八年（1420）迁都北京，以北京国子监为京师国子监。从此便有南监、北监之分。明国子监设有祭酒、司业、监丞、典簿、典籍、博士、助教、学正、学录等官。监生来源广泛，主要有贡监、举监、荫监和例监四类，还有云南、四川等地少数民族生员亦升贡入监者称土官生，日本、琉球、暹罗等国的留学生称为夷生。明代国子监的教学管理制度较之前朝更为完备，其主要表现在三个方面：其一，建立分堂教学和积分制。国子监教学组织分为六堂，初级有“正义”、“崇志”、“广业”，中级有“修道”、“诚心”，高级有“率性”。监生按其程度进入各堂肄业，然后逐级递升。其二，健全监生课业管理制度。国子监对课程安排、教学方式方法以及教学计划等，均有明确的规定。除朔望两天的例假外，每日皆安排有课业，分晨、午两课举行。晨课在晨间，由祭酒率领属官出席，祭酒主讲。午课在午后举行，主要为会讲、复讲、背书、论课等，由博士、助教主持。其三，实行监生历事制度。历事制度旨在使监生在正式进入官场之前，通过“历事各司”以“学习政法”，锻炼并考查监生的从政能力。明代国子监生待遇优厚，生徒享受政府供给的廪膳，并按季节发给监生衣服、被褥、冠履；每逢节令，必有赏给；已婚者养其妻室儿女，未婚者赐钱婚聘；监生省亲回籍，赐衣、赐金作为川资。与此同时，国子监对监生的管理也相当严格，国子监订有严厉的监规，经多次增订共56款，对生员进行严酷的训导和管理，并实行严密的思想控制，对违反监规者施以痛决、充军、吏役、枷镣终身、饿死、自谥及枭首示众等极为残酷的惩罚。

清代国子监始设于顺治元年（1644），其管理较明代更为细密。国子监仍以祭酒、司业为正、副首长，其下设有绳愆厅、博士厅、典簿厅、典籍厅、六堂等行政和教学机构。国子监肄业生徒，有贡有监。贡生包括岁贡、恩贡、拔贡、优贡、副贡、例供。岁贡是每年由直省选送的贡生，为国子监生徒的基本来源。顺治二年（1645）规定，府学每年贡1人，州学三年贡2人，县学二年贡1人。恩贡是国家遇有庆典吉事以正贡之常额加贡一次，或特许圣贤后裔入监者，准作恩贡。拔贡是沿明代选贡遗制，每六年由省学选拔，会同督抚会考升贡，府学2名，州、县学各1名，保送入监读书。优贡为府、州、县学举其文行兼优的学生送监读书。副贡为应直省乡试未能中举，取在副榜，直接入监读书者。例贡是不经考选而由生员援例纳捐入监读书者。监生是指所有取得在监读书资格的学生，有恩监、荫监、优监、例监。恩监是指对先圣先贤之后裔恩准入监者，或由汉军八旗文官子弟恩准入监。荫监分恩荫和难荫，前者是指京官四品以上，外官三品以上，武官二品以上，按例入监读书的一子，后者专指品官因公殉难，封荫其子入国子监读书者。优监不同于优贡，优贡是在廪生（国家发给粮食的生员）、增生（成绩优异者）中选拔，优监是在附生（刚入学者）中选拔。

清代国子监的课程十分完善，乾隆二年（1737）根据刑部尚书兼管理监事大臣孙嘉淦的建议，仿宋代胡瑗的办法，分经义、治事二科。经义科以御纂经说为主要内容，兼教诸家学术；治事科则教授兵刑、天官、河渠、乐律等，或专治一事，或兼治数事，务穷究其源流利弊。清代国子监亦订有严格的考试制度，分月课与季考两种。月课，每月望日，祭酒或司业课一次；朔日，博士厅课一次；三日，六堂助教课一次；十八日，学正或学录课一次。季考，每三个月举行一次，由祭酒主持。月课、季考均采用积分法，月课列一等者给一分，列二等者给半分。一年之内积满八分者为及格。及格以后，按原有资格分别咨送吏部，在吏部历满考职后，按照成绩分别外用。清代国子监与前代相比有一些新的发展。其一，国子监中实行走读制度。过去国子监生一般都是住读，清代则实行走读。在学肄业者称为北学，在外肄业者称为南学，亦称内班、外班，并规定距家近者不能入内班。其二，实行监生历事制度和积分法。清初国子监生坐监期满，即送各部院衙门练习吏事，每隔三个月考核一次，一年期满送廷试授官。积分法始于顺治三年（1646），为祭酒薛所蕴奏定。其三，实施分斋教学制度。

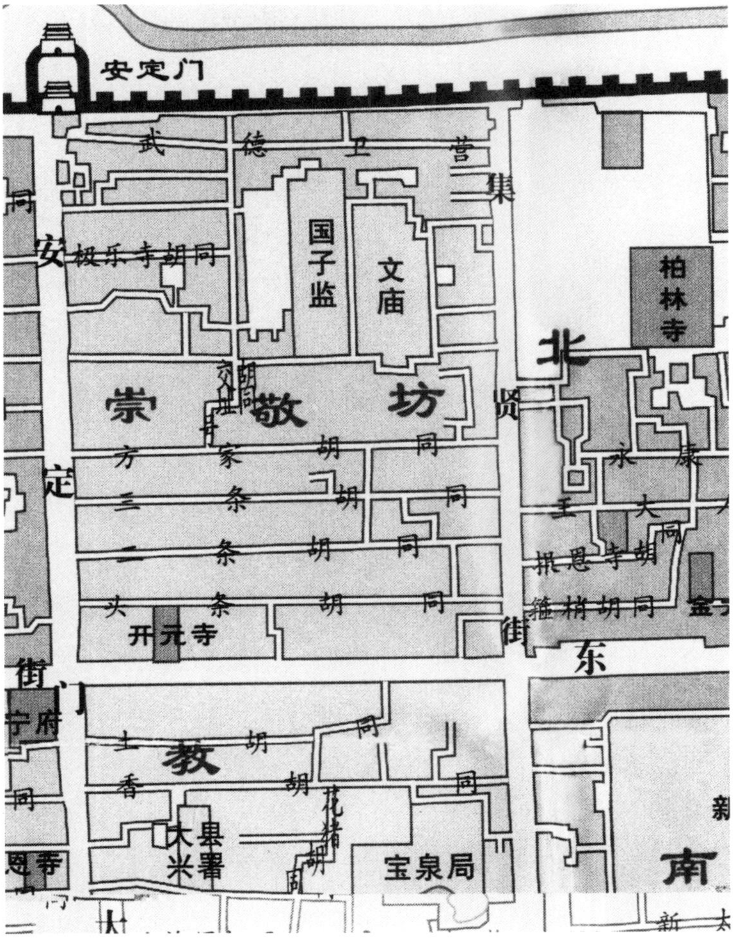

明代孔庙国子监及周边街坊

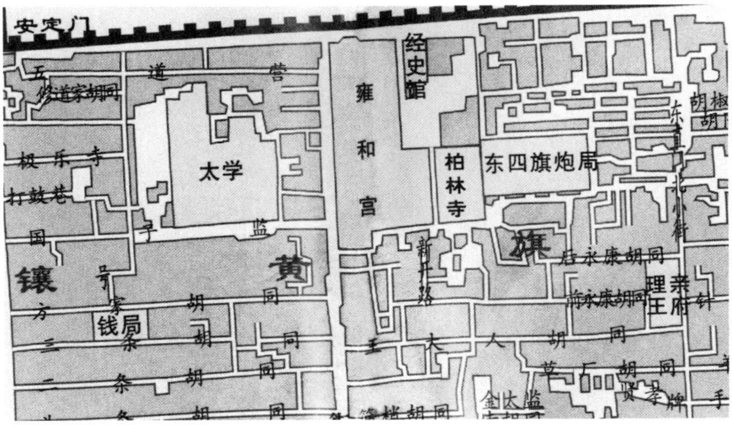

清代孔庙国子监及周边胡同

乾隆二年（1737），刑部尚书兼管理监事大臣孙嘉淦请仿照宋儒胡瑗“经义、治事分斋遗法”，实施分斋教学制度。

各级学校授课的主要目的是为科举培养人才，而考试内容也以科举考试考查的内容——儒家四书为主。各级学校均设有孔子像，定期祭拜，新生入学，必先拜孔子。作为中央级别的学校——国子监（明代南、北两监），其旁专设孔庙，以祭祀孔子及先贤等，其祭祀仪式更是受到皇帝的特别重视，除孔庙里官员定期组织师生行祭祀礼外，皇帝常亲自或遣官祭祀。此外，还在孔子故里的山东曲阜建孔庙，供师生参拜。

（二）科举措施

中国古代的文官录用制度主要经历了三大发展阶段：先秦时期的世袭制，秦汉至魏晋南北朝时期的荐举制，隋唐宋元明清时期的科举制。科举制将考试、读书、做官三者联系起来，提高官员文化素质，同时打破士族门阀控制官场的局面，扩大了统治基础。但是，科举制度也在一定程度上束缚了读书人的思想，不利于文化的进步。总之，科举制度是中国古代自唐以来加强中央集权的重要手段之一，明清两代作为中央集权的顶峰时代，科举考试制度自然在程式上也臻于完善，然而在内容上则逐渐僵化，不断受到后人的诟病。

科举制发展至明代仅进士一科，为强化专制主义中央集权，控制思想文化，明以程朱理学观点指导作文，同时规定试卷须用八股文体写作，即将全文分为八个部分：破题、承题、起讲、入手、起股、中股、后股、束股，从起股以下，每部分用两股排偶文字，限定字数，故称八股文，又名制义、时文。考试程序也更烦琐，增加各级预考，同时将学校与科举结合。从明朝中叶起，科举地位日重，出现非进士不入翰林，非翰林不入内阁的局面。以经义八股为考试内容的科举制度发展至清朝，弊端已暴露无遗。但清统治者为推行文化专制主义，将科举考试作为笼络汉族士大夫的手段和禁锢知识分子思想的工具，除分满人、汉人两榜录取以优待八旗子弟外，余皆承明之旧。乾隆皇帝还指派学者方苞编定明清两朝名家所写八股文，定名《钦定四书文》，刊行全国，供赴考举子阅读。由于只要死记硬背经书及会作八股时文即可应举入仕，故参加科举的考生日增。为限制录取人数，主考者常乞灵于考试命题，致使毫无价值、近似文字游戏的偏题、难题、怪题泛滥成灾，考生为迎合考试命题而寻章摘句，死钻牛角尖，科举考试制度更趋僵化，成为革新政治、发展科学文化的重大障碍。

明清读书人为取得参加正式科举考试的资格，必须参加相应的资格考试，且科举必由学校，即只有各类学校的生徒才有资格参加乡试。因而读书人首先要参加童试，参加童试的人称为儒生或童生，录取后称为生员，俗称“秀才”。然后进入学校读书，上文已经交代明清两代的学校分为中央和地方两级，中央主要是国子监，地方则有府学、州学和县学，统称为儒学。儒学和孔庙在一起，称为学宫。生员“入学”后即受教官（教授、学正、教谕、训导）的管教。

正式科举考试分为制考和常考。制考（或制举）为非常规考试，如康熙的博学鸿儒科，以及乾隆的博学鸿词科，主要是令中央和地方的官员举荐学行兼优、文词卓越之人，不论已仕未仕，均可应考，其试题为诗、赋、判等，成绩列在一、二等者俱授翰林官。每逢皇帝登基之年令各地举孝廉方正、皇帝巡幸召试，也属于制科。常考是每三年举行一次的常规科举考试，分为乡试、会试、殿试三级。乡试、会试考试主要考八股文和试帖诗等。乡试通常每三年在各省省城举行一次，又称为大比，由于是在秋季举行，所以又称为秋闱，参加乡试的是秀才，乡试考中后称为举人，第一名称为解元。举人实际上是候补官员，有资格做官了，按清代的科举制度规定，举人可以到吏部注册，可以取得一定官职。会试在乡试后的第二年春天在礼部举行，所以会试又称为礼闱，或春闱。参加会试的是举人，取中后称为贡士，第一名称为会元，会试后一般要举行复试。殿试是皇帝主试的考试，考策问，参加殿试的是贡士，取中后统称为进士，殿试分三甲录取：第一甲赐进士及第，第二甲赐进士出身，第三甲赐同进士出身。第一甲录取三名，第一名俗称状元，第二名俗称榜眼，第三名俗称探花，合称为三鼎甲；第

明清进士题名碑碑林

二甲第一名俗称传胪。状元授翰林院修撰，榜眼、探花授翰林院编修。其余诸进士再参加朝考，考论诏奏议诗赋，选擅长文学书法的为庶吉士，其余分别授主事（各部职员）、知县等（实际上，要获得主事、知县等职，还须经过候选、候补，有终身不得官者）。庶吉士在翰林院内特设的教习馆（亦名庶常馆）肄业三年期满举行“散馆”考试，成绩优良的分别授翰林院编修、翰林院检讨（原来是第二甲的授翰林院编修、原来是第三甲的授翰林院检讨），其余分发各部任主事，或分发到各省任知县。

作为国家公务人员选拔考试的科举制度，其重要性是不言而喻的。科举制度以儒家思想为考试内容，完全依托儒家的经典及经注，这不仅是明清两代君主尊孔政策的体现，同时又解释了明清两代尊孔政策的缘由。

（三）尊崇儒学

儒家思想自西汉董仲舒以来成为中国古代重要的统治思想，而明清两代又将儒学推向了新的高峰。明清两代是封建中央集权发展的最高峰，而儒学中的许多思想，恰好符合统治者稳定人心、加强集权统治的目的，因而儒学与孔子自然也被明清两代君主所青睐。尤其是清代以少数民族入主中原，在武力统一全国后，力争正统，大兴文治。文治的原则性内容，便是儒教所谓的礼乐政刑，而儒家文化的创始人孔子则成为正统文化的象征。所以，有清一代极力推崇孔子，最终把祭孔仪制提升到大祀的高度，将孔子的地位推向历史的最高峰。

儒家思想的主要体现便是四书五经。四书指的是《论语》、《孟子》、《大学》、《中庸》，五经指的是《诗经》、《尚书》、《礼记》、《周易》、《春秋》（五经与失传的《乐经》合称为六经）。南宋朱熹将《礼记》中的《大学》、《中庸》两篇拿出来单独成书，和《论语》、《孟子》合为四书。各朝皆以四书列为科举考试范围，因而造就四书独特的地位。甚至宋朝以后四书已凌驾于五经之上。

孔子行教像

五经中的《易》，又称《易经》、《周易》，包括经、传两部分，其中传包括系辞、说卦等十个部分，旧时称“十翼”，是孔子对《易经》的解读。《书》又称《尚书》、《书经》，是中国现存最早的史书，分为《虞书》、《夏书》、《商书》、《周书》。《诗》又称《诗经》、《诗三百》，西汉时被尊为儒家经典，今存305篇，各篇时代早晚不一，早至周初，晚至春秋中期。《礼》在汉时指《仪礼》，后世指《礼记》,《仪礼》是春秋战国时一部有关礼仪制度的汇编，记载周代的各种礼仪。还有一部《周礼》,记录周朝制度,与《仪礼》、《礼记》统称为“三礼”。后世以《礼记》流传最广,故一般以之作为《五经》的代表。《春秋》又名《麟经》,是鲁国的编年史,后人为其作注解,流传下来的有《左传》、《公羊传》和《谷梁传》，合称“春秋三传”，其中以《左传》流传最广。

四书中的《论语》、《孟子》分别是孔子、孟子及其学生的言论集。《大学》、《中庸》则是《礼记》中的两篇。宋儒认为《大学》是孔子讲授“初学入德之门”的要籍，经孔子的学生曾参整理成文;《中庸》是“孔门传授心法”之书,是孔子的孙子子思“笔之于书,以授孟子”的。这两部书与《论语》、《孟子》一起表达了儒学的基本思想体系，是研治儒学最重要的文献。朱熹把《论语》、《孟子》、《大学》、《中庸》这四部书编在一起，分别代表早期的四位儒家代表人物：孔子、孟子、曾参、子思。朱熹分别为这四部书作了注释，其中《大学》、《中庸》的注释称为“章句”,《论语》、《孟子》的注释因为引用他人的说法较多，所以称为“集注”。朱熹死后，朝廷便将他所编定、注释的四书审定为官书，从此盛行起来。到元代延祐年间（1314～1320）恢复科举考试，正式把出题范围限制在朱注四书之内，明清沿袭而衍出“八股文”考试制度，题目也都是在朱注四书里。

除向广大百姓宣传四书五经外，明清皇帝的尊孔还体现在针对皇帝本身、已经在官僚体系中的官员,以及皇室成员的“经筵日讲”等仪式中。“经筵”就是儒臣给皇帝上课，讲授儒家经典或治国之道等，也就是皇帝学习的制度。明清时期，大经筵多在文华殿举行。明清经筵，礼制相同，略有差异。以清为例，先由礼部动议举行，翰林院选任讲官，翰林院掌院学士和讲官共同拟定篇目、撰写讲义，奏请钦定。经筵当天黎明，由大学士等到传心殿祭祀。经筵举行时，文华殿宝座前摆放南北三张桌子，北面是皇帝用的御案，南面分别是讲官用的讲案，三案相对，呈品字形。案上各置讲章（讲稿），镇以金尺（镇尺）。旁边站立展书（翻书）官两员。讲官在两张桌子上安放好讲义：左边是“书”，即四书；右边是“经”，即五经。讲官一共四位，满汉各二（明没有满讲官），两人一组，分讲书、经。展书官膝行（跪着前行）御案前展开讲章，然后退回原处。先由满人讲官出列，用满语讲四书，然后由汉人讲官用汉语来讲。讲完之后，皇帝就讲解内容发些议论，叫作“书义”，大臣们跪着聆听。再由满汉讲官依次再讲五经，皇帝阐发些经义，尔后下课。皇帝给参加者赐座，或在廊道赐茶，然后起驾回宫。讲官等人随后到太和门东廊吃饭，有时在文华殿配殿本仁殿设席。经筵日讲是经常进行的。

皇帝历次讲学的内容则是明清两代官修四书五经注疏的来源。当朝文臣根据皇帝讲学过程中对四书五经中的解释，多次重新编订对于四书五经的注释，即官方标准，而这些注释则成为科举考试的答题依据。洪武三年（1370）开科举时规定“经义”题用宋儒注疏，其中“四书义”一项在后来规定必须在朱熹的《四书章句集注》中出题。“经义”和“四书义”的答题格式，就叫作“八股文”。永乐年间，胡广等人奉命纂修《四书大全》、《五经大全》、《性理大全》，以使“家孔孟而户程朱”，自此，程朱理学全面确

修缮后的十三经刻石

“万世师表”匾

立它在明代政治上的统治地位。这种情形一直延续到清代。康熙时，命儒臣修《朱子大全》、《性理精义》，与明初统治者如出一辙。雍正时，有儒士谢济世为《大学》作注。又，包含四书五经的儒家《十三经注疏》被刊刻数次，最终铭刻于全国最高学府国子监，也说明了明清两代皇帝对儒学的尊崇。乾隆五十六年（1791），命于皇帝重要的讲学场所国子监辟雍外立碑，并将儒家经典《十三经注疏》刻于其上，这些镌刻经典的石碑多达 190 多块。同时在彝伦堂内左右两侧立碑，专门刻皇帝讲学时对经文的解释，共 16 块。光绪十一年（1885），因为石经碑建立已超过百年，因而补撰了《石经考文提要》，可见清代皇帝对儒学的尊崇。

明清皇帝根据自己的需要，对儒家经典以经筵等方式进行重新阐释的同时，将儒学推向了前所未有的地位。作为儒学创始人的孔子及其弟子，自然也受到尊崇，这就形成了自上而下的尊孔思潮。国子监的祭孔仪式，则是这一尊孔思潮的反映。本书接下来要介绍的明清皇帝临雍讲学，也正是在这样一种尊孔思潮的推动下开展的。

（四）文庙制度

儒家四书五经符合明清两代统治者稳定人心、统一思想的目的，因而明清两代均以四书五经作为国家选拔官员的科举考试的主要内容，明清两代输送科举人才的各级学校的教育内容自然也以四书五经为主，这就使得四书五经的地位达到了一个至高的境界。所以，作为儒家学派创始人的孔子，便受到天下读书人的景仰。皇帝作为科举制度的倡导者，从天下读书人的心态出发，亦为达到其统治目的，也推崇孔孟之道，其采取的措施便是“文庙制度”。

文庙，或称夫子庙、孔庙，即古时的郡学，原来规模庞大，建筑宏伟。今天的文庙遗存，大多仅存大成至圣殿及两庑廊舍。在封建社会里，孔子被统治者和儒家信徒们奉为“大成至圣先师”。文庙正中为大成殿，是祭孔场所，旁有东西庑房。大成殿后为崇圣祠，祠东为明伦堂。大成殿前有大成门，门左为名宦祠，右为乡贤祠，门外有棂星门和泮池，池旁有井，专供祭祀孔子时沐浴盥洗之用。泮池呈半月形，上面架有石桥，名状元桥。行人至此，武官下马，文官下轿。

下马碑

文庙建置最初并无定制，明洪武三十年（1397），明太祖规定“大成殿门各六楹，棂星门三楹，东西庑七十六楹，神厨库八楹，宰牲所六楹”，以此为定制。清顺治十四年（1657），因北京孔庙年久失修，建筑倾圮，皇帝在政府财政困难的情况下，仍然下令重修文庙，并号召京中满汉官员捐资，历经三年完成，其基本规制仍沿明制。雍正二年（1724）重修阙里文庙，八年庙成，并用黄瓦。此时各地其他文庙皆为绿瓦，以示阙里文庙尊崇的等级。乾隆二年（1737），乾隆帝特命北京孔庙大成门、大成殿也改覆黄瓦，以昭展敬至意。乾隆三年完成后，乾隆帝亲临祭孔。光绪三十四年（1908）五月，在山东巡抚袁树勋的奏请下，祭祀孔子之礼升为大祀礼。

文庙大成殿内供奉孔子、四配和十二哲神位。殿内正位为孔子神位，其全称是“至圣先师孔子之位”，居于正中，南向。孔子谥号历代多有更易，鲁哀公时只称“尼公”，汉平帝元始元年（1）始加谥“宣尼父”，后魏太和十六年（492）改谥“文圣尼父”，唐太宗贞观十一年（637）尊为“宣圣尼父”，唐玄宗开元二十一年（733）始进谥“文宣王”，元武宗至大元年（1308）加谥“大成至圣文宣王”，明嘉靖九年（1530）改为“至圣先师孔子”，清顺治二年（1645）为“大成至圣文宣先师孔子”，后恢复“至圣先师孔子”的旧称。配位为“四圣”神位：东殿为复圣颜子、述圣子思子位，面朝西；西殿为宗圣曾子、亚圣孟子位，面朝东。从位在配位两侧，清初

20 世纪初大成殿内景

今日大成殿内景

仅“十哲”：东侧为先贤闵子损、冉子雍、端木子赐、仲子由、卜子商，面向西；西侧为先贤冉子耕、宰子予、冉子求、言子偃、颛孙子师，面向东。康熙五十一年（1712），加朱子；乾隆三年（1738），加子若，位置仅次于卜子商，将朱子位次置于颛孙子师后。除了大成殿供奉外，其东西两庑为文庙从祀的先贤、先儒，奉祀人物在明清两代都有不同的变化。

明洪武十五年（1382），朱元璋规定全国各地均需祭祀先师孔子，并颁布祭祀孔子的统一仪式。永乐初年，在太学之东建立孔庙。宣德三年（1428），明宣宗命令礼部仔细考证从祀先贤的名位，并颁布天下。宣德十年（1435），慈利教谕蒋明请求祭祀元代儒生吴澄。正统二年（1437），英宗以宋儒胡安国、蔡沈、真德秀增加到从祀地位。正统年间，关于孔子、颜回、孟子三位圣人后裔的崇祀位置，有许多争议。成化二年（1466），宪宗追封董仲舒为广川伯，胡安国为建宁伯，蔡沈为崇安伯，真德秀为浦城伯。弘治八年（1495），孝宗追封杨时为将乐伯，处于从祀地位，位次在司马光之后。弘治十七年（1504），文庙建成，派大学士李东阳祭告祖先，并由皇帝亲自题写碑文。嘉靖九年（1530），又有颜子、曾子、子思父亲颜路、曾昳、孔鲤的祭祀问题之争，是否保留其公侯伯等称号，还是称其为先贤先儒，时人多有争议。有人怀疑嘉靖皇帝借此达到他追尊其父为皇帝的目的。后经过讨论，规定孔子神位写“至圣先师孔子”，将其王号及“大成”、“文宣”的称号去掉。改大成殿为先师庙，大成门为庙门。其“四配”仍称复圣颜子、宗圣曾子、述圣子思子、亚圣孟子。“十哲”以下，凡是受业弟子，都被称为“先贤某子”。左丘明以下，都称为“先儒某子”，不再称公、侯、伯。遵明太祖最初定都南京时国子监的定制，以木头做神位，模仿其大小尺寸，将其作为定制。孔子塑像则令移除。至于从祀贤人，需加认真考证。如申党、申枨为一人。罢去公伯寮、秦冉、颜何、荀况、戴圣、刘向、贾逵、马融、何休、王肃、王弼、杜预、吴澄的祭祀。林放、蘧瑗、卢植、郑众、郑玄、服虔、范宁在各自家乡的文庙崇祀。后苍、王通、欧阳修、胡瑗应该加入祭祀名单。隆庆五年（1571），将薛瑄置于从祀地位。万历年间，将罗从彦、李侗置于从祀地位。

万历十二年（1584），又将陈献章、胡居仁、王守仁加入崇祀地位。万历二十三年（1595），将宋儒周敦颐的父亲父辅成置于启圣祠从祀位置上。崇祯十五年（1642），增左丘明为先贤，又改宋儒周敦颐、程颐、程颢、张载、朱熹、邵雍六人称号为先贤，居于孔子七十弟子之下，汉唐诸儒之上，然而仅国学做了这样的更改，阙里以及天下各文庙等都未来得及更改。

清初，从祀人数仅先贤96人、先儒28人。康熙中后期，为了争取汉族士人的认同，康熙帝大力宣扬崇儒重道，其手段之一便是增加文庙袝飨的先贤、先儒数量。康熙五十四年（1715），加宋儒范仲淹，置于东庑唐儒韩愈一侧。雍正二年（1724），复祀者六人：林放、蘧瑗、秦冉、颜何、郑康成、范宁；增祀者二十人：孔子弟子县亶、牧皮，孟子弟子乐正子、公都子、万章、公孙丑，汉诸葛亮，宋尹焞、魏了翁、黄干、陈淳、何基、王柏、赵复，元金时人履祥、许谦、陈澔，明人罗钦顺、蔡清，本朝陆陇其。此后袝飨文庙的先贤、先儒时有加增。乾隆二年（1737），加元儒吴澄。道光二年（1822），加明臣刘宗周。三年（1823），加乾隆朝臣汤斌。五年（1825），加明臣黄道周。六年（1826），加唐臣陆贽、明臣吕坤。八年（1828），加明儒孙奇逢。二十三年（1843），加宋臣文天祥。二十九年（1849），加宋儒谢良佐。咸丰元年（1851），加宋臣李纲。二年（1852），加宋臣韩琦。三年（1853），加先贤公明仪。七年（1857），加先贤公孙侨。九年（1859），加宋臣陆秀夫。十年（1860），加明儒曹端。同治二年（1863），加鲁人毛亨、明臣吕柟、明儒方孝孺。七年（1868），加宋臣袁燮。十年（1871），加先儒张履祥。光绪元年（1875），加先儒陆世仪。二年（1876），加汉儒许慎。三年（1877），加汉河闲献王刘德。四年（1878），加先儒张伯行。五年（1879），加宋儒辅广。十八年（1892），加宋儒游酢。二十一年（1895），加宋儒吕大临。宣统三年（1911），加汉儒赵岐、元儒刘因。至此，东庑先贤40位、先儒35位，均西向；西庑先贤39位、先儒35位，均东向。共149人。

明清两代地方文庙，仿照京师孔庙，除祭祀孔子及历代先贤、先儒

20世纪初孔庙燎炉

今日孔庙燎炉

外，往往多供奉本土有名的贤儒。这些贤儒往往是地方有名的官吏、文人，或曾寓居于此的官吏、文人。他们的事迹往往作为地方人们或缅怀或效仿的例子。这些贤儒的名单，往往需要先由地方政府上报，得到批文后方可崇祀，显示了明清两代政府通过文庙制度来宣扬儒学，以稳固统治的理念。

道光朝国子监全图，中国国家博物馆藏

二 明代皇帝祭孔讲学

（一）明太祖洪武十五年（1382）讲学

《明史》卷五五《志·礼九·嘉礼三》：

洪武十五年，太祖将幸国子监。议者言，孔子虽圣，乃人臣，礼宜一奠而再拜。太祖不从，命礼部尚书刘仲质[1]定其制。

前期设御幄于大成门东，南向，设御座于彝伦堂[2]。至日，学官率诸生迎驾于成贤街左。皇帝入御幄，具皮弁服，诣先师神位，再拜。献爵，复再拜。四配[3]、十哲[4]、两庑[5]分献，如常仪。皇帝入御幄，易常服。升舆，至彝伦堂升座。学官诸生五拜叩头，东西序立于堂下。三品以上及侍从官，以次入堂，东西序立。赞进讲，祭酒、司业、博士、助教[6]四人由西门入，至堂中。赞举经案于御前，礼部官奏，请授经于讲官。祭酒跪受。赐讲官坐。及以经置讲案，叩头，就西南隅几榻坐讲。赐大臣翰林儒臣坐，皆叩头，序坐于东西，诸生圜立以听。讲毕，叩头，退就本位。司业、博士、助教，各以次进讲。出堂门，复位。赞宣制，学官诸生列班俱北面跪，听宣谕，五拜叩头。礼毕，学官诸生出成贤街送驾。明日，祭酒率学官上表谢恩。

注释：

【1】刘仲质：初为宜春训导，后被推荐入京任翰林，奉命校正《春秋本末》。洪武十五年（1382），升任礼部尚书，主管全国的文化教育、

典章制度，制定了一套释奠礼仪，颁行天下。提倡尊孔，曾陪同皇帝祭孔庙，立学规十二条，颁行全国。又奉令颁发汉朝刘向的《说苑新序》，全国各个学校均讲读。当天冬天，改任华盖殿大学士。后因事贬官，任御史，年老返乡。为人厚重笃实，博通经史，文章典雅，著有《校正春秋本末》。

【2】彝伦堂：原名崇文阁，始建于元代，初为国子监藏书的地方。明朝永乐年间重新翻建，改现名。现今大堂中门上方“彝伦堂”横匾，是清康熙皇帝题。在乾隆皇帝建辟雍大殿之前，明清两代的皇帝都在此讲学，讲学当天在彝伦堂正中设置皇帝御座。彝伦堂前宽广的平台称为灵台，也叫露台，是国子监召集监生列班点名、集会和上大课的场所。灵台东南角上，立有一座石刻日晷，是白天测定时间的仪器。

【3】四配：大成殿中供奉的颜渊、子思、曾参、孟轲。

【4】十哲：大成殿中供奉的子渊、字骞、伯牛、仲弓、子有、子贡、子路、子我、子游、子夏。

【5】两庑：大成殿东西两侧供奉先贤、先儒的房子。

【6】祭酒、司业、博士、助教：均为国子监属官。

释文：

洪武十五年（1382），太祖将要去国子监的时候，有人议论说，孔子虽然是圣人，但也是臣子，因而从礼仪上来说，应该一次祭奠拜两次。太祖不听从这个建议，命礼部尚书刘仲质制定祭孔仪礼。

（皇帝）视学之前，在大成门东，面向南的彝伦堂内设立皇帝宝座。当天，学官率领诸生在成贤街迎接皇帝大驾。皇帝进入帷幄之中，都穿弁服，拜谒先师神位，共拜两次。献酒，再拜两次。四配、十哲、两庑分别进献，仪礼如旧。皇帝进入帷幄之中，更换常服。再乘轿子，来到彝伦堂，登上宝座。学官、诸生行五拜叩头礼，在堂下分东西依次排列。三品以上以及侍从官，按顺序进入堂中，也东西向站立着。赞官进讲，祭酒、司业、博士、助教四人从西门进入，来到堂中。赞官将经书放在皇帝面前的几案上，礼部官员奏请皇帝将经书授予讲官。祭酒跪着接受经书。皇帝赐给讲官座位。等他将经书放在几案上以后，便叩头行礼，向西南方向的坐榻上坐着，开始讲经。皇帝赐给翰林儒臣座位，众人都叩头谢恩，依次面向东西坐着。诸生在周围听讲。讲完以后，皇帝叩头，退到原来的位子。司业、博士、助教各依次进讲，然后从堂门出来，回到原来的位子。赞官宣布皇帝的训话，学官、诸生都向北跪着听，行五拜叩头礼。行礼完成以后，学官、诸生来到成贤街送驾。第二天，祭酒率领学官给皇帝上表谢恩。

按：

明太祖朱元璋（1328～1398），明代的开国皇帝，出身贫寒，曾为地主放牛。元末参加郭子兴领导的红巾军反抗元朝，至正十六年（1356）被部下诸将奉为吴国公。同年，攻占集庆路，将其改为应天府。至正二十八年（1368）击破各路农民起义军，于应天府称帝，国号大明，年号洪武。后定四川、广西、甘肃、云南等地，建立了统一的封建政权。洪武十三年（1380），朱元璋诛杀丞相胡惟庸，废丞相，设承宣布政使司、提刑按察使司、都指挥使司，三司分掌权力，进一步加强了中央集权。洪武三十一年（1398），朱元璋病逝于应天，享年 71 岁。庙号太祖，谥号开天行道肇纪立极大圣至神仁文义武俊德成功高皇帝，葬于南京明孝陵。

《史记·郦生陆贾列传》中“天下可以于马上得之而不能在马上守之”的故事对自刘邦以来历代以武力夺取政权的开国之君来说，有着十分重要的警示作用。明太祖朱元璋就是通过农民起义，武力夺得政权的。百姓经历了连年战乱，苦不堪言，亟需稳定的社会环境以保证正常的生产活动。所以建国以后，朱元璋意识到推行文治来休养生息稳定社会的重要性。同时，又因为明太祖推翻的元朝，属于少数民族统治多数民族的政权，而几千年来的汉族正统观念，具有强烈的文化情结，这也正是朱元璋在夺取政权过程中曾经利用过的一个十分重要的民族心态，并最终在广大汉族百姓的帮助下，他才取得了政权。所以朱元璋认为，建国以后，应当恢复传统的汉族文化，而儒家文化是汉族文化的核心，势必要大力弘扬。

当然，明太祖时期还经历过一个诛戮开国功臣、加强中央集权的过程。洪武十三年（1380）朱元璋诛杀丞相胡惟庸，废丞相，设三司，其追查胡党整整十年，开国功臣和将领几乎被杀尽，共十几万人死于非命。两年后，朱元璋视学国子监，开始通过科举选拔下层人士以填补大量被杀官员造成的官职空缺。后来又大肆提拔普通官员及百姓出身的进士，目的都在于进一步巩固皇权，加强中央集权。所以朱元璋的讲学尊孔，归根结底是出于维护自身统治的需要。

洪武十五年（1382），明太祖平定云南全境后，置云南布政司、贵州都指挥使司、云南都指挥使司。后又设锦衣卫，掌侍卫缉捕刑狱之事，镇抚司划归锦衣卫管辖。太祖有所诛戮，常交镇抚司审讯，不由三法司。置都察院，设监察都御史、监察御史。置殿阁大学士，以备顾问，秩正五品。可以说，洪武十五年（1382）是明政权真正意义上的统一的开始。从次年开始，朱元璋正式将工作重心由武力统一转到文治上来，这也是本次讲学的最为重要的目的。这一年，朱元璋在国子监颁学规，又颁禁例十二条于天下，并立碑于明伦堂旁，诏令恢复科举取士之制。

值得注意的是，此次讲学地点为南京国子监，而非北京国子监。朱元璋所规定先祭孔，再讲学，并引为定制。虽然大臣认为孔子是人臣，皇帝亲自祭拜时只应该行一拜礼，但朱元璋坚持行四拜礼。由此看出，朱元璋将孔子放到十分重要的地位。皇帝讲学时，先由翰林、国子监官员分别作为主讲官，主讲内容为四书五经，然后才是皇帝训话。

（二）明成祖永乐四年（1406）讲学

《明史》卷五五《志·礼九·嘉礼三》：

永乐四年，礼部尚书郑赐[1]引宋制，请服靴袍，再拜。帝不从，仍行四拜礼。进讲毕，赐百官茶。礼部请立视学之碑，帝亲制文勒石。

祭酒等表谢。帝御奉天门[2]，赐百官宴，仍赐祭酒、司业纻丝罗衣各二袭，学官三十五人各纻丝衣一袭，监生三千余人各钞五锭。

注释：

【1】郑赐：字彦嘉，建宁人。洪武十八年（1385）进士，授监察御史，因罪遭谪戍。惠文帝即位，成祖及楚王桢皆举赐为长史，不许，召为工部尚书。燕王兵起，帮助惠文帝平反。成祖入京师，他拒绝认错，反而认为自己只是做了身为人臣应该做的事情，成祖十分看好他，便授予他刑部尚书。永乐三年（1405），任礼部尚书。郑赐为人十分厚道、耿直，敢于谏言，永乐初年曾弹劾李景隆等多人的谋反。

【2】奉天门：此奉天门为南京奉天门。由午门入，过内五龙桥，便是奉天门，门内为奉天殿。奉天门遗址东西长 58 米，南北宽 30 米，是皇帝接见大臣议事的地方，即“御门听政”之所。赐宴百官等重要的活动也常在此举行。

释文：

永乐四年（1406），礼部尚书郑赐援引宋代制度，请求穿靴袍，拜两次。皇帝不采纳意见，仍然行四拜礼。进讲完成以后，赐茶给百官喝。礼部请求立视学碑，皇帝亲自撰写碑文。祭酒等上表谢恩。皇帝来到奉天门，赐宴百官，仍然赐祭酒、司业纻丝罗衣各两件，三十五名学官各纻丝衣一件，三千多监生每人各五锭银子。

按：

明成祖朱棣（1360～1424），明朝第三位皇帝，太祖朱元璋第四子，太子朱标的弟弟，建文帝的叔叔。生于应天，军功赫赫，受封为燕王。太子朱标在太祖之前去世，但太祖宠爱朱标的儿子朱允炆，因而继续立其为储君，死后朱允炆即位。朱允炆欲削藩，朱棣遂先发制人，发动靖难之役，起兵攻打侄儿，并于 1402 年夺位登基，改元永乐。在内政上，朱棣五次亲征蒙古，出兵安南，在东北设立奴儿干都司，在西北设立哈密卫，巩固了南北边防，维护了中国版图的统一与完整。在外交上，他多次派郑和下西洋，加强了中外友好往来。文化、民生事业上，他编修《永乐大典》，疏浚大运河。1421 年，朱棣迁都北京，对强化明朝统治起到了积极的作用。其在位期间，将靖难之后的疮痍局面发展为经济繁荣、国力强盛的盛世。朱棣死后，庙号太宗，后由明世宗改为成祖，谥号启天弘道高明肇运圣武神功纯仁至孝文皇帝，葬于北京昌平十三陵之长陵。

明成祖即位之初，国家已经基本统一，尤其是永乐四年（1406）六月，大古剌等地酋泼的那浪派人上奏说，他们有七个邻邦，即大古剌、小古剌、底马撒、茶山、底板、孟伦及八家塔，以前从来不和中国交往，现在听朝廷说要有恩于民，都愿归属，请求朝廷派官统理。成祖采纳其建议，并诏设云南宣抚使司二处，长官司五处。由于大古剌、底马撒二处地域广大，各置宣抚司；小古剌、茶山、底板、孟伦、八家塔各置长官司。以泼的那浪为大古剌宣抚使，腊罔帕为底马撒宣抚使，张早等人为小古剌等地长官使。可见，明成祖虽如其父朱元璋一样“自马上而得天下”，但并不打算“在马上守天下”，他将国家建设的主要方向放在文治而非武功上。

朱棣帝位的取得在当时即受到诸多争议。在其登基之前，长期受封燕王，主要驻守今北京地区，其个人的亲信势力也在北方，而非当时的首都应天（南京）。所以，早在其即位之初，便已经谋求迁都北京的计划。永乐四年（1406）闰七月初五日，淇国公丘福等文武大臣请建北京宫殿，以备巡幸。朱棣遂下旨，诏令从永乐五年五月开始建筑北京宫殿。同时遣工部尚书宋礼往四川、吏部右侍郎师逵往湖广、户部左侍郎古朴往江西、右副都御史刘观往浙江、右佥都御史仲成往山西督理军民采木。人月给米五斗、钞三锭。命泰宁候陈珪、北京刑部侍郎张思恭督理军民匠造砖瓦，人月给米五斗。命工部征天下色匠，在京诸卫及河南、山东、山西、陕西都司、中都留守司、直隶各卫选军士，河南、山东、陕西、山西等布政司，直隶、凤阳、淮安、扬州、庐州、安庆、徐州、和州选民丁，于明年五月俱赴北京听役，半年更代，人月给米五斗。其征发军民之处，一应差役及闸办银课等项，全部停止。

对北京的经营以及由“武功”到“文治”的政策转变都与朱棣获得帝位的方式有关。他发动的靖难之役纯粹是个人争权夺利的不义之战，使得百姓深受其害，尤以对河北、山东的破坏为甚。其中的决定性战役白沟河之战，《明史》记载斩首数万，溺死者十余万人。可以说朱棣为满足个人对帝位的追求葬送了大量的国家有生力量。他在南京即位后也面临着根基不稳的政治形势，所以不如迁都于经营多年的北京。不论是宣示政策的转变还是粉饰政治合法性来获取士大夫阶层的广泛支持，举办讲学都是符合时宜之举。

此次讲学在迁都之前,因而仍在南京国子监举行。朱棣由“武功”到“文治”的政策转变已经可以从这次讲学仪式看出来了。朱棣十分重视讲学前的仪式，把孔子放在十分重要的地位。当时，礼部尚书郑赐援引宋代制度，请求穿靴袍，拜两次。明成祖坚持仍然行四拜礼。进讲完成以后，增加赐茶环节，并亲自撰写视学碑文。讲学之后，有赐宴和其他恩赏。

（三）明英宗正统九年（1444）讲学

《明英宗睿皇帝实录》卷一一四，正统九年三月辛亥：

正统九年三月辛亥朔，上幸国子监[1]。前期一日，国子监洒扫殿堂，锦衣卫设御幄于大成门东南向，设御座于彝伦堂。至日，太常寺[2]陈设祭品于各神位前，酒樽、爵如常仪，设上拜位于先师神位前正中。鸿胪寺[3]设御案于堂内，置经于其上，设讲案于堂西南。锦衣卫设卤簿[4]，教坊司设大乐，俱于午门外。百官朝退，先诣国子监门外迎驾，陪祀官先诣，国子监具祭服，伺候行礼。驾出，卤簿大乐以次导行，乐设而不作。学官率诸生迎驾于成贤街[5]左，驾至，学官及诸生跪、俯伏、叩头、兴。学官、陪祭诸生先由太学东西小门入，列于堂下，东、西序立。驾入灵星门，卤簿大乐俱止门外。上至大成门外，入御幄，礼官奏请具皮弁服。次奏请行礼导引官导上出御幄，由中道诣大成殿陛上。

典仪唱："执事官各司其事！"执事官先斟酒于爵，候导引上至拜位。赞奏："就位！"百官亦各就拜位。四配、十哲分献官各诣殿陛东、西阶下。两庑分献官各诣庑前，俱北向立。赞奏："上鞠躬！拜！兴！拜！兴！平身！"通赞："百官行礼同！"赞奏："搢圭！"上搢圭，执事官跪进爵，上受爵。献毕，复授执事官，奠于神位前。奏："出圭！"上出圭，四配、十哲、两庑分献官以次诣神位前，奠爵讫，以次复位立。赞奏："上鞠躬！拜！兴！拜！兴！平身！"通赞："百官行礼同！"导引官导上由中道出，分献官以次退。上入御幄，易常服讫，礼官奏请幸彝伦堂。上升舆，礼官导由灵星门出，从太学门入，学官、诸生各东西分列序立，官前生后。驾至，学官诸生跪。俟驾过，然后起，仍序立。百官分列堂外，稍上左右侍立。上至彝伦堂，升御座。赞："学官诸生行五拜叩头礼！"仍序立于堂下，三品官以上及翰林院学士升堂，执事官各以次序立。赞："进讲！"祭酒、司业以次升，由堂西小门入，至中堂，执事官举案于御前。礼官奏请授经于讲官，讲官跪受。上赐讲官坐，讲官以经置讲案，就西南隅几榻坐。

上赐武官都督以上、文官三品以上及翰林院学士坐，皆叩头序坐于东西。诸生圜立以听。祭酒李时勉讲《尚书·帝庸作歌》章，毕，叩头，退复位。司业赵琬讲《周易·乾九五》文言，毕，叩头下堂，复位。赞唱："有制！"学官诸生列班，俱北面跪听制谕。制曰："宣圣之道，万世所宗，在尔师生，理当修进，臻于至极，尚其勉之！"赞："行五拜叩头礼！"毕，学官诸生以次退，先从东西小门出，仍于成贤街列班伺候。尚膳监进茶御前，上命光禄寺赐各官茶，毕，各官退列堂门外，叩头序立。驾兴，升舆，由太学门出，升辇，卤簿大乐前导，乐作，驾出太学门。学官诸生俟驾至，跪、叩头、退。百官常服，先诣午门外，俟候驾还，卤簿大乐止于午门外。上御奉天门，鸣鞭，百官常服，鸿胪寺致词，行庆贺礼，鸣鞭毕，驾兴还宫，百官退。

国子监牌楼，约 1902 年

注释：

【1】国子监：此国子监为北京国子监。靖难之役后，礼部尚书李至刚等奏称燕京北平是皇帝“龙兴之地”，应当效仿明太祖对凤阳的做法，立为陪都。永乐十八年（1420），正式迁都，两京并举，而作为中央官学的国子监也设南京、北京两处。由于此时已经正式迁都北京，因而皇帝讲学地点便设在北京国子监。

【2】太常寺：掌管祭祀礼仪的官署。朱元璋设置太常司，设卿、少卿、丞、典簿、协律郎、博士、赞礼郎。后设置各祠祭署，置署令、署丞。又改各署令为奉祀，署丞为祀丞。再改司为寺，名为太常寺，官制仍旧。建文时，增设赞礼郎二人、太祝一人。

【3】卤簿：中国古代帝王外出时扈从的仪仗。汉代以后，后妃、太子、王公大臣皆有卤簿，各有定制，并非为天子所专用。

【4】鸿胪寺：鸿胪寺掌朝会、宾客、吉凶仪礼之事。凡国家大典礼，如郊庙、祭祀、朝会、宴飨、经筵、册封、进历、进春、传制、奏捷，都由鸿胪寺负责。外吏朝觐，诸蕃入贡，与夫百官使臣之复命、谢恩，若见若辞者，并鸿胪引奏。岁正旦、上元、重午、重九等，皆赞百官行礼。鸿胪寺旧置判寺事一人，以朝官以上充。元丰官制行，置卿一人，少卿一人，丞、主簿各一人。卿掌四夷朝贡、宴劳、给赐、送迎之事，及国之凶仪、中都祠庙、道释籍帐除附之禁令，少卿为之贰，丞参领之。凡四夷君长、使节朝见，辨其等位，以宾礼待之，授以馆舍而颁其见辞、

民国年间修缮后的成贤街牌楼

今日成贤街牌楼

赐予、宴设之式，戒有司先期办具；有贡物，则具其数报四方馆，引见以进。诸蕃封册，即行其礼命。若崇义公承袭，则辨其嫡庶，具名上尚书省。其周嵩、庆、懿陵庙，命官以时致享，若凶仪之节，宗室以服，臣僚以品，辨其丧纪，而诏奠临赙赠之制。礼仪成服，则卿掌赞导之仪，葬则预戒有司具卤簿仪物。分案四，置吏九。其官属十有二，往来国信所，掌大辽使介交聘之事。

【5】成贤街：成贤街指国子监与孔庙之前的一条东西向的街道。

释文：

正统九年（1444）春三月，英宗亲临国子监。在这前一天，国子监开始打扫殿堂，锦衣卫在大成门东南向设置御用仪仗，并在彝伦堂设置御座。皇帝亲临当天，太常寺在各神位之前摆放祭品，酒樽、爵等，摆放方式如例。皇帝在先师孔子的神位正中央拜祭。鸿胪寺在彝伦堂内设置几案，并将经书放在案上，将讲案放置于彝伦堂的西南角。锦衣卫设扈从仪仗，教坊司设大乐，都在午门外等候。百官退朝以后，先在国子监门外等候迎接圣驾，陪同祭祀的官员先来，国子监中人员都穿着祭祀服装，在旁伺候。皇帝出来以后，仪仗、音乐，依次为其开路，乐器只是摆放而不发出声音。学官率领诸生在成贤街左侧迎接圣驾。皇帝到时，学官及诸生跪着叩头。学官、陪同祭祀的诸生从太学东西小门进入，分别在彝伦堂的东西两侧依次站立。皇帝进入棂星门以后，仪仗和音乐都在门外停止。皇帝来到大成门外，进入皇帝专用帷幄。礼官奏请穿弁服，然后奏请行礼，并疏导各官员。皇帝从帷幄中走出，由正中间的道路走上大成殿的台阶。

典仪说："请执事官各司其职！"执事官先在爵中斟酒，等候引导，然后在神位前拜祭。赞官奏请："各就各位！"百官开始来到各自的拜位前。四配、十哲、两庑的分献官按顺序依次在神位前拜祭，在位前酹酒，之后又回到自己原来的位子上站着。赞官奏请:"皇帝鞠躬，拜，起，再拜，起，起身！"通赞官奏请："百官行同样的礼仪！"赞官奏请："插上圭板！"皇帝插圭，执事官跪着进献酒杯，皇帝接受酒杯。献祭完毕之后，又给执事官，并在身前祭奠。赞官奏请:"拿出圭！"皇帝拿出圭板，四配、十哲、两庑分献官依次在神位前酹酒，并依次回到原位。赞官奏请："皇帝鞠躬，拜，起，起身！"通赞奏请："百官行相同的礼仪！"导引官引导皇帝从正中央的道路出来，分献官依次随后出来。皇帝进入御用帷幄，改穿常服。礼官奏请皇帝去彝伦堂。皇帝乘轿子，礼官引导其由棂星门出来，从太学门进入。学官、诸生各自在东西两侧依次排列站着，学官在前，诸生在后。皇帝到了以后，学官、诸生都跪下。等皇帝经过以后才起来，仍按顺序站立。百官分别在彝伦堂外站立，稍微往前一点儿在左右站立。皇帝到达彝伦堂，坐在御座上。赞官说："学官、诸生开始行五拜叩头之礼！"仍然按顺序在堂下站立，三品官以上及翰林院学士，才能进入堂中，执事官则手捧几案在皇帝面前。礼官奏请皇帝授予讲官经书，讲官跪着接受经书。皇帝给讲官赐座，讲官将经书放在几案上并开始讲课，并在西南角的坐榻上坐下。

皇帝给武官都督以上、文官三品以上及翰林院学士赐座，他们都叩头谢恩，并依次在东西两边坐着。诸生则围立听讲。祭酒李时勉讲《尚书·帝庸作歌》章。讲完以后，叩头，然后回到自己原来的位置。司业赵琬讲《周易·乾九五》文言，讲完以后，叩头，然后回到自己原来的位置。赞官说："皇帝有话要说！"学官、诸生都按部就班，面向北边跪着听皇帝训话。皇帝宣谕说："孔子之道为万世遵循，诸位老师及学生，理应努力学习，互相勉励！"赞官说："行五拜叩头礼！"完了以后，学官诸生按顺序退出，先从东西小门出来，仍然在成贤街依次等候。尚膳监给皇帝献茶，皇帝命光禄寺给官员赐茶。这以后，各官退出彝伦堂，并在外依次叩头站立。皇帝起驾，坐上轿子，从太学门出来，再换成辇车，仪仗音乐在前开路，音乐响起，从太学门出来。学官诸生等皇帝时，跪着叩头，并退下。百官穿上常服，先在午门外等候皇帝御驾回宫。仪仗音乐在午门外停止。皇帝经过奉天门，鞭炮声响起，百官穿着常服，鸿胪寺发表致辞，举行庆贺礼。鞭炮响完以后，皇帝回到宫中，百官都退出来。

按：

明英宗朱祁镇（1427～1464），明朝第六位皇帝，宣宗长子。9岁即位，年号正统。因年幼，在其即位初，军国大事由太皇太后张氏掌管，以杨士奇、杨荣、杨溥主持政务，继续推行永乐、宣德朝的各项政策。正统七年（1442），张氏死后，三杨也不再受皇帝重视，开始宠信太监王振。王振因此广植朋党，开启了明代宦官专权之端。明英宗正统十四年（1449），蒙古瓦剌入侵，英宗听从王振之言亲征，却在土木堡兵败被俘。郕王朱祁钰被拥立为帝，改元景泰。景泰元年（1450），英宗被释回京，被软禁于南宫。景泰八年（1457），石亨等发动"夺门之变"，英宗得以复位，改元天顺，并同意复辟之党杀死于谦等人。庙号英宗，谥号法天立道仁明诚敬昭文宪武至德广孝睿皇帝，死后葬于北京昌平十三陵之裕陵。

明英宗正统九年（1444）的讲学发生在英宗即位后的第九年，这一年是皇帝真正开始掌握大权，即亲政的第一年。当时，总揽大权的太皇太后张氏于正统七年（1442）病逝，主持朝政的三杨也纷纷失势，并相继去世。

早在正统五年（1440），杨荣在回乡的路上去世。三朝元老杨士奇也于正统九年（1444）三月十四日卒，他是三杨中地位最为尊崇的大臣，他的去世，意味着三杨彻底失势，仅剩下年老且势单力薄的杨溥，已不足以成为英宗揽权的阻力。英宗选择在杨士奇去世这一年祭孔，并在国子监讲学，在很大程度上是为向天下昭示他的正式亲政。

太学碑碑亭

此次讲学发生在迁都北京以后，因而讲学地点也发生在北京国子监。一切仪式依照南京国子监讲学之制，只是更加详细具体。一如南京国子监，本次讲学仍然是先祭孔，再讲学。讲学地点在北京国子监的彝伦堂。先由国子监祭酒、司业进讲，然后皇帝训话，勉励国子监师生认真研习孔子之道。进讲内容分别是五经中的《尚书·帝庸作歌》章和《周易·乾九五》文言。

其中《帝庸作歌》中有“敕天之命，惟时惟几”，谈的是舜帝作歌以戒之，安不忘危，奉正天命以临民，惟在顺时，惟在慎微。明英宗借此鼓励大臣们居安思危，但比较讽刺的是，在五年后，他自己便因为亲信宦官王振，而成为阶下之囚。

（四）明代宗景泰二年（1451）讲学

《明英宗睿皇帝实录》卷二〇一，景泰二年二月辛未：

辛未，驾幸太学，释奠先师孔子，命太保宁阳侯陈懋[1]、少保兼兵部尚书于谦[2]、太子太保兼吏部尚书王直、户部尚书兼翰林院学士陈循、工部尚书兼翰林院学士高谷、户部右侍郎兼翰林院学士江渊、翰林院学士商辂、翰林院侍讲学士刘铉分献四配、十哲、两庑。礼毕，幸彝伦堂，祭酒萧镃、司业赵琬讲《书》[3]。毕，驾还宫。

注释：

【1】陈懋：字舜卿，谥武靖，南直隶凤阳府寿州人。早年随父陈亨参与靖难之役，之后立功封宁阳伯，镇守宁夏、甘肃等地，并屡次跟从明成祖远征漠北。之后，跟随明宣宗征讨平定朱高煦叛乱。明英宗时期，镇守甘肃并平定福建民变。陈懋也是唯一一位以靖难之役功臣立，而活至天顺年间仍保持爵位的人，代宗时其身份更加尊贵。

【2】于谦：字廷益，号节庵，因参与平定汉王朱高煦谋反有功，得到明宣宗器重，担任明朝山西河南巡抚。明英宗时期，因得罪王振下狱，后释放，起为兵部侍郎。土木之变后英宗被俘，保卫北京城，后使英宗得归。天顺元年因“谋逆”罪被冤杀，谥忠肃。与岳飞、张煌言并称“西湖三杰”。

【3】《书》：指《尚书》，是上古之书，包括《虞书》、《夏书》、《商书》、《周书》。

释文：

景泰二年（1451）春二月，景泰皇帝亲临太学，祭祀先师孔子，命令太保宁阳侯陈懋、少保兼兵部尚书于谦、太子太保兼礼部尚书王直、户部尚书兼翰林院学士陈循、工部尚书兼翰林院学士高谷、户部右侍郎兼翰林院学士江渊、翰林院学士商辂、翰林院侍讲学士刘铉分别给四配、十哲、两庑的先贤献祭。祭祀仪式完成以后，来到彝伦堂，祭酒萧镃、司业赵琬讲《尚书》。讲完以后，皇帝回宫。

按：

明代宗朱祁钰（1428～1457），明朝第七位皇帝，宣宗朱瞻基二子，英宗朱祁镇的弟弟，在英宗被蒙古瓦剌军俘去之后继位，年号景泰。他即位后重用于谦等人组织北京城保卫战，打退了瓦剌的入侵。整顿吏制，使吏治为之一新。景泰元年（1450），英宗被释回京，被软禁在南宫。天顺元年（即景泰八年，1457），石亨等发动“夺门之变”，英宗得以复位，改元天顺。朱祁钰在病中因英宗复辟、自己被废黜而气死，终年30岁。宪宗时尊其谥号为恭仁康定景皇帝。葬于北京市郊的金山口，明朝诸藩王的墓地。南明时加谥符天建道恭仁康定隆文布武显德崇孝景皇帝，庙号代宗。

本次讲学发生在代宗即位的第二年。当时瓦剌部发生内讧，也先杀死脱脱不花，且被明朝所败，其势力已不足为患。此时的英宗已于前一年被送回北京，按理代宗应该将皇位归还给英宗，但他却不愿意这么做。在古代，帝位的正统性问题是十分被看重的，代宗也许是为了彰显其帝位的合法性，而举行祭孔典礼，并在国子监讲学。

此次讲学流程基本上沿袭旧例，仍是先祭孔，再讲学，地点仍在彝伦堂，由国子监祭酒、司业主讲，讲课内容为《尚书》和《周易》。其中讲《尚书·天聪明》章，有“天聪明，自我民聪明；天明畏，自我民明威。达于上下，敬哉有土！”意思是，上天的视听依从臣民的视听；上天的赏罚依从臣民的赏罚。天意和民意是相通的，要谨慎啊，有国土的君王！

总的来说，代宗因为打退瓦剌入侵，成功守卫了北京城，获得很高的声望，受到百姓拥戴。相比之下，英宗则因兵败而成为阶下之囚，狼狈不堪，让百姓感到耻辱。代宗此次讲学，明确要顺从民意，显然是要表明自己不让位的目的是顺从民意，迫不得已，而非自己贪恋权位。

（五）明宪宗成化元年（1465）讲学

《明史》卷五五《志·礼九·嘉礼三》：

先是，视学祭先师，不设牲[1]，不奏乐。至成化元年，始用牲乐。视学之日，乐设而不作。礼毕，百官庆贺，赐衣服，赐宴，皆及孔、颜、孟[2]三氏子孙。

注释：

【1】牲：牺牲，指的是供祭祀用的牲畜。色纯为“牺”，体全为“牲”。

【2】孔、颜、孟：指孔子、颜回、孟子。

释文：

最初，视学祭祀先师，并不设牺牲，不奏乐。到了成化元年，开始用牺牲及音乐。视学当天，乐设而不作。礼仪完成以后，百官庆贺。皇帝赏赐衣服，并赐宴，人员涉及孔子、颜子、孟子三氏后人。

按：

明宪宗朱见深（1447～1487），明朝第八位皇帝，英宗长子，初名朱见浚。景泰三年（1452）被废为沂王，天顺元年（1457），英宗复辟，又被立为皇太子，改名朱见深。于天顺八年（1464）登基，年号成化。即位之初，不仅为因拥护代宗即位而获罪的于谦平冤昭雪，又恢复曾夺得其父帝位及其自身储位的朱祁钰帝号，可见他是一个有气度的君主。朱见深在位初年能够宽免赋税、减省刑罚，使社会经济渐渐复苏。但在位末年，他又好方术，终日沉溺于后宫，并与比他大19岁的万贵妃享乐，宠信宦官汪直、梁芳等人，以至奸佞当权，西厂横恣，朝纲败坏。成化二十三年（1487）驾崩，时年41岁。庙号宪宗，谥号继天凝道诚明仁敬崇文肃武宏德圣孝纯皇帝。葬于北京昌平十三陵茂陵。

明宪宗成化元年（1465）讲学，开创了明代皇帝即位当年祭孔、讲学的先例，以后几代君主都沿袭了这一传统。由于朝廷在几年内发生了数次政权变革，又刚经历了外族入侵，面对如此动荡的局面，明宪宗即位之初即决定励精图治，将稳定社会、安抚民心放在最为重要的地位。而发展文治是历朝历代统治者稳定人心的重要措施，所以宪宗在即位之初立即举行了祭孔典礼，并在国子监讲学。

此次讲学仪式大体上继承前朝，但在细节上发生了些许变化。仍然是先祭孔，再讲学。之前祭孔不摆放祭品，也不奏乐，宪宗规定要摆放牺牲，并设音乐。可见，他对祭孔仪式更为重视。由于讲学发生在先皇去世后不久，新皇守制期间，所以虽规定摆放乐器，却不能奏响。另外，本次讲学也开始让孔子、颜子、孟子三氏后裔听讲，开创了后代以圣贤后裔陪同祭祀并聆听讲学的先例。

（六）明孝宗弘治元年（1488）讲学

《明史》卷五五《志·礼九·嘉礼三》：

弘治元年定先期致斋一日，奠加币，牲用太牢[1]，改分献官为分奠官。

注释：

【1】太牢：古代祭祀所用牺牲，行祭前需先饲养于牢，故这类牺牲称为牢；又根据牺牲搭配的种类不同而有太牢、少牢之分。牛、羊、豖三牲全备为太牢。少牢只有羊、豖，没有牛。由于祭祀者和祭祀对象不同，所用牺牲的规格也有所区别：天子祭祀社稷用太牢，诸侯祭祀用少牢。

释文：

弘治元年（1488），规定视学之前，要斋戒一天，祭奠之礼更加隆重，牺牲改用太牢，改分献官为分奠官。

《明孝宗敬皇帝实录》卷一二，弘治元年三月癸酉：

癸酉，上视学，行释奠礼，御彝伦堂。授经于讲官，祭酒、司业赐之坐讲。祭酒费訚讲《商书·说命》“惟天聪明”一节，司业刘震讲

《周易·乾卦》“大人者与天地合德”一节。讲毕，上宣谕师生曰：“六经载圣人之道，讲明体行，务臻实效尔！师生其勉之！”余悉如仪。

释文：

弘治元年春皇帝来国子监视学，祭奠先师孔子，来到彝伦堂，将经书给讲官们，给进讲的祭酒、司业赐座。祭酒费訚讲《商书·说命》“惟天聪明”一章，司业刘震讲《周易·乾卦》中“大人者与天地合德”一节。讲完以后，皇帝向师生宣布说：“六经中记载的是圣人之道，讲明了要身体力行的道理，一定要认真地效法，师生相互勉励！”其他的礼仪如例。

按：

明孝宗朱祐樘（1470～1505），明朝第九位皇帝，宪宗第三子，生母孝穆纪太后。即位后努力扭转宪宗时朝政腐败状况，驱逐奸佞，勤于政事，励精图治，驱除宫内奸臣，任用王恕、刘大夏等为人正直的贤臣，使明朝再度中兴并发展为盛世，史称“弘治中兴”。弘治十八年（1505），朱祐樘因偶染风寒，误服药物，鼻血不止而死，享年36岁。当时“深山穷谷，闻之无不哀痛”。遗命：“东宫年幼，好逸乐，先生辈善辅之。”庙号孝宗，谥号建天明道纯诚中正圣文神武至仁大德敬皇帝。葬于北京昌平十三陵泰陵。

弘治元年（1488）讲学沿袭了宪宗创立的即位后立即祭孔、讲学的先例。在孝宗即位之前的成化末年，国家吏治十分混乱，水旱灾害时有发生。孝宗即位后希望力改前朝的混乱局面，除了整顿吏治等措施外，他还需要大兴文治，遂有祭孔讲学之举。

此次讲学过程与前朝基本相同，仍是先祭孔，再讲学。讲学地点仍在彝伦堂。并规定祭孔前一天实行斋戒，这一点后来不再遵循。进讲官仍然是国子监祭酒、司业。进讲内容仍为《尚书》和《周易》。

（七）明世宗嘉靖元年（1522）讲学

《明世宗肃皇帝实录》卷一二，嘉靖元年三月甲寅：

> 甲寅，上幸太学，行礼如仪。祭酒赵永讲《书》“帝曰俞，允若兹”一章，司业吴惠讲《易》“时乘六龙”一章。

释文：

嘉靖元年（1522）春三月，嘉靖皇帝亲临太学，一切仪式如例。祭酒赵永讲《尚书》中“帝曰俞，允若兹”一章，司业吴惠讲《易经》中“时乘六龙”一章。

按：

明世宗朱厚熜（1507～1566），明朝第十一位皇帝，宪宗庶孙，孝宗之侄，武宗堂弟，兴献王朱佑杬嫡子。在位45年（在位时间之长在明代皇帝中仅次于其孙神宗朱翊钧），年号嘉靖。早期整顿朝纲、减轻赋役，对外抗击倭寇，称得上较有作为。但不久与杨廷和等朝臣在议其生父兴献王尊号的问题上发生争论，史称“大礼议”之争。后期崇信道教，痴迷于炼丹，致使后来发生“壬寅宫变”，对政务很少过问。嘉靖四十五年（1566）驾崩，终年60岁。庙号世宗，谥号钦天履道英毅神圣宣文广武洪仁大孝肃皇帝。葬于北京昌平十三陵永陵。

嘉靖元年（1522）讲学沿袭即位祭孔、讲学的先例。进讲官仍然是国子监祭酒、司业。进讲内容仍为《尚书》和《周易》。其中选取了《尚书》中的《大禹谟》一篇中的内容。大禹为上古贤人，曾对泛滥的洪水治理之后，又敬慎地辅助帝舜，“大禹治水”的故事为后人所熟知，他的儿子启后来成为了中国第一个王朝——夏朝的开国之君。进讲官选取了大禹与舜帝之间的一段对话，大禹说：“君主能够重视做君主的道理，臣下能够重视做臣下的职务，政事就能治理，众民就能勉力于德行了。”舜说：“对！这样善言无所隐匿，朝廷外没有被遗弃的贤人，万国之民就安宁了。政事同众人研究，舍弃私见，依从众人，不虐待无告的人，不放弃困穷的事。只有帝尧能够这样。”进讲官选取这一段落，主要是为了阐明君臣之义，以及治国之道。

（八）明世宗嘉靖十二年（1533）讲学

《明世宗肃皇帝实录》卷一四八，嘉靖十二年三月丙辰：

> 丙辰，上临幸太学，释先师孔子。以大学士李时、方献夫、翟銮、衍圣公[1]孔闻诏、尚书汪鋐、王宪、许瓒、侍郎顾鼎臣分献，遣侍郎周用祭启圣公[2]。礼成，上御彝伦堂。祭酒林文俊讲《虞书·益稷》篇，司业马汝骥讲《易·颐卦》，赐之坐。讲毕，上宣谕师生曰："治平之道，备在六经尔，诸子宜讲求力行，以资治化。"驾还，御奉天门，百官行庆贺礼。

注释：

【1】衍圣公：孔子嫡裔的世袭封号，始于西汉元始元年（1）。汉平帝为宣扬礼教，封孔子后裔为褒侯。之后的千余年时间里，孔子的封号屡经变化。直到宋仁宗至和二年（1055）改"衍圣公"，历代沿袭下来。1935年，民国政府改孔子封号为"大成至圣先师奉祀官"，当时的孔德成先生为末代衍圣公，首任祭祀官，其在2008年去世后，"衍圣公"封号退出了历史舞台。

【2】启圣公：孔子父亲叔梁纥的封号之一。宋真宗大中祥符元年（1008）追封"齐国公"，元文宗至顺元年（1330）加封"启圣王"，明世宗嘉靖九年（1530）改封"启圣公"，雍正元年（1723）追封"启圣王"。

释文：

嘉靖皇帝亲临太学，祭祀先师孔子。命大学士李时、方献夫、翟銮、衍圣公孔闻诏、尚书汪鋐、王宪、许瓒、侍郎顾鼎臣等分别行献祭礼，派侍郎周用祭祀启圣公。仪式完成以后，皇帝来到彝伦堂。祭酒林文俊讲《虞书·益稷》这一篇文章，司业马汝骥讲《易·颐卦》这一章。皇帝恩赐其坐着讲授。讲完以后，皇帝跟在座师生说：“治理天下以达太平的方法，都在六经之中，你们应该尽力而行，以助教化。”皇帝起驾回宫，百官在奉天门向皇帝行庆贺礼。

按：

嘉靖十二年（1533）属于嘉靖皇帝统治前期，虽在其生父谥号问题上，与大臣发生了极大的争议，但当时嘉靖皇帝总体上还是比较励精图治的，在军政方面都取得了一定的成果。如讲学的前一年，蒙古小王子博迪阿拉克汗乞请通贡，朝廷不许，小王子大怒，遂率十万骑入扰。其时，小王子最富强，控弦十余万，多蓄宝贝，稍厌兵，而徙幕东方称土蛮，分诸部落在西北边，相率扰边。兵部尚书王宪等集议，且谕总制唐龙厉志逐寇。唐龙求益兵饷，朝廷准行，遂连战小王子，多有斩获。可见，嘉靖皇帝由于内政治理合理，在外事上取得了一定的成果。

此次讲学并非嘉靖皇帝在位期间的第一次讲学，这次讲学与即位时举行的祭孔讲学原因虽有不同，但大体上仍然是为阐明君臣之义。上次进讲内容为《大禹谟》，而这次讲的是《益稷》。这两篇文章从内容上来说差不多，是一种前后相继的关系。后者主要是记录了舜和禹、皋陶的讨论并相互告诫的场面，禹儆戒舜不要傲虐，不要荒淫，舜则告诫众臣不要“面从”，自己有错一定要指出。又记录了讨论之后奏乐和舞蹈的盛况，以及舜与皋陶吟诗唱和的欢情。益和稷都是舜的大臣，篇首禹提到了益和稷的功劳，因此以《益稷》为篇名。

（九）明穆宗隆庆元年（1567）讲学

《钦定国子监志》卷八《诣学二·临雍》，隆庆元年秋八月：

癸未朔，释奠于先师孔子，命礼部侍郎录监事赵贞吉讲《禹谟·克艰》[1]节；司业万浩讲《乾卦·大象》[2]。赐衍圣公、祭酒、司业等宴礼部。免簪花作乐，余如例。

注释：

【1】《禹谟·克艰》：即《尚书·大禹谟》中的“后克艰”句，全句为“后克艰厥后，臣克艰厥臣，政乃乂，黎民敏德。”意思是君主能够知道做君主的艰难，臣下能够知道做臣下的不容易，政事就能治理，众民就能勉力于德行了。

【2】《乾卦·大象》：即《周易·乾卦》中的“大象传”。著名的“天行健，君子以自强不息。地势坤，君子以厚德载物”即出自此。

释文：

隆庆元年（1567）秋八月初一，隆庆皇帝来到国子监祭祀先师孔子，并命礼部侍郎赵贞吉讲《禹谟·后克艰》这一节，司业万浩讲《乾卦·大象》一节。在礼部赐宴衍圣公、祭酒、司业等。头上不必插花，也不作乐，其他的可依旧例。

《日下旧闻考》卷六六《官署》：

隆庆元年，驾幸国学。朝鲜陪臣李荣贤等六员各具本等衣冠，赴彝伦堂外，立文臣班次之次。

释文：

这一年，朝鲜陪臣李荣贤等六人，都穿着合适的服装，来彝伦堂外观礼，廷议之时则排列在文臣之后。

按：

明穆宗朱载垕（1537～1572），明朝第十二位皇帝，世宗第三子。少年因其母缘故不得父皇宠爱，登基后内忧外患使他关心朝局，对他登极后处理政务有着较大的影响。倚靠高拱、陈以勤、张居正等大臣的鼎力相助，实行革弊施新的政策。但沉迷媚药，以致后来朝政荒废。在位仅六年，病崩，终年36岁。庙号穆宗，谥号契天隆道渊懿宽仁显文光武纯德弘孝庄皇帝。葬于北京昌平十三陵昭陵。

隆庆元年（1567）讲学是即位讲学。由于登基之前朱载垕生母杜康妃不受宠爱，其又非长子，很少得到父爱。嘉靖十八年（1539）被封为裕王。嘉靖三十二年（1553），刚满16岁的朱载垕就出居裕王邸，开始了独立生活。在裕王邸十三年的生活，使朱载垕较多地接触到社会的各方面，了解到明王朝的各种矛盾和危机，特别是严嵩专政、朝纲颓废、官吏腐败，以及“南倭北虏”之患、民不聊生之苦，内忧外患使他更加关心朝局，对他登基后处理政务有着较大的影响。

此次讲学也是沿袭即位祭孔、讲学的先例。但进讲官除国子监官员，即司业万浩以外，还有礼部侍郎赵贞吉，赵贞吉事实上也监理国子监事，两位讲官都是国子监官员。进讲内容仍为《尚书》和《周易》。《尚书》选取了前代皇帝常讲的《大禹谟》，并谈到其中大禹的言论，称君主能够重视做君主的道理，臣下能够重视做臣下的职务，政事就能治理，众民就能勉力于德行了。

这一年比较特殊的是观礼人数很多，除衍圣公及其他王公大臣以外，还有朝鲜使臣听讲，站在众臣队列之末。

（十）明思宗崇祯十四年（1641）讲学

《日下旧闻考》卷六六《官署》：

崇祯十四年，重修太学成。车驾临雍，祭酒南居仁坐讲《皋陶谟》，司业罗大任讲《易·咸卦》。命文武官三品以上俱坐听，赐茶。讲毕，上入敬一亭，观世宗所立程子四箴碑[1]，遂传礼部将庙学诸碑俱摹搨进览。又石鼓文残阙，亦令察补进呈。

注释：

【1】四箴碑："程子四箴"即宋代大儒程颐所撰视、听、言、动四箴。明世宗推崇理学，亲自注解，颁行天下学校。如嘉靖九年（1530），新安学宫得《御制四箴》及世宗亲撰的《敬一箴》，特建亭保存。四箴碑现藏新安二高大成殿后碑廊内，碑分四块，每碑高 123 厘米，宽 145 厘米，字体为正楷，碑四周雕有龙纹。

释文：

崇祯十四年（1641），重修太学告成。秋八月十八日，皇帝驾临。崇祯皇帝命令祭酒南居仁讲解《皋陶谟》，司业罗大任讲解《易·咸卦》。命三品以上的文武官员都坐着听讲，皇帝赐茶。讲学完毕，皇帝入敬一亭，观看明世宗所立的程子四箴碑，随即命礼部将庙学诸碑都摹拓下来进呈。又石鼓文已残缺，也令查补后进呈。

按：

明思宗朱由检（1611～1644），明朝第十六位皇帝，也是明朝最后一位皇帝，明光宗第五子，熹宗异母弟，母为淑女刘氏。于天启二年（1622）被册封为信王，年号崇祯。即位后大力铲除阉党，勤于政事，节俭朴素，并六下《罪己诏》，是位年轻有为的皇帝。在位期间不断爆发农民起义，关外满族势大，明政权已岌岌可危。崇祯十七年（1644），李自成军攻破北京后，崇祯于煤山自缢身亡，为江山社稷而死，终年 35 岁。庙号思宗，后改毅宗、怀宗。清朝上谥号守道敬俭宽文襄武体仁致孝庄烈愍皇帝，南明弘光帝上谥号绍天绎道刚明恪俭揆文奋武敦仁懋孝烈皇帝。葬于北京昌平十三陵思陵。

崇祯十四年（1641）讲学发生在崇祯统治的后期，当时国家政权已岌岌可危。该年可谓多事之秋，军事节节败退，又灾害连连。正月，李自成攻克汝州，张献忠军在开县大败官军。二月，李自成又攻克坚城开封。六月，两畿、山东、河南、浙江、湖广一带，大旱，蝗虫起。四至八月，吴江一带，大旱不雨，飞蝗蔽天，米价日涨，百姓流离失所，饿死者众多。这便是崇祯皇帝在本年八月份讲学之前的时局。

崇祯皇帝可以说是一位勤劳之君，他励精图治，希望重整朝威，但是却运气极差。他从父亲手里接下来的明朝政权，宦官专权，吏治腐败，本已是一个不折不扣的烂摊子，又灾害连年，使得百姓流离失所，饿殍遍野。真是君非亡国之君，却遇上了亡国之时。

重修太学，并祭孔讲学，可以看出崇祯皇帝励精图治的心情之急迫。他选取的篇章仍然是前朝比较喜欢的内容，即《尚书》和《周易》。此次讲学不见于正史或实录中，但载于《三朝野史补》和《日下旧闻考》中。因而清朝人称崇祯十四年讲学为“临雍”，事实上此次讲学仍在彝伦堂，之所以用“临雍”二字，是清朝人用周时天子在辟雍讲学的典故。

彝伦堂外景

三　清代皇帝祭孔讲学

（一）清世祖顺治元年（1644）讲学

《清史稿》卷八九《志六十四·礼八·嘉礼二·视学仪》：

顺治建元，帝幸太学释奠。先期衍圣公、五经博士至，圣裔五人，元圣及配、哲诸裔各二人，乘传赴京。各氏子孙现列朝官者，各官学师生暨进士、举、贡，咸与观礼。内阁拟经、书，祭酒、司业撰讲章进御。届日，大成门东张大次，彝伦堂设黄幄御座，幄前置御案，左右讲案二，祭酒等奉讲章及进讲副本，《书》左《经》右[1]，陈于案。帝礼服乘舆诣学，祭酒、司业率官属诸生跪迎成贤街右。驾入幄，诣大成殿释奠。礼毕，出易衮服[2]，幸彝伦堂，御讲幄。升座，王、公立阶上，百官立阶下，衍圣公率博士、各氏裔，祭酒等率官生就拜位，行三跪九叩礼。毕，自王公讫九卿以次赐坐，寻诣堂内跪，一叩。鸿胪官赞："进讲"，祭酒、司业入，北向立，所司举经案进御前。赐讲官座，祭酒等一叩，坐。依次宣讲。翰詹四品以下官、监官、师儒、博士、圣贤后裔、肄业[3]诸生圜听。讲毕，退，听讲者咸退。复位序立，跪聆传制。辞曰："圣人之道，如日中天，讲贯服膺，用资治理，尔师生勉之。"祭酒等三跪九叩，退。赐茶，群臣受饮。一叩，礼成。驾出，咸跪送。翼日，监官、博士暨诸生表谢，帝御太和殿，礼赐如常仪，并赐衍圣公、各官宴礼部。越三日，颁敕太学，诏诸生策励，赉衍圣公冠服，监官、博士等衣一袭，助教、诸生白金有差。

注释：

【1】书左经右：指四书放在左侧，五经放在右侧。

【2】衮服：古代皇帝及上公的礼服，与冕冠合称为“衮冕”，是古代最尊贵的礼服之一，为皇帝在祭天地、宗庙及正旦、冬至、圣节等重大庆典活动时穿用的礼服。中国传统的衮服分上衣与下裳两部分，衣裳以龙、日、月、星辰、山、华虫、宗彝、藻、火、粉米、黼、黻十二章纹为饰，另有蔽膝、革带、大带、绶等配饰。

【3】肄业：修习课业。古人书所学之文字于方版谓之业，师授生曰：授业，生受之于师曰：受业，习之曰：肄业。

释文：

清代讲学的仪式开始于顺治立国之初，皇帝驾临太学，并祭孔。事先衍圣公、五经博士、五位孔氏后裔，以及其他各圣贤后裔各二位，均来北京。各氏后裔在北京做官的，或者是北京的师生、进士、举人、贡生等，都可以观礼。内阁拟定经、书，祭酒、司业撰写讲章，然后上呈给皇帝。当日，在大成门东侧设置大伞，彝伦堂摆放皇帝帷幄，以及御座，帷幄之前放置御案，左右放置两个讲案。祭酒等将讲章、进讲副本放在案上，左边放四书，右边放五经。皇帝穿上礼服乘车来到孔庙。祭酒、司业，以及国子监师生，跪在成贤街右边。皇帝进入帷幄，来大成殿祭孔。礼成以后，皇帝出来更换衮服，来到彝伦堂的帷幄中，登上宝座。王公则站在台阶上，百官站在台阶下。衍圣公率领博士、各氏后裔，祭酒等率领各官学生，在各自的拜位，行三跪九叩礼。完了以后，皇帝赐王公及九卿座。他们进到堂内，一叩首，然后坐下。鸿胪官主持说“进讲”，祭酒、司业进入彝伦堂，面向北站立，有司人员将经案抬至御前。皇帝赐讲官座位，祭酒、司业一叩首，然后坐下，再依次宣讲。翰林、詹事四品以下官员、国子监官、师生、博士、各氏后裔、肄业学生等都在四周听。讲完以后，退下来，听讲者也都退下来，回到自己的位次，等候聆听皇帝传谕。皇帝说：“圣人之道，正如正午的太阳，不停地被重复，人们都十分认可，可以用来作为治理国家的重要原理，各位老师同学们，应该共勉！”祭酒等三跪九叩，退下来。皇帝赐茶，群臣接受赐茶，一叩首。礼成之后，皇帝大驾出，众人送驾。第二天，国子监官员、博士，以及诸生上表文谢恩，皇帝在太和殿赏赐各官，并在礼部设宴，延请衍圣公以及各官。过了三天，来太学颁布皇帝恩赏敕令，勉励诸生学习，赏衍圣公冠服，国子监官、博士等一套衣服，助教、诸生各不等的银两。

按：

清世祖爱新觉罗·福临（1638～1661），太宗皇太极第九子，6岁继位，是清朝入关后的第一位皇帝，生母为孝庄文皇后博尔济吉特氏，福临以幼小之年在激烈的政治斗争中被拥上帝位。皇太极于崇德八年（1643）八月初九暴卒，由于未预定储嗣，所以在这一突发事件后，其十四弟，掌正白旗的和硕睿亲王多尔衮，与其长子肃亲王豪格之间展开了激烈的皇位之争。双方势均力敌，相持不下。精明的多尔衮随机应变，提出动议，以拥立皇太极第九子福临为帝，由和硕郑亲王济尔哈朗和他共同辅政，结果获得通过。福临于八月二十六日登上盛京笃恭殿的鹿角宝座即帝位，次年改元顺治。庙号世祖，谥号为体天隆运定统建极英睿钦文显武大德弘功至仁纯孝章皇帝，葬于河北遵化清东陵孝陵。

顺治皇帝是清入主中原之后的第一位皇帝。入关以前，降清的汉族知识分子洪承畴请求顺治皇帝接受汉文化的建议被采纳，可见，儒家文化对满人的诱惑力早在入关以前就已经开始了。顺治元年（1644）满族统治者入主中原。此时国家尚未完全安定，南明各政权正在南方组织军事对抗，满汉矛盾仍然激烈。此时，清廷为了笼络民心，接受了许多降清官员，并将其纳入自己的统治集团，为我所用。汉族官员的提倡，使得顺治皇帝很快开始接受儒家文化。而临雍讲学，作为儒家文化尊师重道的重要体现，则不得不行。

本次讲学则是清帝即位之后，对明代皇帝举行祭孔讲学典礼这一传统的继承。典礼沿袭明代，仍在国子监彝伦堂举行，且由国子监官员主讲。观礼的人数大大增加，不仅包括国子监师生、衍圣公、随行的王公大臣，还指定衍圣公、五经博士、五位孔氏后裔以及其他各圣贤后裔各二位来京，各氏后裔在北京做官的，或者是北京的师生，进士、举人、贡生等，均参加观礼。这里更进一步体现了皇帝尊崇儒学的思想。

此次讲学在具体程式上较明代有了更进一步的规范，包括讲学过程中御座、讲案、讲章的摆放，各官站立顺序、跪拜礼，祭孔、讲学人员的服装，讲学恩赏标准等。这些程序成为后来整个清代讲学的规范。虽然乾隆朝修成辟雍殿，并将讲学地点搬到了那里，但是讲学的基本流程较顺治朝并无大的变化。

（二）清世祖顺治九年（1652）讲学

《钦定国子监志》卷二三《辟雍志五·视学》：

> 顺治九年秋九月辛卯，世祖章皇帝视学。亲诣先师庙释奠后，御彝伦堂。命祭酒固尔嘉浑[1]、李爽棠进讲四书，司业傅达礼、冯杰进讲《尚书》。礼成。

注释：

【1】固尔嘉浑：正黄旗人，顺治元年（1644）任国子监满祭酒。在任期间，最重要的贡献便是顺治十七年（1660）奏停国子监的积分法。

释文：

顺治九年（1652）九月二十二日，顺治皇帝来国子监视学。皇帝亲自祭祀孔庙后，便来到彝伦堂，令祭酒固尔嘉浑、李爽棠讲解四书，又令司业傅达礼、冯杰讲解《尚书》。视学礼仪至此完成。

按：

顺治九年（1652）讲学的一个重要背景便是顺治亲政，这与明英宗于正统九年（1444）亲政讲学是同样的道理。顺治得以登基，包括统一全国，主要得益于其皇叔多尔衮。但也正因为如此，皇叔多尔衮长期把持朝政，顺治年幼登基，并未亲政。但顺治显然对此不满，顺治七年（1650）十二月初九，多尔衮病逝于喀喇城。顺治八年（1651）正月初六，福临又将多尔衮同母兄英亲王阿济格以谋乱罪“幽禁”，十二日后于太和殿宣布亲政。此年他虽仅十四岁，但“坐殿上指挥诸将，旁若无人”。二月二十一日，福临颁谕追论多尔衮罪状昭示中外，“罢追封、撤庙享、停其恩赦”。

顺治皇帝亲政以后的第二年，即顺治九年（1652），便来到国子监，祭拜孔子，一方面表示其承认“以儒为师”的尊师态度。另一方面，则是对其亲政的一种昭告。

本次讲学内容较明代范围大，明代主要讲五经，且又多局限于五经中的《尚书》和《周易》。而从顺治开始，则从四书五经中挑选。四书五经是最为重要的儒家经典，更全面地反映了整个儒家思想，皇帝讲学内容的选择余地更大。

讲官则沿袭明代，仍用国子监官员。其中祭酒进讲四书，司业傅达礼、冯杰进讲五经中的《尚书》。祭酒中又分满、汉两种身份：满洲祭酒是固尔嘉浑，正黄旗人，顺治元年（1644）任国子监满洲祭酒；汉族祭酒是李爽棠，顺治三年（1646）丙戌科一甲三名进士（探花），顺治四年（1647），李爽棠出任会试同考官，顺治八年（1651），由内翰林国史院编修升任国子监司业，第二年（1652）升任最高职位祭酒。司业也分为满、汉两种身份：满洲司业是傅达礼，满洲正黄旗人；汉族司业为冯杰。

又《皇朝通典》载此次讲学发生在顺治八年（1651）七月。对于恩赏，除了赏赐衍圣公、诸生酒宴、冠服、金银外，还允许先儒先贤各氏后裔入监读书，并扩大国子监诸生乡试中额十五名。

大成殿内景

（三）清世祖顺治十七年（1660）讲学

《清朝通典》卷五六《礼十六·嘉礼六·临雍》：

顺治十七年（1660），重修文庙落成，世祖章皇帝视学，礼仪与九年同。

释文：

顺治十七年（1660），完成文庙重修工程之后，顺治皇帝亲自来国子监视学，其典礼与顺治九年（1652）相同。

按：

顺治十七年（1660），因为重修文庙的工程终于完工而举行祭孔讲学仪式。孔庙最初并无定制，明洪武三十年（1397），明太祖规定“大成殿门各六楹，灵星门三楹，东西庑七十六楹，神厨库八楹，宰牲所六楹”，成为定制。清顺治十四年（1657），因北京孔庙年久倾圮，准备重修孔庙。虽然清初战争导致财政困难，但顺治皇帝号召京中满、汉官员捐资，历经三年完成，基本规格仍与明初同。这也可见顺治皇帝尊孔崇儒之心。

（四）清圣祖康熙八年（1669）讲学

《钦定国子监志》卷二三《辟雍志五·视学》：

> 康熙八年（1669）夏四月辛丑，圣祖仁皇帝视学。亲诣先师庙释奠后，御彝伦堂。命祭酒贾禄、宋德宜进讲《中庸》[1]，司业博济、陈廷敬进讲《尚书》。既毕，圣祖亲授经义。

注释：

【1】《中庸》：《小戴礼记》中的一篇，作者为孔子后裔子嗣子思，后经秦代学者修改整理。《中庸》全篇以“中庸”作为最高的道德准则和自然法律。孔子把“中庸”看成一个最高的道德标准，也是他解决一切问题的最高智慧。北宋程颢、程颐极力尊崇《中庸》，南宋朱熹又作《中庸章句》，并把《中庸》和《大学》、《论语》、《孟子》并列称为四书。宋、元以后，《中庸》成为学校官定的教科书和科举考试的必读书，对古代教育产生了极大的影响。

释文：

康熙八年（1669）夏四月辛丑日，康熙皇帝来国子监视学。皇帝亲自祭祀孔庙后，便来到彝伦堂，令祭酒贾禄、宋德宜讲解《中庸》，又令司业博济、陈廷敬讲解《尚书》。之后，康熙皇帝又亲自讲授经书中的义理。

按：

清圣祖爱新觉罗·玄烨（1654～1722），即康熙帝，为清朝第四位皇帝，清定都北京后第二位皇帝。年号康熙中，“康”意为安宁，“熙”意为兴盛，取“万民康宁、天下熙盛”的意思。他8岁登基，14岁亲政，在位61年，是中国历史上在位时间最长的皇帝。他是中国统一多民族国家的捍卫者，奠定了清朝兴盛的根基，开创出康乾盛世的大局面。谥号合天弘运文武睿哲恭俭宽裕孝敬诚信功德大成仁皇帝。

此次讲学发生在康熙即位之初，他的情况与其父顺治皇帝极为相似。康熙帝的父亲顺治帝生前并未册立太子，而是以遗诏的形式册立玄烨为皇太子，并令索尼、苏克萨哈、遏必隆、鳌拜四人辅政。顺治事实上是接受了汤若望的建议，因其出过天花具有免疫力而把他选为继承人。康熙帝 8 岁丧父，10 岁丧母，相依为命的只有祖母太皇太后孝庄。康熙六年（1667）七月初七在太和殿举行正式登基仪式。在其祖母太皇太后孝庄文皇后的帮助下，他运用自己的计谋，在康熙八年（1669）智擒鳌拜，并由其手中夺回朝廷大权，开始了真正的执政生涯。这次讲学的一个重要目的，如明英宗、其父顺治一样，都是昭显其正式成为国家的最高统治者。

康熙皇帝作为清朝入主中原后的第二位皇帝，也是清朝历史上一位博学的皇帝。康熙八年（1669）视学，其过程与顺治九年（1652）几乎一致，且仍在彝伦堂举行。讲官仍以国子监满、汉祭酒和司业各一名，共四人。康熙朝继续推行拉拢汉族知识分子的政策，并极力推崇儒家文化，使得更多的汉族官员投身到满族政权，有些通过科举，有些通过归降。

但这次不同于以往的是，进讲官讲完以后，以往皇帝多采用一种惯用的句子，即圣人之道是治国的重要方法，各位师生应该好好学习之类的。然而，康熙皇帝在主讲官讲完之后，还亲自讲解。康熙皇帝 8 岁即位，康熙八年时，其尚不过 16 岁，便能亲自讲授经书中之内容，这反映了清初对于皇帝的汉文化教育的重视。皇帝本人的汉文化修养，正体现了其对汉儒家文化的推崇，因而康熙八年（1669）的讲学不过是其推崇汉文化的体现之一。

此次讲学内容同顺治朝一样，也是从四书和五经中分别抽取相关章节讲解。四书中选取的是《中庸》，五经中选取的是《尚书》。中庸之道，对于稳定社会人心有着极为重要的作用，这符合当时国家初定，尚未统一的局势。

（五）清世宗雍正二年（1724）讲学

《钦定国子监志》卷二三《辟雍志五·视学》：

雍正二年（1724），谕礼部：帝王临雍大典，所以尊师重道，为教化之本。朕览史册所载，多称“幸学”。近日奏章仪注，相沿未改。此臣下尊君之辞，朕心有所未安。今释奠伊迩，朕将亲诣行礼。嗣后一应奏章仪注，称“幸”非宜，应改为“诣”字，以申崇敬。

是年春三月乙亥朔，世宗宪皇帝视学，亲诣先师庙释奠后，御彝伦堂。命祭酒塞楞额、王傅进讲《大学》[1]，司业博礼、彭维新进讲《尚书》。既毕，世宗亲授经义，特谕增复先师庙崇圣祠，祔飨贤儒。增置先贤先儒裔五经博士[2]。复谕广直省入学额数。……各氏后裔，送监读书者十五人。广国子监乡试中额十八名。……又赐衍圣公冠服、国子监官及五经博士等袍服，诸生白金有差。

注释：

【1】《大学》：原为《礼记》第四十二篇。宋程颢、程颐将其从《礼记》中抽出，编次章句。朱熹将《大学》、《中庸》、《论语》、《孟子》合编注释，称为四书。至于《大学》的作者，程颢、程颐认为是“孔氏之遗言也”。朱熹重新编排整理，分为“经”一章，“传”十章。认为“经”是孔子的话，曾子记录下来；“传”是曾子解释“经”的话，由曾子的学生记录下来。

【2】五经博士：翰林院世袭五经博士，正八品，孔氏北宗、南宗各一人。其中朱氏二人，关氏三人。

释文：

雍正二年（1724）发表上谕：帝王视学大典，都是为了尊师重道，教化万民。我阅览了许多史册，多有帝王称到孔庙去为“幸”（临幸）的前例。

以往奏章仪式，都遵守旧制不变，这是臣下尊敬君主的方式，但我心里有所不安。现在离祭孔讲学不久了，决定以后奏章等中，应该改“幸”（临幸）为“诣”（拜谒），用来表示崇敬的心情。

这一年春三月乙亥朔，雍正皇帝来到国子监视学。皇帝亲自祭祀孔庙后，便来到彝伦堂，令祭酒塞楞额、王傅讲解四书，又令司业博礼、彭维新讲解《尚书》。之后，雍正皇帝还亲自讲授经书中的义理。专门命令增加孔庙崇圣祠中，袝飨贤儒的名额。增加先贤先儒后裔为五经博士。又扩大各省取得入学资格的名额。……各氏后裔能够入监读书的人数达到十五人。增加国子监乡试名额十八名。……又恩赐衍圣公冠服、国子监官及五经博士等袍服，观礼诸生银两不等。

按：

清世宗爱新觉罗·胤禛（1678～1735），满族，是清朝第五位皇帝，入关后第三位皇帝，清圣祖康熙第四子，母为孝恭仁皇后，即德妃乌雅氏，年号雍正，庙号世宗，谥号敬天昌运建中表正文武英明宽仁信毅睿圣大孝至诚宪皇帝，葬清西陵之泰陵。雍正在位时期，平定了罗卜藏丹津叛乱，设置军机处加强皇权，实行“改土归流”、“火耗归公”与打击贪腐等一系列铁腕改革政策，对康乾盛世的连续具有关键性作用。

雍正帝即位合法性问题历来有很大争议。他于康熙三十七年（1698）被封为贝勒，康熙四十八年（1709）晋封雍亲王。当时的太子胤礽两立两废，康熙诸皇子争夺储位的斗争愈加激烈。与其余诸子明面上的斗争不同，胤禛善于隐忍，懂得韬光养晦。他表面沉迷释教道学，自称“天下第一闲人”，与诸兄弟维持和气，暗中与年羹尧和隆科多交往，培植自己的势力，同时向父亲康熙表现诚孝，以赢得康熙的信任。雍正即位以后，即举行祭孔讲学典礼，接受众人跪拜，显示其帝位之合法性。

此次讲学发生在雍正即位的第二年，讲学地点仍在彝伦堂，且主讲官讲完之后，皇帝仍亲自讲授经书中义理，这从客观上反映了康熙之后清朝皇帝开始了正规的儒家文化训练，都具有较高的汉文化水平。雍正皇帝所

雍正御书“文行忠信”匾

选讲题目为四书中的《大学》及五经中的《尚书》。

此外，这次讲学赏赐的形式、范围都较前代扩大了许多。除了与前代一样的，将先圣后裔准许入监读书，以及赏赐衍圣公冠服、国子监官及五经博士等袍服，诸生暨观礼之进士、举人、荫生、贡生、监生、八旗官学生银两外，还有一些新的形式：其一，设置先贤先儒裔五经博士；其二，各氏后裔送监读书者十五人，广国子监乡试中额十八名，广直省入学额数。又在讲学之后，谕令增加先师庙崇圣祠祔飨贤儒的名额。

（六）清高宗乾隆三年（1738）讲学

《钦定国子监志》卷二三《辟雍志五·视学》：

> 乾隆三年（1738）春三月甲寅，高宗纯皇帝视学，亲诣先师庙释奠后，御彝伦堂。命祭酒国连、李凤翥[1]进讲《中庸》第一章，司业塞尔登、署司业赞善、李文锐进讲《尚书·尧典》。既毕，高宗亲讲经蕴，诸王公卿以下暨多士，圜伏听讲。翼日，衍圣公孔广棨、领监事尚书孙嘉淦等率五经博士、各氏后裔及国子监官生表谢。命颁敕谕，勉励师生。赐群臣宴于礼部。赐衍圣公《御制乐善堂文集》[2]一部、墨二奁、貂四、貂冠一、朝服一；领监事尚书、祭酒、司业等各锦缘领袖

纻丝袍服一；圣裔五人各《文集》一部、墨二奁、纻丝袍服一、貂三；五经博士各《文集》一部、墨二奁、纻丝袍服一、貂二；国子监官及孔、颜诸氏生员各纻丝袍服一。赐观礼五氏后裔九十二人、进士、举人、贡监诸生三千二百八十五人、诸学教习师生九百二十四人白金有差。准十三氏后裔三十一人入监肄业。广国子监乡试中额十八名。

注释：

【1】李凤翥：字紫廷，号云湖，江西人。康熙丁丑（1697）进士，时23岁，会试101名，殿试二甲17名，被康熙钦点为翰林院庶吉士、编修，主持纂修《大清一统志》，跟康熙八皇子合作，后来因此被雍正指斥。历康熙、雍正、乾隆三朝。

【2】《御制乐善堂文集》：乾隆皇帝登基以后降旨收缴改订自己居藩期间的作品结集。雍正八年（1730）之秋，尝订《乐善堂文钞》14卷。乾隆二年（1737），取《文钞》所载存十分之三，加上雍正八年以后的续作，编《乐善堂文集》，颁示海内。本书名来源于乾隆当皇子时居住在大内时的书房——乐善堂。

释文：

乾隆三年（1738）春三月甲寅，乾隆皇帝来到国子监视学。皇帝亲自祭祀孔庙后，便来到彝伦堂，令祭酒国连、李凤翥讲解《中庸》的第一章，司业塞尔登、署司业赞善、李文锐讲解《尚书·尧典》。讲完以后，乾隆皇帝还亲自讲授经书中的义理。诸王、公、卿以下，以及多士，都围着听讲。第二天，衍圣公孔广棨、领监事尚书孙嘉淦等率五经博士、各氏后裔，及国子监官生给皇帝上表谢恩。皇帝颁布敕谕，勉励师生，在礼部赐宴群臣。并赏赐衍圣公《御制乐善堂文集》一部、墨两盒、貂服四件、貂帽一顶、朝服一件；赏领监事尚书、祭酒、司业等各锦缘领袖纻丝袍服一件；先圣后裔《文集》一部、墨两盒、纻丝袍服一件、貂服三件；五经博士各《文集》一部、墨两盒、纻丝袍服一件、貂服两件；国子监官员，以及孔、颜诸氏生员各纻丝袍服一件；赏赐观礼的五氏后裔九十二人，进士、举人、贡监诸生三千二百八十五人，诸学教习、师生九百二十人，各不等的银两。准十三氏后裔三十一人来国子监读书，并扩大国子监十八个乡试中举名额。

按：

清高宗爱新觉罗·弘历（1711～1799），清朝第六位皇帝，定都北京后第四位皇帝，年号乾隆，寓意“天道昌隆”。他25岁登基，在位六十年，退位后当了三年太上皇，实际掌握最高权力长达六十三年零四个月，是中国历史上执政时间最长、年寿最高的皇帝。乾隆帝在位期间平定大小和卓叛乱，巩固多民族国家的发展，六次下江南，文治武功兼修，为发展清朝康乾盛世局面作出了重要贡献，确为一代有为之君。但他在位后期奢靡无度、好大喜功，吏治逐渐败坏，文字狱之风更加严酷于康熙、雍正两朝，闭关锁国政策更是拉大了和西方的差距。这些因素促使清朝统治出现了危机，导致白莲教起义等多地起义。乾隆时期也成为了大清王朝由盛转衰的转折时期。乾隆庙号高宗，谥号法天隆运至诚先觉体元立极敷文奋武钦明孝慈神圣纯皇帝，葬于清东陵之裕陵。

乾隆三年（1738）讲学是乾隆即位初期讲学。乾隆皇帝自幼聪明，五岁就学，过目成诵。据说康熙六十年（1721）某日，弘历方十岁，康熙在雍亲王府（今北京雍和宫）初次见到他，便十分喜爱，自此养育宫中，亲授书课。雍正元年（1723），雍正书立储密旨，立弘历为继承人，藏于锦匣，置于乾清宫“正大光明”匾后。雍正十一年（1733）弘历被封为和硕宝亲王，开始参与军国要务。雍正十三年（1735），雍正帝驾崩，内侍取出谕旨，宣布弘历即位，次年改年号乾隆。而这次讲学乃是沿袭前朝即位讲学的惯例。

此次讲学仪式沿袭前代，仍是先祭孔，后讲学，讲学地点亦在彝伦堂。讲官四名，仍由国子监祭酒、司业充当，仍为满、汉各一名。讲授内容仍然是四书五经中的章节。祭酒负责讲四书中的《中庸》，司业负责讲五经中的《尚书》。皇帝讲完以后，亲自讲授经书中的义理，显示了满族皇帝极高的汉文化修养。

这次恩赏也大体沿袭前代，但数量和规格则大有提高。赏赐内容除了袍服、墨、金银之外，还包括《御制乐善堂文集》，分别赐给衍圣公、五经博士、先圣后裔。《御制乐善堂文集》是乾隆皇帝登基以后降旨收缴改订自己居藩期间的作品结集。雍正八年（1730）之秋，尝订《乐善堂文钞》14 卷。乾隆二年（1737），取《文钞》所载存十分之三，加上雍正八年以后的续作，编订《乐善堂文集》，颁示海内。本书名来源于乾隆当皇子时居住在大内时的书房——乐善堂。康熙六十一年（1722）雍正即位，作为皇子的弘历随皇父迁居紫禁城内的西二所。乾隆即位后将西二所大加修缮，改名为重华宫。重华宫第一重宫殿名为崇敬殿，殿内正中间就是弘历读书写作之处——乐善堂，其父雍正皇帝御笔书写的"乐善堂"三字的匾就悬挂在迎面墙上。"善"就是孝悌仁义，而"乐"则是以实践这些美德为乐。事实上，早在做皇子时，弘历就已经开始预备遴选自己平日习作结集了，并自己作序，此外还先后请弟弟弘昼、表兄弟和同窗福彭、老师鄂尔泰、张廷玉、蒋廷锡、福敏、顾成天、朱轼、蔡世远、邵基和胡煦，以及皇叔和硕庄亲王允禄、和硕果亲王允礼和允禧阅读并作序。

《御制乐善堂文集》可以作为皇帝本人好虚夸的本性的体现，如其晚年总结一生有"十全武功"，自诩为"十全老人"，并作《御制十全记》，令写满、汉、蒙、藏四种文体，建碑勒文。但是，将《御制乐善堂文集》作为讲学之后的恩赐之一，则又有更深层次的含义。乾隆皇帝以身作则，将其自身的儒学才华展示给后人，事实上是在给士人树立学习榜样。这也是乾隆皇帝讲学要达到的目的之一，即尊师重学。

（七）清高宗乾隆五十年（1785）讲学

《清高宗纯皇帝实录》卷一二二四：

乾隆五十年（1785）二月丁亥，上诣文庙，行释奠礼。礼成，御彝伦堂更衮服。临新建辟雍[1]，行讲学礼。御辟雍殿，中和韶乐作，

乾隆御书“福畴攸叙”匾

王以下各官，行二跪六叩礼。乐止，召王、公、衍圣公、大学士、九卿、詹事、记注官[2]入。至圣后裔、翰林院五经博士、各氏后裔及学官、进士、举人、荫生、贡生、监生，并朝鲜国使臣，圜桥肃立。赐讲官坐，讲官就位，一叩，坐。

大学士伍弥泰、蔡新，进讲《大学》“为人君止于仁，为人臣止于敬，为人子止于孝，为人父止于慈，与国人交止于信”五句。讲毕，上宣御论曰：“此虽言文王之止于至善，而实训万古五伦[3]之要道也。夫文王固身历为君、臣、父、子，与人交，而各尽其善矣。试思人孰不在五伦之中，而各有当止于其善之道乎！是故为君者，匪惟博施济众以为仁，即瘅恶弼教之义，亦必当本于仁而出之，所谓止也。人臣之敬，讵其夙夜匪懈，恪恭承旨之谓，即绳愆纠谬、陈善闭邪，亦必当本于敬而出之，所谓止也。生事死葬，祭之以礼，人子之止于孝。盖终身之事，非谓无父母，即无子之止于善也。若夫父之曰严，似殊乎母之慈。而不知父之严，正所以行其慈也。至于兄友弟恭、夫唱妇随，皆与人交之义。而朋友之信，固该其中矣。予故云‘此虽言文王之止于至善，而实训万古五伦之要道也’。”

祭酒觉罗吉善、邹奕孝进讲《周易》“天行健，君子以自强不息”二句。讲毕，上宣御论曰：“天一日一周，是行健也。然天之运行，终古不息。不惟不息，盖并不息，亦无意于其间。所谓健也，此应与《中庸》'至诚无息'并观之。所谓'诚者,天之道也',若夫法天之君子,乃'诚之者,人之道'。然亦不外自强不息而已。盖天之不息,无为而为;人之不息,则在自强。自强者,必本于克己复礼,人十己千,成己成物,胥在乎是。圣人之言,非特为为君者言,盖人人皆有法天之道。而为人君者,益当夕惕朝乾,孜孜亹亹,不遑暇逸,以是为亟耳。"

时王、公、百官、圜桥观听之进士、举人、荫生、贡生、监生,并朝鲜国使臣,跪聆圣训,心悦诚服。大学士公阿桂[4]、大学士嵇璜跪奏曰:"皇上阐扬经书义蕴,广大精微,本至善尽伦,以法天行健,心法治法,训示万年。不独发先儒所未发,臣等曷胜钦忭之至!"

进讲官暨祭酒、司业以下,各出就拜位。丹陛大乐作,王以下各官,俱行三跪九叩礼。乐止,祭酒、司业率学官诸生谢恩。丹陛清乐作,赐王、公、衍圣公、大学士、九卿、詹事、记注官茶,俱行一叩礼。中和韶乐作,礼成。上启座,乘舆出太学门,祭酒、司业率学官诸生跪送。衍圣公、至圣后裔、翰林院五经博士、各氏后裔、祭酒、司业,及观礼进士、举人、荫生、贡生、监生并朝鲜国使臣,各赏赉有差。

注释:

【1】辟雍:亦作"璧雍"等,本为西周天子为教育贵族子弟设立的大学。取四周有水,形如璧环为名。今北京国子监内辟雍乃为乾隆时造,建成之后,皇帝讲学由彝伦堂改为辟雍殿。

【2】记注官:古代随侍天子左右记录天子言行的官,即起居注官。清代由翰林、詹事等日讲官兼任。

【3】五伦:古人所谓君臣、父子、兄弟、夫妇、朋友五种人伦关系,常以忠、孝、悌、忍、善作为"五伦"的关系准则,即君臣之间有礼义之道,故应忠;父子之间有尊卑之序,故应孝;兄弟手足之间乃骨肉至亲,故应悌;夫妻之间挚爱而又内外有别,故应忍;朋友之间有诚信之德,故应善。

【4】阿桂:字广庭,姓章佳氏,初为满洲正蓝旗人,后改隶正白旗,

曾以参赞大臣的身份参加了清政府平定准噶尔部和大小和卓叛乱、统一新疆的战争，并帮助开发新疆地区。晚年，担任大学士，是乾隆朝出将入相的少数重臣之一。

释文：

乾隆五十年（1785）二月丁亥日，乾隆皇帝亲临孔庙，举行祭祀大典。皇帝完成这一礼仪之后，便来到彝伦堂。把衣服换成衮服之后，皇帝来到新建成的辟雍,并在辟雍殿举行讲学典礼。当中和韶乐响起的时候，王以下各官员行二跪六叩之礼。音乐停止以后，皇帝召王、公、衍圣公、大学士、九卿、詹事、记注官进到大殿里来。至圣后裔、翰林院五经博士、各氏后裔及学官、进士、举人、荫生、贡生、监生，以及朝鲜国使臣，都在殿外的环桥上恭恭敬敬地站着。皇帝恩赐讲官就座。讲官叩拜皇帝，然后入座。

大学士伍弥泰、蔡新，给皇帝讲《大学》中的“做人君的要止于仁爱，做人臣的要止于恭敬，做人子的要止于孝道，做人父的要止于慈祥，与国人交往要止于诚信”五句话。讲完以后，皇帝评论道：“这虽然是说文王所想要达到的品德几近完美，然而实际上可以作为教导万世人民的至理名言。文王同时拥有君、臣、父、子不同的身份，但他与人交往，都能做到尽善尽美。这样一想，世界上的人，谁又不是属于这五种身份之一呢？那么是否也应该如文王一样。所以，作为人君，不仅仅是广泛施舍救济众人可以称为仁，即使憎恨恶人以辅助教化的道义，也出于仁，这才是真正的界限。人臣的尊敬，怎么仅是日夜不懈怠或恭敬恪守旨意，那些匡正错谬，宣扬善道而避开恶性，也是出于尊敬，这才是真正的界限。在世的时候能够好好服侍，死后能够好好安葬，并以适宜的礼仪祭祀，这是人子尽孝的界限。原因是父母死后，不是说没有父母，这才是无子应达到的尽善尽美的境界。正如父亲十分严厉，看起来超过了母亲的慈祥，而不知道父亲的严厉正是为了让母亲的慈爱得以实行。至于兄弟间的友爱，夫妻间的和谐，都是与人交往的道理。而朋友之间的诚信，自然也应该包含其中。我因此说‘这虽然是说文王所想要达到的品德几近完美，然而实际上可以作为教导万世人民的至理名言’。”

祭酒觉罗吉善、邹奕孝给皇帝讲《周易》中的“君子处事，就应该像天那样高大刚毅而自强不息，自我力求进步，永不停止”两句。讲完以后，皇帝发表自己的评论，说：“日子一天一天地到来，如同矫健地行走着。然而天道运行，自古以来从未停息。不仅不停，而且毫无间断。所谓强健，应该与《中庸》中‘诚恳至极而不停息’联系起来看。正所谓‘诚实是天地之大道，天地之根本规律’。正如将天道作为行为准则的君子，就是说‘追求诚信，则是做人的根本原则’。然而这都没超出自强不息的道理。因为天道永不停息，没有作为就是有所作为；人的永不停息，就在于自强。自强的人，必须从克己复礼开始，别人学十次能学会的东西，自己可以花一千次学会，自身有了成就，也要使自身以外的一切有所成就，都是这个道理。圣人的言行，不是特意对君主说的，而是可以适用于天下万民的普遍法则。而作为人君，更应当朝夕警惕，孜孜不倦，将此当成紧要之事。”

此时王公、百官，以及站在辟雍周围的环桥上听讲的进士、举人、荫生、贡生、监生，以及朝鲜国使臣，都恭敬地聆听着皇帝的圣训，对此心悦诚服。大学士阿桂、大学士嵇璜跪着向皇帝上奏，说：“皇上您阐释的经书含义，十分博大精深，且尽善尽伦，并以此来效法天道，推行心治，并垂训万年。这不仅是说出了以往儒学大师所未谈到的道理，我们都佩服得五体投地！”

祭酒、司业以下的讲官，分别离开自己的位子。殿前的台阶上音乐响起，王以下各官，都行三跪九叩礼。音乐停止，祭酒、司业率领各学生谢恩。殿前的台阶上响起了清乐，皇帝恩赏王、公、衍圣公、大学士、九卿、詹事、记注官茶，他们都行一叩礼以谢恩。这时中和韶乐响起，所有的礼仪便完成了。皇上起来，乘轿子出了太学门。祭酒、司业率领众学生，跪送皇帝。衍圣公、至圣后裔、翰林院五经博士、各氏后裔、祭酒、司业，以及观礼的进士、举人、荫生、贡生、监生和朝鲜国使臣，都得到了应有的赏赐。

按：

乾隆五十年（1785）最为重要的事情便是乾隆登基五十周年庆典。正月初一，乾隆即颁诏天下：各省有同堂五世的，由各督抚查明，送交军机处汇总，给予赏赐；王妃以下、奉恩将军之妻以上，公主以下，乡君以上，年过六十的，都给予加恩赐；外藩王妃以下、公扎萨克台吉塔布囊妻以上，年过六十的，满汉大臣命妇，年过六十的，也都给予恩赐；八旗满洲蒙古汉军兵丁及内扎萨克喀尔喀等蒙古未经入宴，年七十、八十、九十以上的，分别赏赉，百岁老人，还要赐银建立牌坊，并加赏大缎一匹，银十两；满洲兵丁，系披甲效力行间，年过六十，因残废疾病闲住，不能参加宴席的，给予赏赐；军民年七十以上的，许一丁侍养，免其杂派差役，八十以上，给与绢一匹，棉十斛，米一石，肉十斤，九十以上加倍，至百岁的，题明旌表，并加赏大缎一匹，银十两；各省儒学，以正贡作恩贡，以次贡作岁贡；国子监贡监生及各官学教习，放假一月，内外满汉大臣文武官员，都加品一级，试职各员（实习期的），都准实授（即成为正式官员）；各直省军流以下人犯子，都减少其受罚的等级；各处养济院，所有鳏寡孤独及残疾无靠之人，要好生养赡，不能让其流离失所。正月初二，乾隆在重华宫设宴，招待大学士及内迁翰林等官员，以千叟宴（邀请的全部都是六十岁以上的长者）联句；之后又在紫光阁设宴，招待蒙古王公台吉及回部郡王台吉，朝鲜国、暹罗国使臣，并金川土司等。正月初六，在乾清宫举行千叟宴，延请的都是亲王以下暨士商兵民等年六十以上的老者，计约三千人。

而作为乾隆五十年（1785）讲学的另一个重要背景，便是太学中辟雍殿的落成。而这次讲学也是清代第一次在辟雍殿中讲学，之后的皇帝讲学均在此地。而只有从这时开始，皇帝讲学才称得上真正的“临雍讲学”。

辟雍又作璧雍，本是西周时的大学，是一座圆形建筑，四面环水为雍。贵族子弟都在辟雍学习礼仪、音乐、舞蹈、骑马等。《礼记·王制》：“大学在郊，天子曰辟雍，诸侯曰泮宫。”汉班固《白虎通·辟雍》:“辟者，璧也。象璧圆又以法天，于雍水侧，象教化流行也。”《五经通义》:“天子立辟雍者何？所以行礼乐，宣教化，教导天下之人，使为士君子，养三老，事五更，与诸侯行礼之处也。”东汉李尤《辟雍赋》:“辟雍岩岩，规矩圆方。阶序牖闼，双观四张。流水汤汤，造舟为梁。神圣班德，由斯以匡。”西汉以后，历代皆有仿造辟雍，多为祭祀用，北宋末年作为太学之预备学校。今北京国子监内辟雍，则是乾隆时造，为皇帝讲学之所。

乾隆五十年（1785）讲学可以说是历史上规模最大的一次，听讲者包括陪侍的王、公、大臣，还有执事官，衍圣公带领的五经博士、先圣后裔、国子监官员以及诸生等，还有朝鲜使者参加观礼。其中参加观礼的肄业学生，以及进士、举人、贡监生、荫生、八旗官学教习、官学生，达三千零九十三人。

此次讲学的礼仪等成为清朝规范，并被写入会典。除沿袭讲学之前先祭孔，国子监官员担任进讲官，讲授内容为四书五经，讲学之后皇帝发表御论，典礼完成之后恩赏众人以外，也对具体内容进行了规范：

其一，仪式更为规范。班次班列更为整齐，跪拜仪式及各仪式间的伴奏乐舞有了明确的规定，中间有专人负责引导、负责纠正错误的仪式；皇

辟雍殿

辟雍殿内景

帝、众臣在不同阶段的服装也有了规定，驾临时穿朝服，讲学时更换衮服，大臣则换成蟒袍补服。

其二，进讲官人员有所变化。明代以及清初进讲各官都是由国子监官员担任：明代进讲官都是国子监祭酒、司业各一名，共两名；清初改成满、汉国子监祭酒、司业各两名，共四名。明代由于只讲五经中的《尚书》和《周易》，因而往往是国子监祭酒讲《尚书》，司业讲《周易》。清初内容扩大到四书五经，因而其分工是满汉祭酒讲四书，满汉司业讲五经。乾隆五十年（1785）规定进讲官也是四名，但是不再单由国子监官员担任，而是从国子监及翰林学士中挑选。其中满汉国子监祭酒各一人，共两人；满汉翰林大学士各一人，共两人。国子监祭酒仍然负责讲五经，而翰林院大学士则负责讲四书。

其三，讲学内容更加具体，且君臣互动更多。这次讲学进讲官分别从《大学》中挑选了“做人君的要止于仁爱，做人臣的要止于恭敬，做人子的要止于孝道，做人父的要止于慈祥，与国人交往要止于诚信”五句话，以及《周易》中的“君子处事，就应该像天那样高大刚毅而自强不息，自我

乾隆御书“雅涵於乐”匾

力求进步，永不停止”两句。乾隆皇帝分别发表评论，且讲解内容十分丰富，从中可以见到君臣间的互动性。

乾隆皇帝把创建辟雍并临雍讲学作为自己功德圆满的一种象征。乾隆皇帝经历了十全武功、六下江南，大清王朝政治稳定、经济繁荣、版图统一。此时的乾隆个人已经达到了人生的顶点，大清王朝还处在极盛时期。所以这次临雍讲学不仅体现出皇帝对国家教育的重视，更展现出康乾盛世的繁华高峰。

自乾隆皇帝“临雍讲学”之后，新帝即位，都要来辟雍讲学，《五经通义》云“天子立辟雍者何？所以行礼乐，宣教化，教导天下之人”。清代帝王因循古制，以彰显对儒家文化的推崇，以显示对教育的重视。

（八）清仁宗嘉庆三年（1798）讲学

《清仁宗睿皇帝实录》卷二七：

嘉庆三年（1798）春二月丁未，上诣文庙行释奠礼。礼成，御彝伦堂更衮服，亲临辟雍讲学。王、公、衍圣公、大学士、九卿、詹事、起居注官入侍。至圣后裔、五经博士、各氏后裔，及学官、进士、举人、荫生、贡监生等，圜桥肃立。上赐讲官坐。

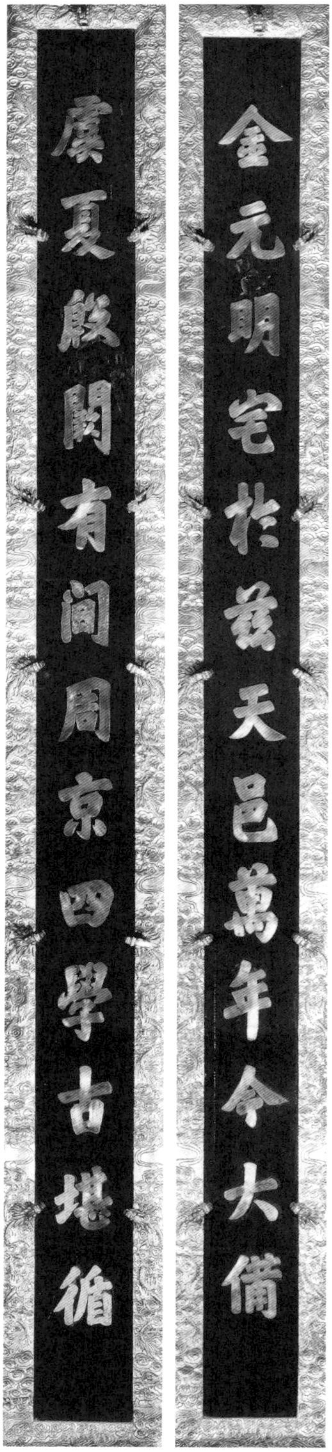

乾隆御书辟雍楹联

大学士苏凌阿[1]、刘墉进讲《大学》“大学之道，在明明德，在新民，在止于至善”。讲毕，上宣御论曰：“《大学》一书，首言明德新民，而必皆止于至善，此道统之渊源，而内圣外王之纲领也。夫大人为学之道，在明吾本来之德。德赋于天，禀于性，具于心，至精至醇，广蕴圆神方智之体，故谓之明德。然此德者，人人之所同得，非一己之所私有，故必致力以明之，使无或为外物所蔽。既明矣，则思推而溥之，俾薄海生民，皆有以复其本来所同得者，咸与臻于大同之治，斯明德之效，见之于新民矣。欲明其德，必极于合天之心，欲新其民，必极于凝天之命，然后为能止于至善焉。人主照临天下，己德无不明，则民德无不新，上下皆能止至善，弥纶范围之能事毕矣，此修齐治平之全功。为学之道，孰大于此。为君者诚身体力行，于以希尧舜于变之风，其庶几乎！”

祭酒法式善、胡长龄进讲

《周易》“君子以教思无穷，容保民无疆”。讲毕，上宣御论曰：“大易著象，临卦之义，尤切于人君之道焉。盖人君之道，一仁而已矣。仁之心，教之思也。心之本乎仁者，肫然不已。故思之著乎教者，油然无穷。申之以孝弟，辅之以德礼，振之以政刑。欲民为善之心，无所不尽，与兑泽同其深矣。始之于邦畿，达之于侯甸，极之于要荒。欲民从风之化，无所不届，与坤德同其广矣。作君即所以作师，非异人任也，而尤在养贤以及万民，感化育之恩，戴照临之德。斯教思之无穷者达，而容保之无疆者遂矣。此先圣著象之本意。有知临之责者，可不勉诸！”

时王、公、百官及听讲之进士、举人、荫生、贡监生等，跪聆圣训毕。王以下各官，行三跪九叩礼。祭酒、司业率学官、诸生谢恩。礼成。恩赉进讲大学士、祭酒，并衍圣公、圣贤后裔、国子监官、观礼进士、举人、荫生、贡监生等有差，广太学本科乡试中额十五名。

注释：

【1】苏凌阿：满洲大学士，全名他他拉·苏凌阿，满洲正白旗人，乾隆年间累官至户部尚书、两江总督，但与和珅勾结。嘉庆四年（1799），和珅倒台，苏凌阿也被罢黜，令其守护乾隆帝的裕陵，苏凌阿亦于当年去世。

释文：

嘉庆三年（1798）春二月丁未，嘉庆皇帝来到孔庙行祭祀典礼。祭祀大典完成之后，便来到彝伦堂，更换衮服，并在辟雍讲学。王、公、衍圣公、大学士、九卿、詹事、起居注官也跟着皇帝一起进到殿里来，伺候皇帝。至圣后裔、五经博士、各氏后裔、学官、进士、举人、荫生、贡监生等，则在殿外的环桥上恭恭敬敬地站着。皇帝给讲官赐座。

大学士苏凌阿、刘墉给皇帝讲《大学》中的“大学教人的道理，在于彰显人人本有，自身所具的光明德性，再推己及人，使人人都能去除污染而自新，而且精益求精，做到最完善的地步并且保持不变”。讲完以后，皇帝评论说："《大学》这本书，首先说明道德教化必须达到尽善尽美的地步，这是道统的源头，也就是能拥有圣人的才德，对外施行王道的方法。为学之道在于使自身受到道德教化。道德本为与生俱来之物，十分纯洁，蕴藏着极具包容性的本体，所以称之为使人道德得到彰显。然而，道德虽然为人人都有的东西，却不能独自拥有，因而必须致力于使人人的道德都得到彰显，使其不至于没有道德或者其道德为外物所蒙蔽。道德彰显以后，则广泛推广之，使得天下之百姓，都能够恢复天生的道德，都能达到大同治世，那么道德教化的效果，则得以推己及人了。想要使人道德彰显，必须首先具有合乎天道之心，想要将道德教化推己及人，则必须具有凝聚天道的使命，然后才能达到尽善尽美。人君作为天下统治者，其自身的道德没有不已彰显的，那么百姓的道德则没有不革新的。从上至下，都能做到尽善尽美，天下之事都完成了，这就是修身、齐家、治国、平天下的功绩。为学之道，没有比这一点儿更重要的了。作为君主，若果真能身体力行，并依此希望从此开始变化风气，以达到尧舜之治，就差不多了！"

祭酒法式善、胡长龄给皇帝讲《周易》中的"君子应该教导人民并且勤于思考而永不倦怠，包容百姓而无止境"。讲完以后，皇帝发表自己的评论说："《周易》记载的是卦象，关于治理天下的卦象，十分符合人君的心意。因为人君之道，仁是最重要的。仁德之心是施行教化时应该怀有的。心又是本于仁的，这样真诚地坚持而不停止。所以想要在教化方面有所成就，则没有穷尽之时。用孝悌来发扬，并辅之以道德礼仪，用刑罚来强制敦促。想要使百姓有善心，要竭尽全力，要达到与帝王的恩泽一样深的程度。从京城周边地区出发，再扩展到诸侯地区，以至远方之国。想要使民风得到纯化，也要竭尽全力，其广度要同帝王之德一样。身为人君如同人师一样，不是别人的作用，尤其是在养贤及养民方面。皇帝的教化之恩，将受到爱戴。这种教化思想无穷，则包容之心也无止境。这是先圣写作卦象的原意。君临天下之人，怎可不以此自勉呢！"

这时王、公、百官，以及听讲学的进士、举人、荫生、贡监生等，都跪着聆听皇帝的教导。这以后，王以下各官，行三跪九叩礼。祭酒、司业率领学官、各学生谢恩。这时一切礼仪便完成了。皇帝恩赏讲学的大学士、祭酒，以及衍圣公、圣贤后裔、国子监官，观礼的进士、举人、荫生、贡监生等，并且皇帝宣布增加十五个本年太学生中的乡试名额。

按：

清仁宗爱新觉罗·颙琰（1760～1820），清朝第五位皇帝，乾隆帝第十五子，母孝仪纯皇后魏佳氏，年号嘉庆。原名永琰，但从乾隆皇帝开始，规定以后太子即位后，即将其名字中作为班辈的字改易，这样皇帝的众多兄弟，则不必改其名字中的班辈字了，因而永琰即位后，也将自己的名字中的行辈字"永"字改为不常见的"颙"字。在位前四年是太上皇乾隆帝发号施令，嘉庆帝并无实权。乾隆帝死后才得掌大权。他惩治贪官和珅，肃清了吏治。他在位期间是世界工业革命兴起的时期，也是清朝由盛转衰的时期。内忧外患此起彼伏，清朝统治危机出现。庙号仁宗，谥号受天兴运敷化绥猷崇文经武光裕孝恭勤俭端敏英哲睿皇帝，葬于清西陵之昌陵。

嘉庆三年（1798）讲学发生在嘉庆皇帝亲政之年。嘉庆生于乾隆二十五年（1760），初名永琰，乾隆五十四年（1789）被封为嘉亲王，乾隆六十年（1795）九月初三，乾隆帝宣布第二年正月初一禅位，颙琰于次年（1796）登基，改元嘉庆。乾隆帝曾立过两位皇太子，都幼年夭折了，乾隆帝为此十分伤心，命令大臣不准提立太子之事。但随着乾隆皇帝年纪越来越大，必须选立太子。永琰是乾隆的十五子，原本没有多大希望，但这时乾隆帝在世的皇子只有 6 位，两个儿子被过继他人，可选择的只有 4 位，都不太成器，相对而言永琰为人比较忠厚，学习比较努力，行为举止也比较得体。最终他在乾隆三十八年（1773）被秘密立为皇储，乾隆五十四年（1789）又被封为嘉亲王。乾隆皇帝即位时，曾发誓在位时间不超过祖父康熙。可能他自己也没有想到能活过自己的祖父，然而他确实活到了该退位的年龄，不得不遵守诺言退位。乾隆六十年（1795）九月，公布了永琰的皇太子身份。第二年正月初一，乾隆帝禅位称"太上皇"，永琰即位，改名“颙琰”，改元嘉庆。但是，乾隆皇帝是一位极为骄傲自大且精力旺盛的皇帝，在退位后，仍掌控朝政，甚至霸占着正牌皇帝的寝宫，使得嘉庆帝不得不暂时居住在毓庆宫（后改名继德堂）。随着太上皇乾隆逐渐衰迈，受乾隆宠信的和珅逐渐揽权，嘉庆帝投鼠忌器，只能不露声色，韬光养晦，和和珅巧妙周旋。嘉庆四年（1799）正月初三，乾隆驾崩，嘉庆帝开始亲政。

历史总是在重演，从明英宗，到清顺治、康熙，再到嘉庆，都是由于即位初期，没有地位，在亲政之日，至太学讲学，昭告天下，其终获大权之盛事。但不得不承认，嘉庆皇帝此次讲学的规模远不及乾隆五十年（1785）。但具体仪式流程等都以乾隆五十年（1785）为准：先祭孔再讲学，地点设在辟雍殿，进讲官分别由满、汉国子监祭酒、翰林院大学士担任，共四名。参加观礼的包括陪侍王公大臣、执事官、衍圣公、五经博士、圣贤后裔、国子监师生，在京获选或在京的进士、举人、贡生等。讲学后的恩赏等也以乾隆五十年（1785）为准。

此次进讲的两名大学士苏凌阿和刘墉的身份值得玩味。他们一个是和珅党人，一个是倒和珅党人，却在这个承前启后的时刻，同时担任进讲官。

满洲大学士他他拉·苏凌阿（1717～1799），满洲正白旗人，乾隆六年（1741）翻译举人，任内阁中书，后累迁江西广饶九南道。乾隆五十年（1785），由吏部员外郎受和珅提拔，任兵部侍郎、工部侍郎、户部侍郎。乾隆五十四年（1789）迁户部尚书，出为两江总督。嘉庆二年（1797），授东阁大学士，兼署刑部尚书。此人是和珅党人，因而嘉庆皇帝事实上并不太喜欢。就在这次讲学后不久，嘉庆四年（1799），和珅倒台，苏凌阿也被罢黜，令其守护乾隆帝的裕陵，苏凌阿亦于当年去世。

刘墉（1719～1804），字崇如，号石庵，山东省高密县逄戈庄（原属诸城）人，祖籍江苏徐州丰县。乾隆十六年（1751）进士，刘统勋的儿子。当年刘墉在殿试后，读卷大臣列刘墉为第一名。乾隆帝阅后认为其无超人才华，或怀疑读卷大臣巴结当朝大红大紫的刘墉父亲刘统勋，而将刘墉贬为二甲二名，将原拟第五名，也就是二甲二名的吴鸿拔为第一甲第一名，这样本来是刘墉的状元改为了进士。刘墉不仅未因为其父居高官而获得任何好处，反而在其父获罪时受到株连。乾隆二十年（1755）十月，其父刘统勋（时任陕甘总督）因办理军务失职下狱，刘墉受株连而遭逮治，稍后才得宽释。由于刘墉居官清廉,受到新即位的嘉庆皇帝的亲赖,嘉庆二年（1797）四月，授刘墉为体仁阁大学士。之后，刘墉奉旨办理文华殿大学士和珅植党营私、擅权纳贿一案。刘墉不畏权势,很快查明和珅及其党羽横征暴敛、搜刮民脂、贪污自肥等罪行 20 条，奏朝廷。皇上处死了和珅，没收了他的家产。

嘉庆对和珅的惩治虽然是嘉庆皇帝一生处理重大政治事件中最为精彩的一笔，这次讲学也昭告了他的亲政与大权在握，但从讲学的内容基调来看他仍沿袭的是乾隆时期的道路，并没有进行深入改革的魄力与意愿。以后的历史也证明了这一点。嘉庆皇帝个人的性格过于仁慈和谨小慎微，对贪污腐败等问题的打击还不够有力，一些力所能及的改革没能推行。他对内政的有限整顿，未能从根本上扭转清朝政局的颓败。他继续推行闭关锁国和重农抑商政策，导致清朝落后于世界大潮，留下千古遗恨。他的谥号“仁宗”也恰恰印证了他“盖人君之道，一仁而已矣”的讲学话语。

（九）清宣宗道光三年（1823）讲学

《清宣宗成皇帝实录》卷四九：

道光三年（1823）春二月癸丑日，上诣文庙行释奠礼。礼成，御彝伦堂，更衮服，亲临辟雍讲学。王、公、衍圣公、大学士、九卿、詹事、起居注官入侍。至圣后裔、五经博士、各氏后裔，及学官、进士、举人、荫生、贡监生等，圜桥肃立。上赐讲官坐。

大学士长龄[1]、曹振镛[2]进讲《大学》“欲修其身者，先正其心；欲正其心者，先诚其意”。讲毕，上宣御论曰：“圣人垂训后世，齐家、治国、平天下，胥本于一身。身也者，显扬垂裕，表率之则也。有明德新民之责者，岂可忽哉？夫修身有道，不事外求。心为身之主宰，意乃心之发端。其理本属于一贯，其次第则有不可紊者。人君以一身上承尧、舜、禹、汤之绪，下慰亿兆烝黎之望，万几至赜，一心应之，无偏无倚，始足以昭感化。然志壹则动气，气壹则动志，此皆意未能诚耳。意既未诚，欲心之正难，欲身之修尤难。必也敬以直内，虚以应物，去私克己，复见天心。无一息或懈，无一念或弛，持之以谨慎，养之以和平，纯一不已，渣滓不留，意与心无二致，而后绥猷建极，措正施行，正朝廷以正百官，正百官以正万民。未尝以修身示天下，而吾身之修，即莫不共揭于天下。所谓形端表正，动罔不宜，将见上行下效，咸有一德，治理蒸蒸日上。由是推而至于致知格物，而《大学》之功全矣。"

祭酒铁麟、彭邦畴进讲《书经》"惟精惟一，允执厥中[3]"。讲毕，上宣御论曰:"古圣人乘乾御宇，莫不以治平为先务。而先圣后贤，其揆则一。所谓揆者，传心之要也。唐虞之世，尧以执中传之舜，舜推广尧意，曰'惟精'、曰'惟一'以授禹。后世帝王，咸以为准则焉。盖存心出治之旨，大率不出人心道心。人心惟甚危险，道心惟甚幽微。危则易挠，而难于安之。微则易晦，而难于明之，故不得不慎夫择守也。夫使择之而不精，则理与欲相乘，而邻于憧扰；守之而不一，则理与欲相杂，而迫于纷繁。人君端拱于上，执两用中，诚非易易。公其心以与天下万物相见，诚知人心为万虑之本，道心为众道之本，惟精始免于混淆，而万虑可安焉。惟一始归于简易，而众道可扩焉。自人心而收之，孰非道心？自道心而扩之，孰非中道？执此以往，存之宥密，措之事功，万化万变之来，运之一心，无过不及之弊。化愈神而效愈速，德益茂而道益彰。敷锡庶民，时雍于变，要在为君者以此心默贯乎古圣之心耳。"

时王、公、百官及听讲之进士、举人、荫生、贡监生等，跪聆圣训毕。王以下各官，行三跪九叩礼。祭酒、司业率学官、诸生谢恩。礼成，恩赍进讲大学士、祭酒并衍圣公、圣贤后裔、国子监官、观礼进士、举人、荫生、贡监生等有差。广太学乙酉科乡试中额十五名。

注释：

【1】长龄：萨尔图克氏，字懋亭，蒙古正白旗人，尚书纳延泰子，惠龄之弟也，清朝大臣。乾隆时由翻译生员补工部笔帖式，充军机章京，擢理藩院主事。从征甘肃、台湾、廓尔喀，累擢内阁学士，兼副都统。

【2】曹振镛：字俪生，号怿嘉，文埴子。乾隆四十六年（1781）进士，历乾隆、嘉庆、道光三朝。嘉庆时曾奉命撰《高宗实录》。道光初年，晋武英殿大学士，军机大臣兼上书房总师傅，又以平喀什噶尔功绩晋太子太师，旋晋太子太傅，并赐画像入紫光阁，列次功臣之首。

【3】允执厥中：出自《尚书·大禹谟》："人心惟危，道心惟微，惟精惟一，允执厥中。"此为尧舜十六字心法。该句意思是真诚执行自己的目标，不偏离方向。乾隆在中和殿匾额中题写"允执厥中"御笔。

释文：

道光三年（1823）春二月癸丑日，道光皇帝在孔庙举行祭祀大典。祭祀大典完成之后，便来到彝伦堂，更换衮服，并在辟雍讲学。王、公、衍圣公、大学士、九卿、詹事、起居注官也跟着皇帝一起进到殿里来，伺候皇帝。至圣后裔、五经博士、各氏后裔、学官、进士、举人、荫生、贡监生等，则在殿外的环桥上恭恭敬敬地站着。皇帝给讲官赐座。

大学士长龄、曹振镛给皇帝讲《大学》中的"要想修养自身的品性，先要端正自己的心思；要想端正自己的心思，先要使自己的意念真诚"。讲完以后，皇帝评论说："圣人给后世留下训言，齐家、治国、平天下，是需要从自身开始的。自身的修身养性，可以作为万世的表率。身负道德教化民众的重任的人，岂可疏忽？修身之道，不能通过外部获得。心是行为的主宰，意念是心的开端。这些道理本是相通的，但其次序则不可混乱。作为君主，上承尧、舜、禹、汤的思想，下受亿万百姓的期盼，日理万机均十分精妙，需一心一意，无所偏倚，才可以感化民众。然而志统一则牵动气的变化，气统一则牵动志的变化，这都是由于意念不诚而造成的。意念不诚，而想要正其心，则十分困难。心不正，而想要修身，则更是难上加难。必须做到常怀崇敬之心，以使内心正直，从而才能虚心待物，除去私心，克制自己，进而回归到人本有的善良纯洁之心。不能有一丝懈怠，持之以恒，小心谨慎，修养和善之心，使其纯洁无瑕，使得意念与心思相一致，这样以后才能稳定国家，实行各种措施。使朝廷稳定才能稳定百官，使百官稳定了才能稳定万民。以修身昭示天下，则自己的行为莫为天下人所知。也就是说形态仪表端庄，行动无不合时宜之处，这样将会出现上行下效，上下都有良好的道德修养，国家被治理得蒸蒸日上的景象。从这里可知知识都是来源于对事物的思考，因而《大学》中所讲的道理功不可没啊！”

祭酒铁麟、彭邦畴给皇帝讲《书经》中“只有自己一心一意，精诚恳切地秉行中正之道，才能治理好国家”。讲完以后，皇帝发表自己的评论说：“古时的圣人治理天下，没有不以谋求天下太平作为首要任务的。而先圣后贤们所遵循的法则是一样的。其所谓的法则就是传心。唐尧虞舜之时，尧把中正之道传给舜，舜推而广之，那就是‘用功精深’，‘用心专一’，并将此传给了禹。后世的帝王，都以此作为准则。这是因为只有专心才能治理好国家，天道人心是相通的。人心是十分危险的，道心则是十分微妙的。危险则容易被打扰，而很难静下心来。微妙则容易晦涩，而难以使人明白，因而不得不谨慎选择并坚守之。如果说不谨慎地选择，则道理与欲望相违背，会产生困扰；若不专一地坚守，则道理与欲望则会相混淆，而杂乱不堪。人君处于最高位置，做事要根据不同情况，采取适宜的办法，实在不是一件容易的事情。向天下公开自己的心思想法，这确实是由于知道人心是考虑所有事情的出发点，道心是推行各种道德教化的出发点，只有在开始时十分审慎，才能避免混乱的局面发生，这样就能安枕无忧了。专一能够使万世万物简单化，从而所有的道都可以得到推广。从人心出发得到的，难道不是道心吗？从道心推而广之的，难道不是中道吗？将这种观念放在心中，并运用到治国实践之中。世间万事万物虽有变化，却都能在自己的掌控之中，没有达不到或者过犹不及之处。教化越快见效也越快，德越高而越能彰显道。施恩于庶民，天下众民也相递变得友好和睦，这关键在于人君是否能够心怀古圣人的这一观念。”

此时王、公、百官，以及听讲学的进士、举人、荫生、贡监生等，都跪着聆听皇帝的教导。讲学完毕以后，王以下各官，行三跪九叩礼。祭酒、司业率领学官、各学生谢恩。这时一切礼仪便完成了。皇帝恩赏讲学的大学士、祭酒，以及衍圣公、圣贤后裔、国子监官、观礼的进士、举人、荫生、贡监生等，并且皇帝宣布增加十五个乙酉年太学生中的乡试名额。

按：

清宣宗爱新觉罗·旻宁（1782～1850），年号道光，清入关后的第六个皇帝，在位三十年。终年69岁，葬于慕陵。原名绵宁，因遵守乾隆朝规定，即太子即位后，将其名字中作为班辈的字改易，这样皇帝的众多兄弟，则不必改其名字中的班辈字了，因而道光皇帝即位后，也将自己的名字中的行辈字“绵”字改为比较不常见的“旻”字。道光皇帝算不上昏君也绝非明主，很容易在浩瀚的历史长河中湮没无闻，但作为鸦片战争的头号当事人，却成为后世无法回避并屡屡提及的人物。事实上，他是一位勤政节俭的皇帝，却鲜有作为，尤其是在鸦片战争前的二十年间，他力图继承嘉庆帝的遗志，勤政图治，克勤克俭；他也曾戡定西陲，严禁鸦片流毒，以重现盛世的辉煌。但是道光性格疑虑犹豫、反复无常，加之社会弊端积重难返，他的治国之举成效甚微。他在禁烟时，在严禁与弛禁之间犹豫摇摆；他在战争时，在主战与主和的问题上反复无常；他在用人时，任贤与任奸功罪相当。战争失败后，他苟安姑息，得过且过。鸦片战争失败，并最终签订了丧权辱国的《南京条约》。

道光三年（1823）讲学发生在道光皇帝即位之初。当时他接手的本来已经是一个烂摊子。早在嘉庆年间，国内阶级矛盾已经十分尖锐，农民起事如火如荼，如川、楚、陕农民大起事，到嘉庆十年（1805）虽被镇压，但清统治力量也受到严重削弱。嘉庆十五年（1810），又爆发了东南海疆的蔡牵起义。嘉庆十八年（1813），北方爆发了声势浩大的天理教起事，部分天理教徒，在太监接应下冲进皇宫，这些起事虽然都被镇压了，但可以见得嘉庆末年，国内阶级矛盾已经到了比较尖锐的程度。再看对外交涉，嘉庆帝力主严禁鸦片，对英国侵略者在沿海的骚扰活动保持了高度警惕性，对英国提出的帮助清朝镇压起事军，帮助澳门葡人抵御法国的居心叵测的要求，明智地严词拒绝。嘉庆二十一年（1816），拒绝了英国提出的建立外交关系、开辟通商口岸、割让浙江沿海岛屿的要求。而闭关锁国的传统观念，也使其对外来事物采取盲目排斥态度。嘉庆帝在内乱频仍、外患渐逼时，倾力企图维护清王朝的稳定巩固，然而不可逆转的历史发展趋势，使清王朝的败落于嘉庆末年已完全表面化，并从此日渐走向衰亡。

道光皇帝即位时，中国正处于历史转折的关键时刻，“守其常而不知其变”是道光皇帝虽励精图治，却未能改变中国命运的关键。18 世纪 70 年代，英国开始把鸦片大量输入中国。到了 19 世纪，鸦片输入额逐年增多。英国资产阶级为了抵销英中贸易方面的入超现象，大力发展毒害中国人民的鸦片贸易，以达到开辟中国市场的目的。19 世纪初输入中国的鸦片为 4000 多箱，到 1839 年猛增到 4 万多箱。英国从这项可耻的贸易中大发横财。由于鸦片输入猛增，导致中国白银大量外流，并使吸食鸦片的人在精神上和生理上受到了极大摧残。如不采取制止措施，将要造成国家财源枯竭和军队瓦解。

道光三年（1823）讲学，在面对这样的内外局势的情况下，仍然沿袭传统礼制，毫不更替，且内容上亦无创建，仍讲四书五经，并将其作为治国方略。

本次进讲官中的进讲大学士曹振镛是一个十分值得一提的人物，他自己是一个持中之人，但他的门生中有林则徐等开眼看世界的先进人士。曹振镛（1755～1835），字俪笙，号怿嘉，文埴子，安徽歙县人。乾隆四十六年（1781）进士，选庶吉士，任翰林院编修，后升侍读学士。嘉庆初年，升少詹事，授通政使，历任内阁学士，工部、吏部侍郎。嘉庆十一年（1806）升工部尚书。奉命撰《高宗实录》，书成，加太子少保，

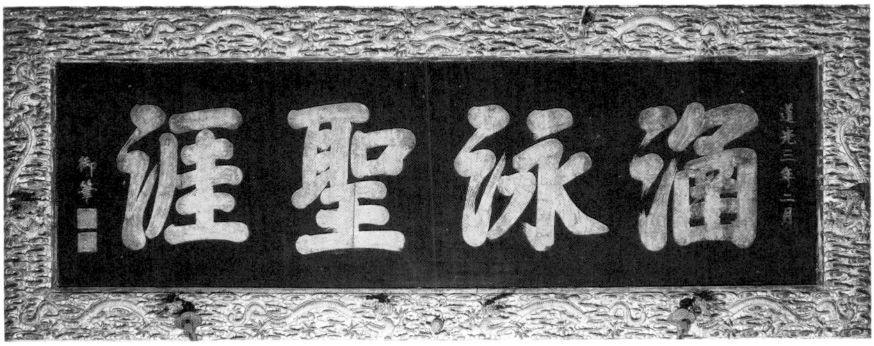

道光御书“涵泳圣涯”匾

调任户部尚书，兼翰林院掌院学士。嘉庆十八年（1813）调吏部尚书、协办大学士；随又升体仁阁大学士，兼工部尚书。嘉庆二十五年（1820）任军机大臣。道光初，晋武英殿大学士，军机大臣兼上书房总师傅，又以平喀什噶尔功绩晋太子太师，旋晋太子太傅，并赐画像入紫光阁，列次功臣之首。他一生历三朝，却一直官运亨达，这与其个人的性格分不开。清代有《一剪梅》用来讽刺曹振镛：“仕途钻刺要精工，京信常通，炭敬常丰。莫谈时事逞英雄，一味圆融，一味谦恭。大臣经济在从容，莫显奇功，莫说精忠，万般人事要朦胧，驳也无庸，议也无庸。八方无事岁岁丰，国运方隆，官运方通，大家襄赞要和衷，好也弥缝，歹也弥缝。无灾无难到三公，妻受荣封，子荫郎中，流芳后世更无穷，不谥文忠，便谥文恭。”

（十）清文宗咸丰三年（1853）讲学

《清文宗显皇帝实录》卷八四：

咸丰三年（1853）春二月癸未，诣文庙行释奠礼。礼成，御彝伦堂，更衮衣，亲临辟雍讲学。王、公、衍圣公、大学士、九卿、詹事、起居注官入侍。至圣后裔、五经博士、各氏后裔及学官、进士、举人、荫生、贡监生等，圜桥肃立。上赐讲官坐。

大学士裕诚、祁寯藻[1]进讲四书“致中和，天地位焉，万物育焉”。讲毕，上宣御论曰：“圣人之学，基于戒惧慎独[2]之一心。推而致之，遂及于广大而不可限量。所为推而致之者，非有所为而为也。圣人之心，与天地万物为一体。所谓中者，即天地自然之理也。所谓和者，即万物自然之气也。天地之理，本无偏倚；万物之气，本无乖戾。特吾戒惧慎独之功，或有未至，则天地万物，亦不能无缺憾之处。盖吾之心未极其正，则至静之中，未能偏倚胥无，而中之体或不立。吾之心未极其精，则应物之处，未能差谬悉泯，而和之用或不行。惟圣人知其然也，自其存养省察之功，推而至于德盛化神之妙。故中则极其中，和则极其和。中之至，则天命之性，皆浑涵于吾心，而天地自安其所矣。和之至，则率性之道，皆阐发于吾心，而万物自遂其生矣。《易》曰：‘财成天地之道。辅相天地之宜。’又曰：‘范围天地而不过，曲成万物而不遗。’非致中和之圣人，孰能功效如此其盛乎。”

国子监祭酒讷尔济[3]、龙元僖进讲《书经》“惟天无亲，克敬惟亲。民罔常怀，怀于有仁”。讲毕，上宣御论曰：“《书》曰：‘天难谌，惟克敬克仁者。’天之所与，即民之所归也，然岂易言哉！创业之君，忧勤惕励，所以承天眷，孚民情者，固非易易。然较之守成之君之动循法则，罔敢怠荒。彼不易，此难也。试论之。夫万事草创，定鸿规，基大业，受命而兴，仁敷胞与，救民于水火之中，以治继乱，其时其势不易也，非难也。若夫以祖宗之心为心，以祖宗之政为政，夙兴夜寐，惠鲜鳏寡，虽中主亦知，然甚难矣。盖蒙业而安者，其心易肆，其志易骄，苟非乾惕为意，视民如伤，知创业之不易，时加警觉，则有违天心，民心自涣，民心日离，天将夺之。由是观之，难也，非不易也。至若极敬之功，推仁之量，载之编籍，论之详矣，兹无复赘。因申伊尹告太甲之旨，又发明创业守成之难不易，仰止高皇作说之深意。告我后人，且自警焉。”

时王、公、百官及听讲之进士、举人、荫生、贡监生等，跪聆圣训毕。王以下各官，行三跪九叩礼。祭酒、司业率学官诸生谢恩。礼成，恩赉进讲大学士、祭酒并衍圣公、圣贤后裔、国子监官、观礼进士、举人、荫生、贡监生等有差。广太学乙卯科乡试中额十五名。

注释：

【1】祁寯藻：字叔颖，一字淳甫，避讳改实甫，号春圃、息翁，山西寿阳人。清朝大臣，嘉庆、道光、咸丰三朝帝师。嘉庆十九年（1814）进士，由庶吉士授编修，累官至体仁阁大学士、太子太保。谥号文端。

【2】戒惧慎独：儒家《大学》、《中庸》中的重要理论。指独自一人时，也能谨慎处世，主要是个体的内在反省与即事省察，重在强调道德律求的内化。

【3】讷尔济：满洲正白旗人，历道光、咸丰、同治三朝。道光十五年（1835）翻译进士，后来担任实录馆总校官，翰林院侍讲。咸丰朝担任翰林院侍讲学士、日讲起居注官、国子监祭酒，后来担任都察院左副都御史、盛京兵部侍郎。同治朝担任巴里坤领队大臣、蓝翎侍卫。

释文：

咸丰三年（1853）春二月，咸丰皇帝来文庙祭祀先师孔子。礼成之后，皇帝来到彝伦堂，更换衮衣，亲临辟雍讲学。王、公、衍圣公、大学士、九卿、詹事、起居注官进来侍奉。至圣后裔、五经博士、各氏后裔及学官、进士、举人、荫生、贡监生等则在殿外的环桥上恭恭敬敬地站着。皇帝给讲官赐座。

大学士裕诚、祁寯藻给皇帝讲四书中“万事求中和，万物才和谐，才能发展”。讲完以后，皇帝发表评论说：“圣人的学问，是基于独自一人时也能谨慎处世，推而广之。以自己所为推而广之，不是为了这样才做的。圣人之心，与天地万物为一体。所谓中，就是天地之理。所谓和，就是天地万物的气。天地之理，本来无所偏倚；万物之气，本无所违背。但独自一人时也能谨慎处世的功效，若有没有达到的，那么天地万物，也不能没有缺陷。因为我的心并没有达到最高的境界，那么极静之中，也不能没有偏倚。我的心没能达到最高境界，那么待人接物之时，不能使所有的差错消失，而和之道未能实行。只有圣人知道这是为何。从养民至化民，因而中则需最中，和则需最和。中的最高境界，就是天命的本性，在我心中都十分博大精深，而天地万物均能自安其所。和的最高境界，则是率性之道，都从内心产发出来，而万物自然而然地生长变化。《周易》说：'君主因此裁节成就天地交通之道，辅助赞勉天地化生之宜，以此保佑天下百姓。'又说：'易道包括天地运化之道而不超出它的范围。细致地成全万物，任何小的事物都不会遗漏。既不过，也不会不及。'若非能够在中和两方面都能做到极致之人，谁能达到。"

国子监祭酒讷尔济、龙元僖给皇帝讲《书经》中"天下间能亲近之人只有尊敬自身的人。百姓不会经常感怀，而只会感怀仁德之人"。讲完以后，皇帝发表评论说："《尚书》中记载，'天是不会轻易相信人的，只有能够敬佩有仁德的人'，上天才会赞许，这样百姓也才会归顺，然而要做到又不是容易的。创业之君，尤其勤奋警惕，这是为何要承受上天眷顾，为万民信服，是件不容易的事情。然而相比守成之君来说，他们谨慎地遵循祖宗之法，不敢改变。以此分析，若万事草创之时，定下重大规矩，奠定基业，受命之后而要使其兴旺，将仁德施予百姓身上，以达到治世，这种形势确实是不容易的。如果以祖宗之心为心，以祖宗之政为政，夙兴夜寐，施恩惠于年老而穷困无靠的人，救民于水火之中，即使是平庸的君主，也知道很难。这是因为承受基业而使之安定的君主，其心容易散乱，其志容易骄纵，若不是谨慎小心，看待人民就像看待自己身上的伤痛一样，知道创业不容易，时时小心，则会有违天意，民心涣散，如此天又会将其统治地位夺走。这样看来，难并不是说不容易。至于即位尊敬的功劳，推广仁德的度量，被记载下来，论述得非常详细，这里不再复述。因而重申伊尹告诫太甲的旨意，又阐发了创业与守成实非容易，十分敬佩高皇说这番话的深意。把它告诉后人，并用来自我警示。"

当时王、公、百官及听讲之进士、举人、荫生、贡监生等，聆听皇帝训诫之后，王以下各官，行三跪九叩礼。祭酒、司业率领学官、诸生谢恩。礼成以后，恩赏进讲大学士、祭酒，以及衍圣公、圣贤后裔、国子监官、观礼进士、举人、荫生、贡监生等。扩大十五个太学乙卯科乡试中举名额。

按：

咸丰皇帝爱新觉罗·奕詝（1831～1861），20 岁登基，在位十一年，31 岁病死。奕詝是清朝秘密立储继承皇位的最后一位皇帝，他被后人称为无远见、无胆识、无才能、无作为的“四无”皇帝。他登基不久就发生了太平天国农民起事，之后又有英法联军进攻北京火烧圆明园。他在重大事件面前大都优柔寡断，束手无策，且迷于酒色，荒废朝政，宠爱叶赫那拉（日后的慈禧），误国殃民，留下千古遗恨。

咸丰三年（1853）讲学发生在其即位之初。早在咸丰皇帝即位之年（1851）的前一年，即道光三十年（1850），太平天国起事便已经爆发了。可惜其父道光皇帝很快撒手而去，把这个历史上最烂的摊子交给了他。这个满目疮痍的国家，不仅刚刚经历了第一次鸦片战争的洗礼，而且马上又要经受浩大的农民战争——太平天国起事，再就是接踵而至的第二次鸦片战争。他恐怕并不知道自己将要面临这样一连串的毁灭性的灾难。此次讲学发生在该年二月，而早在正月，太平军已经自武汉出发，水师战船万艘，顺流东下，陆军于两岸屏障水师，长驱直捣南京。前后不过十二天，整个南京遂为太平军占领。

本次讲学一切仪式照旧，仍然是先祭孔，再讲学。讲官仍分别由满、汉祭酒和大学士共四人担任。主讲地点在辟雍殿，内容仍为四书五经。这里有一个十分有趣的问题，那就是无论是明代，还是清朝历代皇帝，均将《尚书》作为重要的讲学内容。明代讲学内容虽仅限于五经，但五经中的《尚书》则是每次讲学的必选书之一。到了清代，虽然讲学内容已经扩展为四书五经，然而五经中的《尚书》仍然是每次讲学的必选书之一。《尚书》为夏、商、周三代之事，包括礼仪、制度等。这成为历

咸丰御书“万流仰镜”匾

代君主在构建政权时试图仿效的制度模型。因为三代之制正是孔子极力倡导的制度，尤其是周礼，一直是孔子在礼崩乐坏的春秋时期，企图恢复的礼仪制度。因而，历代君主若想证明自己的正统地位，并以儒为师，则必须从三代开始。

四　乾隆皇帝临雍流程

临雍讲学属于中国古代“五礼”中的嘉礼，在乾隆之前称视学，乾隆五十年（1785）后方改称讲学。皇帝讲学一般亲自出题目，以四书五经中的章句为主，由侍讲进行具体阐发，皇帝再分别阐发御论、亲授经义。总体来看，明代皇帝讲学以祭酒、司业为主，皇帝最后的总结发言较短，只字片语而已，大都是赞颂孔子之道，劝勉诸生研习六经、进德修业、明体达用之词。清代皇帝讲学皇帝发言较长，特别是乾隆、嘉庆、道光和咸丰，对于经学章句义理之阐发，更可谓洋洋大观，足见清代皇帝熟读四书，通晓五经，精研程朱理学，儒学素养深厚，体现其文治天下之雄浑气魄。本部分以乾隆五十年（1785）临雍讲学为例，展示明清两代讲学前人员安排及物资筹备、讲学过程、讲学完成后的事宜等全过程。

（一）讲学前人员安排及物资筹备

1．讲学时间及地点

临雍讲学地点在国子监辟雍殿，时间则由钦天监选择吉日（一般都在当年二月）。

国子监有七百多年历史，作为古代的中央大学，历来备受国家重视，多有修建。国子监整体平面呈南北走向的长方形，由三进大型院落组成，占地面积2.8万平方米，中轴线上由南向北依次排列集贤门、太学门、琉璃牌坊、辟雍殿、彝伦堂、敬一亭。主体建筑两侧有“二厅六堂”、御碑亭、钟鼓亭等，形成传统的对称格局。国子监招收的学生来自全国各地，其中包括边远地区的少数民族学生。国子监又是全国唯一可以接受外国留学生的学校。国子监为培养学生成长，促进中外文化交流发挥了积极的重要作用。

辟雍殿是国子监的主建筑，始建于乾隆四十八年（1783），为木构重檐，四角攒尖，黄色琉璃瓦，鎏金宝顶式方形建筑，殿内面积约300平方米，为古代帝王的正方形九间规制，九间合为一宇，皇帝宝座正中设置，是独具特色的皇家殿宇。

作为中国最高等级的古代学宫，辟雍的建筑形式和内涵源于周代，辟雍四周环水，形成外圆内方形制，以喻天圆地方。古时“辟”通“璧”，水中陆地为“雍”。天子学宫建于水中高地之上，整体形状如同一块古代玉璧，故名辟雍。四周环水，四面桥门，又寓传流教化，泽惠四方之意。

乾隆五十年（1785）以前，明清两代讲学时，辟雍尚未建成，而乾隆皇帝特地为讲学构建此建筑，之后的皇帝也都沿袭在此地讲学的传统。且历代皇帝祭孔不一定讲学，但讲学必先祭孔，因而讲学之地选择于此，与孔庙一墙之隔，十分便利。

2. 听讲人员安排

辟雍殿，20世纪初

临雍讲学之前，首先需要确定听讲人员。讲学并非所有人员都能参加，各符合条件的听讲人员，需首先上奏各部，然后给皇帝一个总名单，临雍当日皇帝会派官员在东华门外派人员核查迎送官员的名单，与寻常祭祀相同。然后还要抄送相关人员的具体名单给相关部门，其中包含两个重要的职能部门，一为内务府，二为国子监。主要是为这次在讲学之前筹备相关物资，以及当天礼仪安排等作参考。

内务府登记备案：包括进讲官、侍班的王公大臣等。进讲官不仅有满汉之别，而且其所属机关也各不相同。翰林院大学士和国子监祭酒两种身份，分别由翰林院、国子监向皇帝奏报，登记。侍班的王公大臣，多有职衔，皇帝临雍旨意下达之后，他们主动报名，一般来说是每个部门的正职来参加，除非其因公差等不便，则由副职代替。起居注官也是由翰林院派送，上报。这些人员的姓名及其职称需要写在一张单子上，抄写一份给内务府预备。

国子监造册备案：咸安宫、宗人府、内务府，满、汉教习，以及咸安宫、景山宗学十五岁以上官学生，在京的进士、举人、贡监生等，都到部报名，造册送国子监。他们多为尚未获得功名的人员。此外，需在国子监注册的还包括国子监各学官，如祭酒、司业、五经博士等。

《钦定礼部则例》卷二十六《仪制清吏司·临雍》详细记载了临雍前对听讲人员的规定，并要求相关部门将符合标准的人员名单及其职衔上报给国子监等部门注册，这个名单册，一方面关系到临雍讲学当日班次排列，另一方面也成为讲学之后的领赏依据。主要有以下几类：

（1）进讲官、侍班人员、记注官

进讲官、侍班人员、记注官都是讲学时允许在殿内听讲的王公大臣。进讲官共四位，包括两大类：一类为随同皇帝前来的官员，即满、汉大学士，各一人，为朝廷一品大员；另一类为国子监中的官员，即满、汉祭酒，各一人，官阶仅为从四品。侍班人员则包括王、公八人，衍圣公一人，大学士、六部尚书、左都御史、通政使司、大理寺卿、詹事府詹事，满、汉各一人。若其中有人有出差等事的，则派侍郎、副都御使、通政使司副使、大理寺少卿、詹事府少詹事替补。皇帝临雍讲学的圣旨分别发送到各衙门，并要求各部门将参加者的名单及其职衔全称上报。

这些人员是临雍讲学除了皇帝以外最为重要的配角。进讲官在皇帝之前先讲解经书章节，似乎是为皇帝抛砖引玉，作用不言而喻；侍班王公大臣则是站在殿内壮大声势最为重要的队伍，但最重要的是由于他们多为中央政府各衙门中的正职，他们是维持整个帝国系统正常运行最为关键的群体，皇帝讲学所要宣扬的治国思想，主要是为了让这一群体接受，因而可以说皇帝讲学的直接对象便是他们，这应该才是这一群体得以在殿内近距离聆听讲学的主要原因；记注官则是负责记录这一盛况的人物，其重要性亦显而易见。

乾隆五十年（1785）的四位进讲官分别为：大学士伍弥泰（蒙）、蔡新（汉），祭酒觉罗吉善（满）、邹奕孝（汉）。左右侍班的官员除了衍圣公孔宪培外，还应有内阁大学士塔彰（满）、赵锳（汉），吏部尚书和珅（满）、刘墉（汉），户部尚书福康安（满）、梁国治（汉），礼部尚书德保（满）、姚成烈（汉），通政司通政使梦吉（满）、张若渟（汉），詹事府詹事德昌（满）、翁方纲（汉）等。

（2）圣贤后裔

这一类人由身份最为尊贵的“衍圣公”带领。“衍圣公”是给孔子嫡派后裔的世袭封号，开始于西汉元始元年（1），当时平帝为了张扬礼教，封孔子后裔为褒侯。之后的千年时间里，封号屡经变化，到宋仁宗至和二年（1055）改封为衍圣公，后代一直沿袭这个封号。1935 年，民国政府取消“衍圣公”，改为“大成至圣先师奉祀官”。最后一位奉祀官为 2008 年去世的 77 代孔子后裔孔德成先生。乾隆五十年（1785）讲学时担任衍圣公的为孔子 72 世后裔孔宪培。衍圣公负责引领孔氏家族中优秀后人观礼。其中曲阜籍贯的不能超过十二人，衢州籍的不能超过八人，总共不得超过二十人。

然后便是元圣（周公）后裔，四配、十二哲后裔、世袭五经博士，要求其各带领族中两名优秀者，赶往京师陪同祭祀，名额同乾隆三年（1738）四配后裔不超过八人、十哲后裔不超过十人的规定。其中周公后人，规定从山东东野、山西姬姓的周公后人中挑选。四配后人，是指颜渊、子思、曾参、孟轲几位重要孔门弟子的后人。十二哲，是指闵损（子骞）、冉雍（仲弓）、端木赐（子贡）、仲由（子路）、卜商（子夏）、有若（子若）、冉耕（伯牛）、宰予（子我）、冉求（子有）、言偃（子游）、颛孙师（子张）、朱熹（元晦），而朱熹的后人则指定由婺源、建安两地分别派送。其名单都由衍圣公造册上交相关部门，若找不到相关圣贤后裔，则宁缺毋滥。这些圣贤后裔中，若已在京为官，或者在京候选为官，或为在京举人、贡监生等，则都允许到太学观礼。

五经博士则包括翰林院五经博士与太常寺五经博士两种，是世袭职衔。清顺治元年（1644）规定"衍圣公长子则承大爵，次子至十五岁则授以世袭翰林院五经博士，以主子思子祀事。三子则袭太常寺博士，主汶上圣泽书院祀事。每随一代公爵递为更授"。清代又规定衍圣公下属翰林院五经博士十五员：孔氏北宗一员，祀中庸书院；南宗一员，祀南方孔子庙；颜子、曾子、孟子、闵子、冉子（伯牛）、冉子（仲弓）、端木子、仲子、言子、卜子、颛子、有子、东野氏各一员。五经博士为正八品京官，均可以挑选族中两位优秀者聆听讲学。

由于这些人来自京内外各地，皇帝临雍讲学的谕旨宣布后，需要分别抄送给相关部门。山东等地巡抚得旨后，负责寻找联系圣贤后裔，并催促其赴京；在京各衙门得旨后，若其部门有相关后裔，则负责报送；衍圣公则负责统计各地确定来京的后裔人员名单，并最终负责上报给皇帝。为聆听讲学的圣贤后裔登记造册，对圣贤后裔来说收益良多。在参加讲学之前，圣贤后裔或许是地方一秀，且即使他们拥有圣贤血脉，也未必能在残酷的科举考试中脱颖而出。相比之下，来京亲自聆听皇帝的临雍讲学则是一个极好的跳板。这是因为登记在册的圣贤后裔一旦来京聆听讲学，往往在讲学后能获得入监读书的机会。这个机会是万千学子可遇而不可求的，入监读书，意味着可以参加顺天府的科举考试。在古代，学子只能于籍贯所在地参加科举考试，但全国各地录取名额是有差异的，顺天府作为京师所在地，其录取名额远远超出外地。然而国子监中的学生是个例外，虽然籍贯并非顺天府，但一旦取得入监读书资格，就自然而然地拥有了顺天府试的机会，许多高官贵族更是想方设法让自己的子弟入监读书，其中圣贤后裔则拥有这一先天优势。而临雍讲学之后的恩赏则是这一优势的体现。

（3）官学师生

听讲人员中，除了官员以外，肩负国家未来重任的学生，以及负责教育这些学生的老师们也是必须参加听讲的。除了上文提到的作为圣贤后裔的学生外，还包括：皇族、八旗官僚子弟的其他宗学生，如咸安宫、景山宗学的官学生；在国子监读书的各种生员，以及已经在国子监肄业的进士、举人、贡监生，在京的进士、举人、贡监生。老师则包括所有满、汉学官，主要是国子监祭酒、司业、监丞、博士、助教、学正、学录、典簿等，他们有些是主要管理国子监中行政事务的，如学正、学录，有些则是负责国子监中主要的教学工作的，如博士、助教。

其中国子监生员中主体部分为六堂在读生员。从明代开始，国子监实行分堂教学。明代除了将教学和管理设为五厅（绳衍厅、博士厅、典籍厅、典簿厅和掌馔厅）外，开始依据学生级别不同，设立六堂（率性、修道、诚心、正义、崇志、广业诸堂）。清因明制，据《清史稿·选举志》记载，世祖定鼎燕京，修葺明北监为太学。顺治元年（1644），置祭酒、司业及监丞、博士、助教、学正、学录、典簿等官。设六堂为讲习之所，即率性、修道、诚心、正义、崇志、广业，一仍明旧。乾隆年间，仿宋名儒胡瑗苏湖教法，分经义、治事分斋教学，力主经世致用。乾隆五十年（1785）讲学时，仍沿用六堂师生的说法，指代当时国子监的全体师生。

官学师生都由国子监祭酒带领。国子监祭酒是国子监中主掌大学之法与教学考试的官员，其上为监事大臣，辖下有监丞等辅佐官职。

师生名单由国子监造册登记，主要是作为讲学当天排列位次，以及讲学后的恩赏依据。这个册子对于国子监中尚未获得功名的生员来说尤为重要，因为讲学之后往往有扩大科举录取名额的规定，好处自然不言而喻。

（4）执事人员、外藩使臣及其他

除了那些专门听讲的人员以外，还有一些执事人员、外藩使臣也在听讲人员之列。其中执事人员包括了侍仪给事中、纠仪御史，主持仪式、引导礼仪的鸣赞官、赞引官、对引官、前引大臣、后引大臣等，也包括表演歌舞的乐工、舞师，负责保卫工作的侍卫，皇帝仪仗队等相关成员等。其中侍仪人员的作用十分重要，他们需要掌握一切讲学礼仪，负责排列班次，引导众人行跪拜礼，引领进讲官、王公大臣进入内殿等礼仪，并为皇帝宣读御制等。他们得以近距离接触皇帝、大臣，并且有纠正个人礼仪错误的权力。可以说，这些人的引导能力，成为决定了讲学是否能够井然有序进行的重要因素。

乐工、舞师及侍卫的功能也不可忽视。整个讲学过程中，需伴有不同的乐曲与舞蹈。这些乐工、舞师对所需表演的乐曲、舞蹈往往十分熟悉，因为许多其他祭祀仪式也会用到相关乐曲。但为了确保讲学当日临危不乱，他们仍会事先排演数次。侍卫则更是身肩重任，由于讲学当日，人员鱼龙混杂，且皇帝贵为九五之尊，与众人如此接近，其安全问题则是侍卫人员十分头疼的问题。

《大清会典》规定，外藩使臣来京，若遇到临雍大典则可随行。但是乾隆是清朝历史上第一位临雍讲学时恰逢外藩使臣来朝的皇帝。乾隆五十年（1785）临雍，朝鲜使臣来朝，也随同皇帝来到国子监，其班次是在甬道之西，百官之末。乾隆五十年（1785）临雍的重大意义之一也在于此，即向邻邦展示了当朝学术风气之盛。

3．物资筹备及其他

（1）场地物资及恩赏物品

殿内宝座、几案。殿内需要摆放一个宝座，三个几案，且几案上需要摆放相应的书籍。据《钦定礼部则例》载，武备院负责摆放皇帝宝座，鸿胪寺负责在宝座前摆放一个放置经书的几案，又在宝座之下偏南处，东西两边分别摆放两张讲案。[1] 又据《钦定大清会典事例》载乾隆五十年（1785）临雍典礼，讲案以及铺在讲案上的案布，由内务府将专为文华殿预备的讲案、案布移过来摆放。[2]

国子监生官员，以及肄业学生需事先准备诗册，在临雍第二天上呈给

1.《钦定礼部则例》卷二六《仪制清吏司 · 临雍》，嘉庆二十五年刻本。
2.（清）昆冈、李鸿章等:《钦定大清会典事例》（光绪朝）卷一〇九六《国子监·典礼·临雍》，光绪二十五年重修本，第 984～994 页。

皇帝。

辟雍殿内进讲各官以及侍班的王、公、衍圣公、大学士、九卿、詹事、起居注等官员坐的毡垫，由内务府铺设。

步兵统领衙门负责将从东华门到成贤街，凡是皇帝经过的道路都打扫干净。

讲完后赐茶，由内茶房、光禄寺照例预备。

礼成后，在礼部赐宴衍圣公以及五经博士、执事官等，由光禄寺事先预备。

礼成之后，恩赐衍圣公等冠服则交给工部置办，赏赐银两则交由户部领取。

（2）乐舞及仪仗

辟雍殿外，乐部在辟雍殿的台阶下预备中和韶乐，在太学门内摆放丹陛大乐，在大乐之东设丹陛清乐，由乐部和声署安排。中和韶乐是祭祀历代帝王专用的祭祀乐舞，它包括祭祀乐曲七段，讲学用到的主要有道平之章、盛平之章两段。舞蹈分为三段八十八式，初献用武舞，亚献、终献用文舞，以体现祭祀礼仪的庄重。据《钦定大清会典图》记载，中和韶乐需要用到的乐器有编钟、编磬、镈钟、特磬、建鼓、琴、瑟、箫、笛、排箫、篪、埙、笙、搏拊、麾、柷、敔等，同时需要乐舞生伴舞，左、右文舞各三十二人，武舞各三十二人，分列于乐悬之前。左、右节各二，执节者四人，分立于舞前以引舞。丹陛大乐是一种宫廷音乐，在重大的典礼仪式上进行演奏。它是按规定的乐器进行演奏的，乐器有大鼓、方响、云锣、箫、管、笛、笙、杖鼓、拍板等二十多件，重大典礼时，丹陛大乐乐队设在门里东西两檐下，在王、公和文武百官就位时和向皇帝行叩礼时进行演奏。

工部在大成殿台阶下设置皇帝更衣用的帷幄，銮仪卫准备皇帝的仪仗队。皇帝出行的仪仗，一般包括旗、伞、扇、兵器等。《清会典》、《清实录》、《清史稿》等都有关于皇帝出行卤簿的描述，即皇帝出行仪仗。据乾隆朝由皇帝钦定的《皇朝通典》载，皇帝出行，其卤簿分为大驾卤簿、法驾卤簿、銮驾卤簿、骑驾卤簿。其中皇帝临雍讲学一般用的是法驾卤簿，具体规格如下：

金辇一、礼舆一、导盖一、拂尘二、提炉二、香合二、盥盆一、唾壶一、水瓶二、马杌一、交椅一、仪刀二十、櫜鞬二十、豹尾枪二十、殳四戟四、九龙曲盖四、翠华盖二、紫芝盖二、九龙盖二十、五色花盖十、五色龙盖十、方伞八、寿扇八、双龙扇十六、单龙扇十六、孔雀扇八、雉尾扇八、鸾凤扇八、长寿幢四、紫幢四、霓幢四、羽葆幢四、信旛四、绛引旛四、豹尾旛四、龙头竿旛四、教孝表节旌二、明刑弼教旌二、行庆施惠旌二、褒功怀远旌二、振武旌二、敷文旌二、纳言旌二、进善旌二、金节二、仪锽氅四、黄麾四、八旗骁骑纛二十四、八旗护军纛八、八旗前锋纛八、五色金龙纛二十、仪凤旗一、翔鸾旗一、瑞鹤旗一、孔雀旗一、黄鹄旗一、白雉旗一、赤乌旗一、华虫旗一、振鹭旗一、鸣鸢旗一、游麒旗一、驯狮旗一、白泽旗一、角端旗一、赤熊旗一、黄罴旗一、辟邪旗一、犀牛旗一、天马旗一、天鹿旗一、青龙旗一、白虎旗一、朱雀旗一、神武旗一、江渎旗一、河渎旗一、淮渎旗一、济渎旗一、东岳旗一、西岳旗一、南岳旗一、北岳旗一、中岳旗一、土星旗一、木星旗一、金星旗一、火星旗一、水星旗一、角宿旗一、亢宿旗一、氐宿旗一、房宿旗一、心宿旗一、尾宿旗一、箕宿旗一、斗宿旗一、牛宿旗一、女宿旗一、虚宿旗一、危宿旗一、室宿旗一、壁宿旗一、奎宿旗一、娄宿旗一、胃宿旗一、昴宿旗一、毕宿旗一、觜宿旗一、参宿旗一、井宿旗一、鬼宿旗一、柳宿旗一、星宿旗一、张宿旗一、翼宿旗一、轸宿旗一、甘雨旗四、乾风旗一、坎风旗一、艮风旗一、震风旗一、巽风旗一、离风旗一、坤风旗一、兑风旗一、五色雷旗五、五色云旗五、日旗一、月旗一、门旗八、金鼓旗二、翠华旗二、五色金龙小旗二十、出警旗一、入跸旗一、钺六、星六、卧瓜六、立瓜六、吾仗六、御仗六、引仗六、红灯六、玉辂一、金辂一、木辂一、象辂一、革辂一、宝象五、导象四、静鞭四、仗马十、后护豹尾枪十、仪刀十、橐鞭二十、黄龙大纛二。[1]

（3）讲章及御论

四书五经讲章需要提前预备满、汉两种版本。据《钦定大清会典事例》载[2]，皇帝辟雍殿讲学所用之经、书，应由内阁请求皇帝旨意，而讲章则由祭酒、司业挑选拟定。需事先由国子监告知内阁，拟定出四书五经各四道题目，并请圈定。由国子监派出的讲官选择讲章，国子监官誊写上交，南书房再下发御论。国子监官负责誊写，并将御论以及讲章交给军机处，再转交翻书房清文，仍由国子监官员负责誊写，准备满、汉两种语言。[3]

皇帝用的清、汉文讲章，讲官用的清、汉文讲章准备好之后，再上呈，恭请下发给国子监，由国子监官收藏、摆放。国子监祭酒负责将给皇帝御览的讲章放在宝座前的经书案上，左边是四书讲章，右边是五经讲章；并将讲章的副本放在东西两边的讲案上，也是左边放四书讲章副本，右边放五经讲章副本。

4. 排演

凡进讲、侍班、侍仪，并有执事官员，以及各氏后裔、八旗满洲教习、汉教习、官学生，以及在京的进士、举人、贡监生等，先告知各衙门。临雍前先在国子监前排演礼仪，由鸿胪寺派官员排列班次。

临雍当日陪同祭祀的王、公、百官穿朝服，在辟雍殿侍班时则更换蟒袍补服；在各部的进士、举人在迎驾时穿朝服，观礼时则更换蟒袍补服；送驾各学副管、教长、教习、候补教习、举人，以及有职位的各氏后裔、贡监生，则穿补服，无职衔的各氏后裔，以及贡监生则穿蓝镶青衫，披领子，金雀高顶；在监肄业的荫生，照所得品级补服穿戴；各项官学生、宗学依

1.《清朝通典》卷五五《礼十五・嘉礼五・车舆》，浙江古籍出版社，2000 年，第 2390 页。
2.（清）昆冈、李鸿章等:《钦定大清会典事例》（光绪朝）卷一〇九六《国子监·典礼·临雍》，光绪二十五年重修本，第 984～994 页。
3.（清）昆冈、李鸿章等:《钦定大清会典事例》（光绪朝）卷一〇九六《国子监·典礼·临雍》，光绪二十五年重修本，第 984～994 页。

照其所受赏顶戴，世职照其所承袭的品级迎驾时穿朝服，观礼则更换蟒袍补服；举人穿补服，贡监生穿蓝镶青衫，披领，金雀高顶；生员、童生穿青镶蓝衫，披领，银雀高顶。

（二）讲学流程

1．讲前仪式

（1）皇帝驾临与恭迎

据《钦定大清会典事例》载，临雍讲学当天，皇帝穿上礼服乘轿子出宫，午门钟鼓鸣响。王以下文武各官在东华门外分两侧排列，等皇帝大驾过后，跪送，皇帝仪仗队在前引导。皇帝大驾出东华门，行至成贤街。临雍当日陪同祭祀的王、公、百官都穿朝服。[1]

国子监祭酒、司业率领所属官员都穿着朝服，诸生都穿着公服，在成贤街左侧跪着恭迎皇帝大驾。陪同祭祀的王、公、大臣、百官都穿着朝服，先行来到大成门外等候皇帝大驾，并随同进入。

（2）祭孔仪式

皇帝来到更衣用的帷幄前下轿子，稍微休息一下。太常寺卿请求皇帝行礼。赞引官、对引官引导，从大成门的中门登上台阶，祭祀先师。

（3）更衣

皇帝在祭孔礼完成以后，乘轿来到彝伦堂，更换衮服。各官更换蟒袍补服。

（4）辟雍殿南侯驾

礼成之后，引礼官引导两侧王、公，都从（孔庙的）戟门的右门出孔庙，从堂东升位。又引百官从持敬门出来，在辟雍殿南边的台阶下等着，分东、西两班站立，等待皇帝驾临。

1.（清）昆冈、李鸿章等：《钦定大清会典事例》（光绪朝）卷一〇九六《国子监·典礼·临雍》，光绪二十五年重修本，第984～994页。

皇帝更换衮服时，王、公、大学士以下各官，衍圣公率五经博士、各氏后裔，祭酒、司业率所属官，及肄业诸生、各学教习、进士、举人、贡生、监生、官学生，均先至辟雍南，分东西班序立。起居注官、侍仪给事中、御史，各按位立。

2. 讲学

礼部堂官奏请皇帝临辟雍行讲学礼。此时，太学钟鼓鸣响，礼部堂官前后引导各官。

（1）皇帝登殿

皇帝来到辟雍殿，登上宝座。此时，中和韶乐响起，演奏的段落是盛平之章。

（2）礼部堂官引众臣至辟雍殿前台阶下

对引礼部堂官在前引导大臣，快速来到前廊下站着，在台阶下的东西两侧站着。音乐停止，鸣赞官宣布人员到齐。此时，丹陛大乐响起，鸿胪寺官引导王、公、衍圣公、大学士以下各官，分东西两侧站立，肄业诸生各站在两班的末端。听从鸣赞官宣布行二跪六叩礼，完了以后又回到原来的位子，音乐停止。

（3）鸿胪寺堂官引进讲官、侍班王公大臣入殿

鸿胪寺堂官二人，分别引导四名进讲官，从南桥慢慢登上台阶。鸿胪寺二人，分别引导衍圣公、大学士、九卿、詹事，从东、西桥升入台阶，都从左、右门进入，各就位站着。鸿胪寺堂官退出，在东西檐下站着。

（4）皇帝给讲官赐座

帝赐讲官坐，讲官就位，一叩首之后坐下。左案往西有两位进讲大学士，面朝东的右案是满、汉进讲祭酒两名。

（5）殿内侍班王公大臣依次站立

王公大臣都按各自的班次站立。左侧分别站立的是王公四人、衍圣公、内阁大学士、吏部、户部、礼部、通政使司、詹事府堂官，满汉官员各一位，站在进讲大学士之后，面朝西。右侧分别站立的是王公四人、兵部、刑部、工部、都察院、大理寺堂官，满汉官员各一人，站在进讲祭酒之后，面朝东。

起居注官在西南角，也是面朝东。

（6）殿外诸人按班站立

侍仪给事中、御史各两人，在东西房檐的柱子靠内站着。在桥南甬道的东西两侧，国子监六堂师生，依次在台阶下站着。鸿胪寺的鸣赞官两人，在东西房檐的柱子靠外的台阶下站着。四名鸿胪寺官，分别站在辟雍桥南的左右两侧。四名鸿胪寺官，分别在太学门外左右两侧站着，都是面朝东西两侧。

鸣赞官宣布讲学开始。

（7）讲、评四书

满、汉大学士分别进讲四书。大学士伍弥泰、蔡新，讲《大学》中的“做人君的要止于仁爱，做人臣的要止于恭敬，做人子的要止于孝道，做人父的要止于慈祥，与国人交往要止于诚信”五句话。此时除皇帝坐在宝座上外，其他殿内、外大臣都站着听讲。

皇帝发表评论，众人跪听。

皇帝阐发书义时，王、公、衍圣公、大学士以下及诸生都跪着听讲。等皇帝讲完以后，众人才起来。

（8）讲、评五经

满、汉祭酒依次讲经。祭酒觉罗吉善、邹奕孝给皇帝讲《周易》中的“君子处事，就应该像天那样高大刚毅而自强不息，自我力求进步，永不停止”两句。

此时也是除皇帝坐在宝座上外，其他殿内、外大臣都站着听讲。

祭酒讲完后，皇帝发表评论，众人跪听。

3. 讲后仪式

（1）宣读皇帝御制

皇帝讲完以后，礼部尚书拿着皇帝的御制出殿，并交给宣读御制的官员。宣制官跪着接受御制。鸣赞官引各学生等回到各自的拜位，宣布皇帝有御制要宣读。众人都跪着，宣制官开始宣读御制。宣读完毕，众人行三跪九叩礼。

（2）出殿谢恩

皇帝发表御论之后，进讲官退大殿，来到桥南，偕同王、公、衍圣公、大学士以下，各就拜位，均面朝北。此时，丹陛大乐响起。鸣赞官主持仪礼，让众人行二跪六叩礼。礼毕后依次归位，音乐停止。

（3）回殿接受赐茶

满汉进讲大学士、祭酒，及王、公、衍圣公、大学士等在殿外行叩拜礼谢恩以后，仍由赞引官引导，从左、右门分别进入大殿，回到原位。此时，丹陛清乐响起。皇帝赐进讲各官，及王、公、衍圣公、大学士、九卿、詹事茶。众人行一跪一叩礼之后，坐下用茶。赐茶礼完成以后，音乐停止。此时，除了进讲祭酒需要在殿内接受赐茶外，国子监司业以下各师生，都出太学门，到成贤街等候皇帝。

（4）恭送

赐茶礼完了以后，鸿胪寺堂官引殿内大臣出殿至桥南等候皇帝。鸿胪寺堂官引王、公、大学士以下各官，自左、右门出至桥南东西序立。礼部堂官宣布礼成。此时，中和韶乐响起，演奏的段落是道平之章。皇帝起座，乘轿出太学门，音乐停止。皇帝在太学门外换车。祭酒、司业率其属官，以及进士、举人、诸生跪送，等皇帝大驾过后才起来，然后各自退去。

（三）讲学后刊刻御论及恩赏众人

1. 次日上表谢恩与赐宴

临雍讲学次日，衍圣公、国子监师生上谢恩表，都察院、工部在午门外设几案等候。

黎明时分，衍圣公率五经博士、各氏后裔，国子监祭酒率所属官，恭进谢恩表文。都察院派监礼御史二员，工部官备黄长案、黄缎桌套，鸿胪寺设黄案于午门外正中。鸿胪寺官引进长安左门，至午门外黄案前跪，置表于黄案上，行三跪九叩礼，然后听从安排。礼部官员收下表文，并送内阁收藏。

之后，在礼部设宴，恩赏衍圣公、祭酒、司业、五经博士、各氏后裔，以及礼部、太常寺、光禄寺、鸿胪寺各执事官。

2. 御论刊刻与颁行全国

按照惯例，礼成之后三日内，内阁需拟定御论一篇，交给国子监颁布发行。《钦定大清会典事例》载，乾隆五十年（1785），皇帝要求作两篇御论，尤其重视其中的治国之道。[1] 国子监负责刊刻，共装潢一百五十本上呈，并颁发给在京各衙门、官学，以及各省学政，由学政转发给地方各学师生，以供地方生员诵读。

从御制刊行可以看出，乾隆五十年（1785）临雍讲学的影响之大。一方面，讲学直接面向听讲众人，除了京师的各位王公大臣、在京进士、举人、贡监生员等外，还有来自京外的圣贤后裔，甚至来自境外的朝鲜使臣；另一方面，通过刊刻皇帝讲学的御论，将本次讲学的影响以自上而下，自中央而地方的渠道，逐级传播，全面扩散。事实上，这也是中央政府通过讲学御论，向地方生员诏示其选拔人才的取向，并以此达到在知识界统一思想的目的。

此外，御制刊行后，除了要发给指定的单位（如学校等）以供诵读外，还有部分是作为恩赐之物，赏赐给本次听讲者，如乾隆五十年（1785）临雍讲学后，将本次讲学皇帝的两篇御论赏赐给衍圣公、五经博士，以及圣贤各氏后裔。接受恩赏的人，将此视为一种荣耀，而不仅仅是用于学习诵读。

3. 恩赏听讲众人

赏赐形式有赐宴、实物（包括冠服、砚墨、御制）、金银，也有其他形式，如有职官的，著记录一次，可以作为日后升迁等的标准；没有职位的可以优先获取职位，如参加考试、入监读书等优先权。

恩赐宴席交给光禄寺办理；赏赐冠服则交给工部置办；赏赐银两则交由户部领取。

1.（清）昆冈、李鸿章等:《钦定大清会典事例》（光绪朝）卷一〇九六《国子监·典礼·临雍》，光绪二十五年重修本，第 984～994 页。

此外，乾隆五十年（1785）讲学之时，恰逢春雨，许多听讲大臣及师生均被淋湿，皇帝考虑当年冬春以来雨水不够，幸得甘霖，喜不自胜，因而此次赏赐，除照常例恩赏外，又额外加赏。《钦定大清会典事例》载，这次祭孔典礼以后，恰逢春雨，十分欣喜，皇帝考虑到执事官以及众臣衣服多被淋湿了，允许扈从、王公大臣、衍圣公，以及文武官员，都记功一次。[1]《钦定礼部则例》载，乾隆五十年（1785），听讲的肄业学生，以及进士、举人、贡监生、荫生、八旗官学教习、官学生共三千零九十三名，都赏给银一两，由于当年临雍下雨，各加赏绸一匹。[2]

（1）衍圣公及圣贤后裔

《钦定大清会典事例》载，乾隆五十年（1785）临雍讲学以后，皇帝赐衍圣公（孔子嫡派后裔）貂冠朝服，皇帝亲自写的文章两篇，徽墨两盒，貂皮四张；赐五经博士、圣贤各氏后裔，各御论两篇，缎、徽墨、貂皮两件。[3]

乾隆五十年（1785），聆听临雍讲学的圣贤后裔中，孔子后裔七人，五经博士二十人，各氏后裔三十八人。并规定衍圣公带来陪同祭祀的观礼的各氏后裔，有官职的都记功一次，贡监生都准许参加吏部入职考试，廪生、增生、附生、监生准许作为恩贡生，增附生准许作为监生。各人执照，都由礼部发送。

此次圣贤后裔陪同祭祀的人员为：曲阜五人，衢州二人；元圣后裔为山东东野氏二人，山西姬氏二人；山东肥城有子后裔二人；朱子后裔，婺源一人，建安一人。乾隆五十一年（1786）奏准，各氏后裔陪同祭祀按例都是贡生。按照乾隆三年（1738）的例子，观礼的贡生，都准许参加入职考试，陪同祭祀的武生、俊秀、奉祀生，都准许入监读书，入监读书者达三十七人，三月肄业。

1.（清）昆冈、李鸿章等:《钦定大清会典事例》（光绪朝）卷一〇九六《国子监·典礼·临雍》，光绪二十五年重修本，第 984～994 页。
2.《钦定礼部则例》卷二六《仪制清吏司·临雍》。
3.（清）昆冈、李鸿章等：《钦定大清会典事例》（光绪朝）卷三〇九《礼部·视学·临雍》，光绪二十五年重修本，第 984～994 页。

（2）国子监师生

乾隆五十年（1785）讲学以后，赐国子监祭酒、司业各两匹缎，祭监丞、助教等官一匹缎，比起以往来说有所增加。肄业学生，以及进士、举人、贡监生、荫生、八旗官学教习、官学生共三千零九十三名。又因春雨，观礼学生被加恩赐绸，共得绸三千零八十八匹。

皇帝又下宣谕，这次祭孔典礼完成以后进行了讲学典礼，诸生观礼，环立于门外桥上，按理应该广施恩泽，以昭示此次典礼之盛，因而允许在乾隆五十一年（1786）丙午科顺天府乡试皿字号卷内，扩大顺天府乡试十五个名额，以彰显皇帝对学校教育以及人才培养的重视。

（3）扈从大臣及执事官

凡是陪同祭祀观礼的官员，都加恩赐。除了执事官无须再讨论外，现任的官员都记录一次。候补候选的，在补官当天，各记功一次。记录可以作为下次考绩升迁的重要依据。

又礼部设宴，恩赏当日陪同祭祀及听讲的礼部、太常寺、光禄寺、鸿胪寺各执事官。此外，朝鲜使臣也随同观礼的，赐大缎两匹、八色丝两匹。

（四）临雍流程辑录

《钦定大清会典事例》卷一〇九六《国子监·典礼一·临雍》载有关乾隆五十年（1785）临雍讲学的史料辑录如下：

> 临雍谨案乾隆三年以前，俱称视学。乾隆四十八年高宗纯皇帝命建始称临雍。
>
> 凡恭遇临雍，是日早，工部官设更衣御幄于大成殿阶下之东，南向。乐部和声署设中和韶乐于辟雍殿阶下，设丹陛大乐于太学门内，设丹陛清乐于大乐东。
>
> 武备院设宝座铺陈，鸿胪寺设经书案一于宝座前，又设讲案二于宝座下稍南，东西向。祭酒恭奉御览讲章陈于案上，书左经右；奉进

乾隆御书琉璃牌楼“学海节观”匾

乾隆御书琉璃牌楼“圜桥教泽”匾

讲副本，陈书于左案，陈经于右案。

进讲二人，在左案，西面。满汉祭酒二人，在右案，东面。左翼，王、公四人、衍圣公，内阁、吏部、户部、礼部、通政司、詹事府堂官，满汉各一人，在进讲大学士之后，西面。右翼，兵部、刑部、工部、都察院、大理寺堂官，满汉各一人，在进讲祭酒之后，东面。起居注官四人，在西南隅，亦东面。侍仪给事中、御史各二人，在东西檐柱内。在桥南甬道东西，六堂师生，各序立堂阶下。鸿胪寺鸣赞二人，立东西檐柱外，立阶下。又鸿胪寺官四人，分立辟雍桥南左右。鸿胪寺官四人，分立太学门外左右，皆东西面。

届时，皇帝御礼服乘舆出宫。午门鸣钟鼓，王以下文武各官于东华门外分翼排立，候驾过跪送，法驾卤簿前导。驾出东华门，至成贤街。

国子监祭酒、司业率所属官俱朝服，诸生俱公服，于街左跪迎。陪祀王公大臣百官俱朝服，先至大成门外祗候，随驾入。

皇帝至更衣幄次降舆，少憩。太常寺卿奏请皇帝行礼。

赞引官、对引官恭导，由大成门中门升中阶，祭先师。

礼毕乘舆，御彝伦堂。更衮服，各官咸更蟒袍补服。

王公、大学士以下各官、衍圣公率五经博士、各氏后裔、祭酒、司业率所属官，及肄业诸生、各学教习、进士、举人、贡生、监生、官学生，均先至辟雍南，分东西班序立。起居注官、侍仪给事中、御史，各按位立。

届时，礼部堂官奏请皇帝临辟雍行讲学礼，太学鸣钟鼓。礼部堂官恭导，前引后扈如仪。

皇帝御辟雍殿，升宝座。中和韶乐作，奏盛平之章。

对引礼部堂官前引大臣趋至前廊下立，侍于阶下东西翼立，乐止，鸣赞官赞齐班。丹陛大乐作，鸿胪寺官引王、公、衍圣公、大学士以下各官，分东西班序立，肄业诸生各随班末，听鸣赞官赞行二跪六叩礼毕，退复原位立，乐止。

鸿胪寺堂官二员，分引进讲官四人，由南桥分循石栏内升阶。鸿胪寺官二员，分引王、公、衍圣公、大学士、九卿、詹事，由东西桥升阶，俱入左右门，各就位立。鸿胪寺堂官退就东西檐下立。

帝赐讲官坐，讲官就位一叩坐。

王、公大臣咸按班立。

鸣赞官赞进讲。

满汉大学士以次进讲四书。

皇帝阐发书义，王、公、衍圣公、大学士以下及诸生跪聆毕。兴。

满汉祭酒以次讲经。

皇帝阐发经义。各官及诸生跪聆亦如之。毕。王、公及各官、师生俱兴。

进讲官退就桥南，偕王、公、衍圣公、大学士以下，各就拜位北面立。

丹陛大乐作，鸣赞官赞跪叩兴，行二跪六叩礼，以次退。

乐止，满汉进讲大学士、祭酒，及王、公、衍圣公、大学士等，仍由左右门入就位立。

国子监司业以下各官、师生，俱至成贤街序立祗候。

御前进茶。丹陛清乐作，皇帝赐进讲各官，及王、公、衍圣公、大学士、九卿、詹事茶，俱行一跪一叩礼，坐，赐茶毕，乐止。

鸿胪寺堂官引王、公、大学士以下各官，自左右门出至桥南东西序立。礼部堂官奏礼成，中和韶乐作，奏道平之章。

皇帝起座，乘舆出太学门，乐止。

祭酒、司业率所属官暨进士、举人、诸生跪送，候驾过，兴，各官咸退。

次日，衍圣公率五经博士、各氏后裔，国子监祭酒率所属官，恭进谢恩表文。都察院派监礼御史二员，工部官备黄长案黄缎桌套，鸿胪寺设黄案于午门外正中。

是日黎明，衍圣公、国子监祭酒各亲奉表文。鸿胪寺官引进长安左门，至午门外黄案前跪，置表于黄案上，行三跪九叩礼，复班听赞。衍圣公率五经博士、各氏后裔，国子监祭酒率所属官及进士、举人、诸生，行三跪九叩礼毕。礼部官收表文送内阁收储。

是日，赐衍圣公、祭酒、司业、五经博士、各氏后裔，及礼部、太常寺、光禄寺、鸿胪寺各执事官宴于礼部。

释文：

临雍，在乾隆三年(1738)以前，都被称为“视学”。乾隆四十八年(1783)高宗纯皇帝乾隆始建辟雍，之后讲学都被称为“临雍”。

凡是遇到临雍日，当天早上，工部官员在孔庙的大成殿的台阶之东设置皇帝更衣专用的帷幄，并面朝南。乐队合声署在国子监的辟雍殿的台阶下设中和韶乐，在太学门内设丹陛大乐，在丹陛大乐的东面设丹陛清乐。

武备院负责摆放宝座，鸿胪寺负责在宝座前摆放一张几案，并在宝座偏南处设置两个讲案，分别面向东西两个方向。祭酒负责将呈献给皇帝预览的讲章放在几案上，左边放四书，右边放五经。并放置进讲副本，仍然是左边的几案放四书，右边的几案放五经。

左案往西有两位进讲大学士，面朝东的右案是满、汉进讲祭酒两名。左侧分别站立的是四位王、公、衍圣公，以及内阁、吏部、户部、礼部、通政司、詹事府堂官，满汉官员各一位，站在进讲大学士之后。右侧分别站立的是兵部、刑部、工部、都察院、大理寺堂官，满汉官员各一人，站在进讲祭酒之后，面朝东。起居注官，在西南角，也是面朝东。

侍仪给事中、御史各两人，在东西房檐的柱子靠内。

在桥南甬道的东西两侧，国子监六堂师生，依次在台阶下站着。鸿胪寺的鸣赞官两人，在东西房檐的柱子靠外的台阶下站着。

又四名鸿胪寺官，分别站在辟雍桥南的左右两侧。

四名鸿胪寺官，分别在太学门外左右两侧站着，都是面朝东西两侧。

届时，皇帝穿上礼服乘轿子出宫，午门钟鼓鸣响。王以下，文武各官在东华门外分两侧排列，等皇帝大驾过后，跪送，皇帝仪仗队在前引导。皇帝大驾出东华门，行至成贤街。

国子监祭酒、司业率领所属官员都穿着朝服，诸生都穿着公服，在成贤街左侧跪着恭迎皇帝大驾。陪同祭祀的王、公、大臣、百官都穿着朝服，先行来到大成门外等候皇帝大驾，并随同进入。

皇帝来到更衣用的帷幄前下轿子，稍微休息一下。太常寺卿请求皇帝行礼。

赞引官、对引官引导，从大成门的中门登上台阶，祭祀先师。

礼仪完成以后，乘车来到彝伦堂，更换衮服。各官更换蟒袍补服。

王、公、大学士以下各官，衍圣公率领五经博士，祭酒、司业率领所属官员，以及肄业诸生、各学教习、进士、举人、贡生、监生、官学生，都先行来到辟雍殿南，分东西两班站好。起居注官、侍仪给事中、御史，各自按自己的位子站好。

届时，礼部堂官奏请皇帝临雍讲学，太学鸣响钟鼓。礼部堂官引导。

皇帝来到辟雍殿，登上宝座，中和韶乐响起，乐曲段落为盛平之章。

对引礼部堂官在前引导大臣，快速来到前廊下站着，堂官在台阶下的东西两侧站着。音乐停止，鸣赞官宣布人员到齐。丹陛大乐响起，鸿胪寺官引导王、公、衍圣公、大学士以下各官，分东西两侧站立，肄业诸生各站在两班的末端。听从鸣赞官宣布行二跪六叩礼，完了以后又回到原来的位子，音乐停止。

鸿胪寺堂官二人，分别引导四名进讲官，从南桥慢慢登上台阶。鸿胪寺二人，分别引导衍圣公、大学士、九卿、詹事，从东西桥升入台阶，都从左右门进入，各就位站着。鸿胪寺堂官退出，在东西檐下站着。

皇帝给讲官赐座，讲官一叩首之后坐下。

王、公、大臣都按各自的位子站着。

鸣赞官宣布进讲开始。

满汉大学士依次进讲四书。

皇帝发表评论，王、公、衍圣公、大学士以下及诸生跪着聆听，完了以后，起来。

满汉祭酒依次讲五经。

皇帝发表评论。各官以及诸生也是跪着聆听，完了以后，王、公以及各官、师生都起来。

进讲官退下来站在桥南，协同王、公、衍圣公、大学士以下，各就拜位，面朝北站着。

丹陛大乐响起，鸣赞官宣布行二跪六叩礼，依次退下。

音乐停止。满汉进讲大学士、祭酒，以及王、公、衍圣公、大学士等，仍然从左右门进入，回到自己的位子站着。

国子监司业以下各官、师生，都来到成贤街外按顺序站着等候。

御前进茶时，演奏丹陛清乐。皇帝赐进讲官以及王、公、衍圣公、大学士、九卿、詹事茶，都行一跪一叩礼之后坐着，赐茶礼完成以后，音乐停止。

鸿胪寺堂官引导王、公、大学士以下各官，从左右门出殿，来到桥南东西两侧站立。礼部堂官奏礼成，中和韶乐响起，奏的段落为道平之章。

皇帝起座，乘轿出了太学门，音乐停止。

祭酒、司业率领所属官员，以及进士、举人、诸生跪着恭送，等皇帝大驾过后，起来，各官退去。

第二天，衍圣公率领五经博士、各氏后裔，国子监率领所属官员，恭进表文谢恩。都察院派监礼御史二人，工部官准备黄色长案，黄色案套，鸿胪寺将黄案放在午门外正中央。

当天黎明，衍圣公、国子监祭酒各亲自捧着表文。鸿胪寺官引导其进入长安左门，来到午门外黄案前跪着，将表文放在黄案上，行三跪九叩礼，然后回到队列中听候安排。衍圣公率领五经博士、各氏后裔，国子监祭酒率领所属官员，以及进士、举人、诸生，行三跪九叩礼，完成了以后，礼部官将表文送给内阁收藏。

当天，在礼部赐宴衍圣公、祭酒、司业、五经博士、各氏后裔，以及礼部、太常寺、光禄寺、鸿胪寺各执事官。

乾隆御书“辟雍”匾

乾隆皇帝临雍讲学图（今人创作）

| 中篇 |

科考实践——明清科举优秀试卷举例

一　明太祖洪武四年（1371）辛亥科吴伯宗（状元）殿试对策

殿试策问：

制曰：盖闻古先帝王之观人，莫不敷奏以言，明试以功。汉之贤良，宋之制举，得人为盛。朕自临御以来，屡诏有司搜罗贤俊，然而杰特犹若罕见，故又详延子大夫于廷而亲策之，以庶几于古先帝王之盛节焉。历代之亲策，往往以敬天勤民为务。古先帝王之敬天勤民者，其孰为可法欤？所谓敬天者，果惟于圜丘郊祀之际，致其精一者为敬天欤？抑它有其道欤？所谓勤民者，宜莫如自朝至于日中昃不遑暇食者矣。其所以不遑暇食者，果何为耶？岂勤于庶事之任耶？自昔而观，宜莫急于明伦厚俗。伦何由而可明，俗何由而可厚耶？三代而下，惟东汉之士俗，赵宋之伦理，差少疵议。果何道而致然欤？盖必有可言者矣，宜著于篇，毋泛毋略。

译文：

制策说：听说古代帝王考察人才，都是通过用言词汇报和实际功绩来考察。汉代荐举贤良，宋代科举考试，录用的合适人选特别多。我自从统领天下以来，多次下诏给有关部门，命其搜罗贤人俊杰。然而特别优秀的贤人依然很少看到，所以又把你们全部延揽到殿廷上，亲自策问，以便仿效古代帝王的做法。历代帝王亲自进行策问，往往把敬奉皇天、替民众操劳作为第一要务。那么，古代帝王敬天勤民的做法，哪些方面到今天还可以效法呢？所谓敬奉上天，难道就只是在圜丘祭天的时候，向上天表达自己专一敬重就是敬天吗？或者还有其他吗？所谓替民众操劳，应该就是每天从早到晚忙于政务，连吃饭也顾不上的了。但这样顾不上吃饭，究竟该忙些什么？难道就是把一般政务都揽在身上吗？从历代来看，最要紧的是宣明伦理道德，使社会风尚淳厚。那么，伦理道德通过什么途径才能够宣明，社会风尚又采用什么方法才能够淳厚呢？夏商周三代以后，只有东汉读书人的风气，赵宋时的伦理道德，很少有能让人非议的地方。这究竟通过什么方法才能实现呢？其中一定有能阐述的内容，应当对答在试卷上，不要空谈也不要省略。

殿试对策：

臣谨对：臣闻古先帝王之治天下，莫不以敬天勤民为务，以明伦厚俗为急，故汲汲于求贤者，凡以为此也。钦惟陛下进臣等于廷，策臣以古先帝王之务。臣愚昧，何所通晓？然叨奉大对，敢不竭心尽知，上答圣问之万一乎！谨俯伏以对。

臣伏读制策曰：盖谓古先帝王之观人，莫不敷奏以言，明试以功。汉之贤良，宋之制举，得人为盛。朕自临御以来，屡诏有司搜罗贤俊，然而杰特犹若罕见，故又详延子大夫于廷而亲策之，以庶几于古先帝王之盛节焉。而臣有以见陛下求贤之切也。臣闻言者，心之声也。人藏其心，不可测度，即其言之得失，而心之邪正可见。然言之匪难，而行之惟难，固有能言而行不逮者矣。是以古先帝王之观人，必敷奏以言而观其蕴，明试以功而考其成，然后有以得夫贤才之实焉。三代而后，若汉若宋，其取人之法，有贤良、制举，是有得于奏言试功之遗意。故在汉之时，若董仲舒《天人三策》，蔚为醇儒；而宋之诸儒，彷佛三代，尤为得人之盛，良以此也。钦惟陛下，以神武定区宇，以文德绥太平，屡降德音，广求贤俊，而又设科目为取士之方，详延草茅之士，亲策于廷。陛下求贤之心，可谓切矣。将见必有杰特之士出，而为邦家之用，而臣则不足以及此也。

伏读制策曰：历代之亲策，往往以敬天勤民为务。古先帝王之敬天勤民者，其孰可为法欤？所谓敬天者，果惟于圜丘祭祀之际，致其精一者为敬天欤？抑它有其道欤？所谓勤民者，宜必如自朝至于日昃不遑暇食者矣。其所以不遑暇食者，果何为耶？岂勤于庶事之任耶？臣有以见陛下深知为君之道，而后有此言也。臣闻帝者莫盛于尧舜，王者莫盛于禹汤、文武。稽之于经，若尧之钦明文思，舜之温恭允塞，兢兢业业而戒饬于时几，同寅协恭而懋勉于政事，此唐尧虞舜之敬天勤民者也。陛下能法尧舜，则陛下即尧舜矣。敬德以先天下，祇肃以顾諟天之明命，克勤克俭而尽力乎沟洫，昧爽丕显而子惠乎困穷，此夏禹商汤之敬天勤民者也。陛下能法禹汤，则陛下即禹汤矣。小心翼翼而视民如伤，敬事上帝而作民父母，此文武之敬天勤民者也。陛下能法文、武，则陛下即文、武矣。夫古先帝王之可为法者，孰有过于尧、舜、禹、汤、文、武者乎！

臣闻天生民而立之君，使司而牧之，君所以代天理民者也。古之帝王审知乎此，故位曰天位，职曰天职，禄曰天禄，民曰天民，无一事不本于天，亦无一事不存乎敬。惇典庸礼，君之所以为教也，而必推之天序天秩焉。是敬天之心，见于施教者然也。命德讨罪，君之所以为政也，而必归之于天命天讨焉，是敬天之心，形于施政者然也。一动一静，常若有天在前；一语一默，常若有天在中。以至天工之不敢废，天职之不敢旷，何往而非敬天之事哉！若夫圜丘郊祀之际，以致其精一，是特敬天之一事，固不专在于是也。制策谓抑它有其道，可谓深达敬天之道矣。非陛下敬天之至，何以及此！

臣闻民本有饥食渴饮之欲，不能以自治，必赖君有以养之；有秉彝好德之性，不能以自遂，必赖君有以教之。君人者，兼君、师之任者也。是以古之帝王审知乎此，既为之制其田里，教之树畜，使民有以安其生，而设为庠序之教，申之以孝悌之义，使民有以遂其性。如文王之自朝至于日昃不遑暇食者，凡以此而已。故曰即康功田功。康功者，安民之功；而田功者，养民之功也。又曰怀保小民，曰惠鲜鳏寡，盖欲使天下之民无一不得其安，无一不得其养而后已也。圣人之道一也，观文王不遑暇食如此，则尧、舜、禹、汤、周武之心，从可知矣。

臣闻人主能以一心总天下之万机，不能以一身兼天下之众职。古先帝王之勤民者，非事事而亲之，要在责成臣下而已。故曰劳于求才，逸于任贤，此之谓也。钦惟陛下，奉天承运，抚临亿兆。严恭寅畏，无顷刻不在于天；宵衣旰食，无顷刻不在于民。孜孜勉勉、励精图治之心，即尧、舜、禹、汤、文、武之心也。而制策以古先帝王之孰为可法为问，臣有以知陛下不自满足之心也。臣愿陛下常存此心而不已焉，则唐虞三代之盛岂能及哉！

臣伏读制策曰：自昔而观，宜莫急于明伦厚俗。伦何由而可明？俗何由而可厚耶？三代而下，惟东汉之士俗，赵宋之伦理，差少疵议。果何道致然欤？盖必有可言者矣。宜著于篇，毋泛毋略。臣闻自昔帝王之为治，莫急于明人伦，厚风俗，而人伦之所明，风俗之所厚者，皆由于崇学校，以兴教化而已。盖教化行而人心正，则伦理明而风俗厚，此必然之理也。唐虞三代，无以议为矣。若东汉之士俗，赵宋之伦理，卓然于三代之后，岂无其道而致然哉！臣闻汉光武初定天下，首访求山林遗逸之士。明帝尊师重傅，临雍拜老，宗戚子弟莫不受学。是以养成一代人心风俗，皆知崇尚节义，耻于奔竞。此汉之士俗所以为美者，以有其教化也。臣闻宋太祖即位之后，偃息兵革，崇尚文治，虽疆宇之广不及汉唐，而教化之美几及三代。当时人君无不学，而所用无非儒，是以天下翕然以道学为事。又有濂洛诸儒出，而接夫道统之传，以为学者之宗。斯宋之伦理所以为美者，亦以其有教化也。

方今上自皇都，下逮府州若县，亦既莫不有学，而陛下又躬行于上，日召儒臣讲求治道，固已论之精而行之当矣。制策称以伦何由而可明，俗何由而可厚为问。臣以谓明伦厚俗，惟在于崇学校，以兴教化也。臣愿陛下益重教官之选，严守令之责，使居学校者果能如胡安定之教于苏湖，居府县者果能为文翁之化于蜀郡，则人伦不患其不明，士俗不患其不厚，而唐虞三代之治，无以异矣，又岂汉宋之可拟伦也哉！臣愚，不足以奉大对，谨竭其一得之愚，惟陛下裁择。臣谨对。[1]

译文：

臣恭敬地回答：臣听说古代帝王治理天下，没有不是把尊敬上天、替百姓操劳作为要务，把宣明伦理、使民风淳厚作为头等大事，因此十分渴望求贤才，都是出于这种目的啊！陛下把臣等人宣召到殿廷，用古代帝王施政的要务来策问臣，可臣愚昧，哪里懂得？但既然有幸对答殿廷策问，岂敢不竭尽心思和所了解的东西，对陛下的策问做出万分之一的对答呢？下面就恭敬地回答。

臣敬读制策说：听说古代帝王考察人才，都是通过用言词汇报和实际功绩来考察。汉代荐举贤良，宋代科举考试，录用的合适人选特别多。皇帝我自从统领天下以来，多次下诏给有关部门，命其搜罗贤人俊杰。然而特别优秀的贤人依然很少看到，所以又把你们全部延揽到殿廷上，亲自策问，以便仿效古代帝王的做法。臣由此看出陛下求贤若渴的心情啊！臣听说，言为心声，人心藏在腹内，很难测量，只要根据他言论的优劣，就能看出他内心的好坏。不过说起来不难，实际做起来却很难，所以就存在着能言善辩但少有作为的人了。所以古代帝王考察人才，一定要通过言词来观察他的内心，通过实际功绩来考核他的成就。这样做以后，才能得到真正的贤才。到夏、商、周三代以后，如汉朝，如宋朝，选人才的办法有推举贤良、科举考试，这是受到古代依据言词、核查供给遴选人才方法的启发。所以在汉代，像董仲舒对答的《人天三策》，显示出他是一位纯正的大儒。而宋朝的众多儒士，同夏、商、周三代的情况相近似，得到这么多的贤才，实在是出自上述的原因啊！恭敬地想来，陛下凭借神明勇武平定天下，依靠

1. 金山、宋大川、杨寄林:《中华状元卷》之《大明状元卷》，山西教育出版社，2002 年，第 23 页。

道德教化营造了太平局面，多次颁发诏令，广泛求取贤才英杰，设置科举，作为选取士子的办法，尽行延揽民间的读书人，在殿廷亲自进行策问。陛下求取贤才的心愿，可以称得上急切了。而未来一定有贤人俊杰涌现出来，为国家效力，但臣却不足以置身在这个行列当中啊！

敬读制策说：历代帝王亲自进行策问，往往把敬奉皇天、替民众操劳作为第一要务。那么，古代帝王敬天勤民的做法，哪些方面到今天还可以效法呢？所谓敬奉上天，难道就只是在圜丘祭天礼的时候，向上天表达自己专一敬重就是敬天吗？或者还有其他吗？所谓替民众操劳，应该就是每天从早到晚忙于政务，连吃饭也顾不上了。但这样顾不上吃饭，究竟该忙些什么？难道就是把一般政务都揽到身上吗？臣看出陛下深知做君主的道理，然后才会说出这番话来。臣听说古代称得上“帝”的，以唐尧和虞舜为盛；称得上“王”的，以夏禹、商汤、周文王和周武王为盛。经书上说：像唐尧的敬肃明察，虞舜的温和恭敬，兢兢业业，事事小心谨慎，互相尊重，同心同德而努力处理好政事。这就是唐尧、虞舜敬奉上天、勤劳政事的做法！陛下能按照唐尧、虞舜的做法去做，那么陛下就是唐尧、虞舜了。恭敬而有仁德，给天下做出表率，庄重严肃，时刻想到皇天的明确意旨，克勤克俭，竭尽全力发展农事，黎明起身，声名显赫，像对待孩子那样给贫困百姓带来恩惠。这就是夏禹、商汤敬奉皇天、勤劳政事的做法啊！陛下能按照夏禹、商汤的做法去做，那么陛下就是夏禹、商汤了。小心翼翼，像对待受伤的人一样看待民众，敬奉天帝而把自己当成民众的父母。这就是周文王、周武王敬奉皇天、勤劳政事的做法啊！陛下能按照周文王和周武王的做法去做，那么陛下就是周文王和周武王了。古代帝王中那些可以效法的人，有谁能超过唐尧、虞舜、夏禹、商汤、周文王和周武王的呢？

臣听说，上天赋予百姓拥立君王，让君王统治，君王是代替上天来统治众百姓的人。古代的君王懂得这个道理，所以帝位就称作“天位”，职责就称作“天职”，爵禄就称作“天禄”，民众就称作“天民”。没有一件事不以上天为本，也没有一件事不体现对上天的尊敬。要让伦理纲常淳厚，行用尊卑分明的礼法，君王用这些进行教化，但一定称之为上天所定的次序、品级。这是施行教化的人敬天的心的表现。表彰贤德的人，惩罚有罪的人，这属于君王用来进行治理的方法，但一定称之为上天的命令、上天的责罚，这是施行教化的人敬天的心的表现。一动一静，总是像有上天就在眼前；一言一行，总是像有上天就在心中。以至于上天的命令绝不敢荒废，上天规定的职责绝不敢落空，有什么地方不属于敬奉上天的大事呢？在举行祭天大礼的时候，特地表达自己的专一纯粹，这仅仅是敬奉上天的一个方面，绝不是敬奉上天的唯一内容。制策中说敬奉上天或者还有其他方面，这真称得上深深懂得敬奉上天的做法了。如果不是陛下由衷地敬奉上天，哪里是这种境界呢？

臣听说，百姓原本就有吃饭、喝水的本能，但他们没办法自己养育自己，要依赖君主采取办法养育他们。百姓还有接受伦理纲常、喜好仁德的本性，但他们没办法自己发挥出来，要仰仗君主教化他们，统领百姓的人，是既负起君主的责任、又负起师长职责的人。因此古代君王懂得这个道理，既给百姓规划好田地住宅，引导他们在住宅周围种植桑树，饲养家畜，使他们有办法安居乐业。又设立学校，向他们讲解孝敬友爱的道理，使百姓发挥出好的本性。像周文王从早晨到傍晚忙于政务，顾不上吃饭，都是出于这个目的罢了。所以要完成房屋建造，搞好农业生产。完成房屋建造是安定百姓的功效，搞好农业生产是养育百姓的功效。《尚书》上还说：要关心爱护百姓，对无依无靠的人施布恩惠。这全是想让整个天下的百姓没有一个人不获安宁，没有一个人不获养育啊！圣人的治理之道都是类似的，周文王忙到顾不上吃饭的地步，那也能看出唐尧、虞舜、夏禹、商汤和周武王的心念了。

臣听说，君王能够用一颗心总揽起天下事务，却无法靠一个人的力量承担起全天下的职责。古代帝王替民众操劳，并非事事都由自己亲身去做，关键是交付给臣下去办好。所以古人说：帝王在求取贤才上会费很多劲，任用贤才之后就安逸了，讲的正是这个道理！陛下奉受天命，承接时运，安抚驾驭亿万百姓。严肃恭敬，战战兢兢，无时无刻不尊敬上天；早早起身，很晚吃饭，无时无刻不挂念着百姓。这种孜孜不倦、勤勤勉勉、励精图治的心，正是唐尧、虞舜、夏禹、商汤、周文王与周武王的心啊！而制策中特用古代帝王究竟在哪些方面可以效法进行询问，臣看出陛下那种不自我满足的心情啊！臣希望陛下永远保持这种心意，那么到时候唐尧、虞舜和夏、商、周三代的大治景象，哪能比得上我们大明朝呢。

臣敬读制策说：从历代来看，最要紧的是宣明伦理道德，使社会风尚淳厚。那么，伦理道德通过什么途径才能够宣明，社会风尚又采用什么方法才能够淳厚呢？夏、商、周三代以后，只有东汉读书人的风气，赵宋时的伦理道德，很少有能让人非议的地方。这究竟通过什么方法才能实现呢？其中一定有能阐述的内容，应当对答在试卷上，不要空谈也不省略。臣听说，自古以来君王治理国家，没有比宣明伦理道德、使社会风尚淳厚更重要的。而伦理道德得到宣明，社会风尚达到淳厚，原因就在于重视创办学校，兴教化。实行教化，人心就纯正，伦理道德就得到宣明，社会风尚就变得淳厚了，这是自然的道理。唐尧、虞舜和夏、商、周，少有非议，但像东汉读书人的风气，赵宋时期的伦理道德，在三代以后十分突出，哪能没有一套治理方法就能到达那种美好的程度呢？臣听说，东汉光武帝刚刚平定天下，首先就去搜访在山林隐居的读书人。到了明帝，更尊重儒家师长，亲自敬拜德高望重的前辈，而皇室子弟没有不接受教育的。由此养成了整个东汉时代的人心与社会风尚，全都懂得崇尚气节和道义，对钩心斗角感到羞耻。这正是东汉读书人风气美好的原由所在，这是东汉具备的一套教化方法啊！臣还听说，宋太祖登上帝位以后，停止动用武力，推崇文治，尽管疆域不如汉唐那样广阔，但教化的美好程度却和夏、商、周三代差不多。那时的君王，没有谁不努力学习，而所任用的官员，也没有谁不是儒士，因而全天下不约而同地把道学作为努力钻研的事情。又有周敦颐、程颢、程颐等名儒涌现出来，承接起儒家道学统系的接续，成为求学者的来源。这正是宋朝伦理道德非常美好的原因，这是宋代具备的一套教化方法啊！

如今上自京师，下至府州和各县，没有没设立学校的，而陛下亲自做表率，每天召请儒家大臣讲解治国之道，这些做法原本已经讲得精辟，实践得也精当了，可制策中仍然询问伦理道德通过什么途径才能够宣明，社会风尚又采取什么方法才能够淳厚。臣认为，要使伦理道德得到宣明，社会风尚达到淳厚，只在于重视办好学校，兴起教化啊！臣希望陛下继续加强从事教育的人员的选用，严格地负起责任。假如在校的教学人员真能像北宋的胡瑗在湖州州学那样，太守县令真能像西汉的文翁在蜀郡那样兴行教化，那么，伦理道德也就不用担心得不到宣明，社会风气也不用担心达不到淳厚了。而唐尧、虞舜和夏、商、周三代的大治景象，同我大明皇朝相比，也就没有什么差别了，又哪里是汉朝及宋朝可以比拟的呢？臣很愚昧，不足以承奉殿廷的对答，只是恭谨地竭尽那仅有一得的浅见，只请陛下裁断择取。臣恭敬地回答如上。

评议：

元朝科举时断时续，直至晚期才得以成为定制。朱元璋建国后，重视延揽人才，多次征召士子对策，并在尚未肃清北元势力的洪武四年，开有明一代首次科举，建国不久的明王朝需从前代中汲取治国智慧。故而，在朱元璋的策问中，问及古时帝王“敬天勤民”、“明伦厚俗”的办法与取舍。状元吴伯宗对此进行了一一回答。他认为，敬天的办法不在于恭谨地举行祭祀仪式，而在于“民为贵，社稷次之，君为轻”，能行此者才是真正的“敬天勤民”。作为集“天地君亲师”于一身的君王，要励精图治、选贤任能。至于“明伦厚俗”的办法，首重兴办学校，教育乡里。吴伯宗，名祐，江西金溪人，官至武英殿大学士，多次参与翻译西域天文历书。

二　明宪宗成化五年（1469）己丑科董越（探花）殿试对策

殿试策问：

制曰：朕绍承大宝，图底丕平，虽宵旰勤励，然绩效罕著。略举其端，诹尔多士。择材于文以理民，拔功于武以驭兵也。今铨衡途壅，卫所员溢，奚以疏通之？昔人所谓名利相均，虚实相济，可推广而施欤？岁无常稔者，天之道；土有常怀者，人之情也。今歉则籴贵，贫则民徙，奚以绥辑之？前代所行，常平有法，均田有制，可稽仿而为欤？夫兼资文武，以周一世之用；裁成天地，以遂万姓之安，固济时切务也。若乃致治大道，必有至言。古之臣献言于君，或得圣道之经而流于迂，或得圣道之权而流于诈，或辩矣而术不密，或智矣而文不及。今尔多士，陈四者之务，必宜于时；矫四臣之偏，必合于道。朕将览而资治焉。

译文：

制策说：我继承皇位，谋求天下太平的治理，虽然从早到晚勤于忙碌，然而绩效却不显著。大略列举几条，向你们读书士子咨询。以文章来选择人才治理百姓，以武功来提拔人才管理军事。可是当前考核官员的途径壅塞，卫所的军官超员，如何才能予以疏通呢？前人所讲的名和利相互均衡，虚和实相互协调，可否推广施行呢？不可能每年都丰收，这是自然规律；难舍故土，这是人之常情。现今粮食一歉收价格就暴涨，百姓贫困就会流徙，怎样才能安抚聚合他们呢？前代所施行的常平法、均田制，可否模仿采用呢？依靠文臣武将满足当代治理的需求，成就天地的化育，实现万民的安宁，这本是济世的要务。至于实现大治的大道，你们肯定有高明的建言。古代的臣子向君主进言，或是掌握了圣人之道的准则却流于迂腐，或是掌握了圣人之道的策略却流于诡诈，或是能言善辩却方法疏漏，或是机智聪慧却道德不够。现今你们这些读书士子，陈述以上四个方面，一定要结合当前的形势；矫正以上四种偏颇，一定要符合正确的原则。我将亲自观览而有资于治道。

殿试对策：

臣对：臣闻惟辟奉天，惟皇作极，而操致治之柄在于君；包括治体，启沃君心，而言致治之要在于臣。盖天下以一人为主，而引君以当道为先。人君能操致治之柄而不下移，则以用人才，而文武足以周一世之用；以赞化育，而和气足以遂万姓之安。此人君之尊，所以与天同体，而有财成辅相之功也。人臣能尽引君之道而不敢惑以他歧，则上而格君，而君心无不格；下而言治，而治效无不成。此人臣之职，所以与君相资，而称股肱耳目之任也。君尽君道，以致治而不违；臣尽臣道，以言治而必切。则何事之不可济，而何弊之不可救？何时之不可宜，而何道之不可合哉？唐虞三代君臣，之所以都俞吁咈于一堂，而共成雍熙泰和之治者，用此道也。

钦惟皇帝陛下，以圣神文武之资，备刚健中正之德，绍承大统，五载于兹。宵旰拳拳，图惟至理。治已臻于皇极，而犹怀望道未见之心；世已底于平康，而方切视民如伤之念。乃于万几之暇，进臣等于廷，降赐清问。谘臣以当世之务，责臣以尽言之诚。臣有以知陛下是心，即古昔帝王兢兢业业，不自满假，祖宗列圣用贤图治，孜孜汲汲之盛心矣。顾臣愚陋，曷足以奉大对？然而罄竭一得之迂愚，以稍裨治道之万一，亦臣区区之素志也。

臣窃惟天下之事，操得其要，则执简可以御烦；酌之有方，则由今可以冠古。自古人君亮天之道，莫要于用贤理民。我国家自太祖高皇帝定鼎之初，已著为令。内而京畿则设胄监，以储天下之英材；外而郡县则设学校，以育民间之俊秀。三年大比，既拔其贤者能者以任用之；以时充贡，复储其俊者秀者以预备之。列圣相承，率由是道。是即唐虞三代之家塾、党庠、术序、国学，三物宾兴，克知克用之遗意矣。铨选之途，何尝壅乎?

比年以来，或由边储未充，而开纳马纳粟之例；或由大臣建议，而立限年拔擢之法。是虽国家因时制宜之常，古昔立贤无方之意，而非臣愚之所及知者。然以今有限之位，而待此无穷之才，其酌之之宜，处之之要，亦所当讲也。伏望陛下操黜陟之柄于上，严考察之令于下。申命大臣按行方岳，不职者虽非久任而必去，贪墨者虽有才美而不留。而又限以学校之员，一如祖宗旧制，杜其杂进之路，以塞徼幸之门。凡在选部之未仕而愿乞闲者，虚其爵号以荣之；既仕而乐引去者，异其恩数以旌之。则自然名利相均，而不至于壅滞矣。

自古人君经国之道，莫要于选将驭兵。我国家自太祖高皇帝垂统以来，已有定制。内设五府以总其纲，外设卫、所以理其纪。握将机者，非勋阀而不授；掌戎伍者，非军功则不迁。百年于兹，循用是道。是即唐虞三代之诘尔戎兵，张皇六师，德懋懋官，功懋懋赏之遗意矣。卫所之员，何尝溢乎?

近年以来，承袭者不闻有所简选，而肉食者每充斥于要津；论功者未闻有所顾惜，而冒进者多混淆乎名器。是虽国家功疑惟重、赏延于世之大恩，而非臣愚所敢轻议者。然以十人营屯之资，而不足一人坐食之费，其裁省之要，斟酌之方，亦所当讲也。伏望陛下操予夺之柄于上，著澄汰之令于下。廷选大臣按行藩阃，老不胜任者，限之以更替；勇敢有为者，进之以超迁。而又斟酌重轻，权衡虚实，凡赏赉之可以代升者，不以其实费而不与；旌别之可以劝功者，不以其饰虚而不加。则自然虚实相济，而不至有溢员矣。

岁无常稔者，天之道；土有常怀者，人之情。故阴阳有愆伏，灾沴之流行，虽以帝尧之仁，而不免于九年之水；虽以成汤之圣，而不免于七年之旱。以盘庚之迁殷，而安土重迁且不能已于大家世族。而况于近年以来，或加以水旱之相仍，或病于守令之屠剥，则贵籴以免馁，转徙以求生，何能免哉？

伏蒙陛下垂天地之至仁，不忍赤子之困阨，谘臣以绥辑之术，拯救之方。臣愚不能自裁，敢窃诵圣策所谓常平有法，诚可仿而为之也；均田有制，诚可稽而行之也。夫常平之法，肇于李悝，至汉耿寿昌因之。其以谷贱，则增价而籴以利农；谷贵则减价而粜以利民。虽尽非《周官》荒政十二之法，要亦可以免夫歉则籴贵、贫则民徙之忧矣。均田之制，出于李安世，而后魏因之。其制则男子四十亩，妇人二十亩，户绝者为公田，丁多者则增给，以至县令刺史，皆有等差。虽非古人分田制禄之常，要亦可以免夫富连阡陌、贫无卓锥之叹矣。

陛下诚能操是数者之柄于上，而责是数者之任于臣，将见文武兼资，德威并用，大而论道经邦、燮理阴阳者有其人，次而六卿分职、典司政教者有其人。外之则藩阃之重，足以为干城；守令之贤，足以宣德化。疆埸不患乎无韩、范之儒，禁中不患乎无颇、牧之辈。礼乐以之而修明，纪纲以之而振举，苍生以之而富庶，夷狄以之而宾服。上而天地之道，赖之以财成；下而万姓之繁，资之以生遂。真可以四三王而六五帝，陋汉唐宋于不居矣。尚何虑夫才不足以周一世之用，而治不足以致万姓之安哉？

乃致此之道，必有至言，陛下固已断自渊衷，试诸事为矣。而犹举以策臣者，是即大舜好察迩言之意，昔人询于刍荛之义也。臣闻之《大学》有曰：古之欲明明德于天下者，先治其国；欲治其国者，先齐其家；欲齐其家者，先修其身；欲修其身者，先正其心；欲正其心者，先诚其意；欲诚其意者，先致其知，致知在格物。《中庸》曰：致中和，天地位焉，万物育焉。然自三代以后，献言者能合此而不违，体此而不失者，百无一二。

汉之董仲舒大廷三对，黄钟大吕，似则似矣。然而屑屑于纵阴闭阳，其视《中庸》致中、致和之说，为何若？拘拘于灾祥符应，其视《大学》新民、新命之意，为何如？晁错之洋洋大对，与董齐声，美则美矣。然而刑名其学，果圣贤修齐治平之学乎？术数其归，果圣贤大中至正之归乎？故宋儒苏洵尝谓，董生得圣人之经，其失也流而为迂；晁错得圣人之权，其失也流而为诈。由是言之，则其道术之未底于纯，献言之未合于道，亦可见矣。贾谊政事一书，通达国体，非不辩矣。然而词伤激切，致帝之谦让未遑，岂非不密之过乎？张良之为帝者师，功成身退，非不智矣。然而学宗黄老，致帝之治杂伯功，岂非不文之弊乎？故宋儒苏轼尝谓，陆贽之智如子房，而文则过；辩如贾谊，而术不疏。即此观之，则其学术之有偏，引君之无术，又可知矣。

虽然，陛下之策臣者，臣既略陈其由矣。而于终篇，犹欲责臣以陈四者之务，必宜于时；矫四臣之偏，必合于道，且宠之以将览以资治之词。臣愚，诚不知所自出，然尝闻之，人主开求言之路，必将有听言之实；人臣遇得言之秋，不可无献言之诚。盖求言之路不常开，而得言之秋不易遇。今陛下开求言之路，而臣遇得言之秋。陛下有听言之实，而臣可无献言之诚乎？

臣窃惟天下之事，无不系于人君之一身，尤无不系于人君之一心。陛下以不世出之资，当大有为之日。自嗣登大宝以来，凡择材以理民，拔功以驭兵，与凡敬天之道，勤民之要，法古之宜，听言之实，一惟总之以一身，断之以一心。惟古昔之圣帝明王与祖宗列圣之信章成宪，是守是若。真足以措斯世于平康，纳斯民于皇极，以隆我国家亿万载太平之福矣。而臣愚，犹欲以操大柄之一言，本诸心之一语，为陛下献者，盖陛下之德，虽不可以有加，而臣子爱上之诚，每拳拳然有加而无已。亦向阳之葵藿，委涧之畎浍也。

伏惟陛下，留神于用人亮天之间，洞察于进言纳忠之际。慎名器而不轻畀，使爵位皆足以待功德之人；召和气以富苍生，使凶荒不足以劳宵旰之虑。有言逆于心，必求之于道；有言逊于志，必求诸非道。迂荒者于道或有合，而不必遗；辩智者于道有未合，而不必与。将见贤能效职，而感召和气之有人；忠谠日闻，而赞襄治化之有赖。事虽有如四者之当务，不必虑无以处之；言虽有如四臣之有偏，不必虑无以察之矣。臣学术浅疏，叨尘赐对。于前四者之务，陈之未宜于时；于后四臣之偏，矫之未合乎道。爱君一念之诚，发于天性。惟陛下恕其狂妄，少垂仁而采纳焉，则臣愚幸甚，天下幸甚。臣干冒天威，不胜战栗之至。臣谨对。[1]

译文：

臣对答：我听说只有帝王才能奉行天命，只有皇帝才能确立起最高典范。掌握实现治世的权力，在于君主，包括治国的纲要，启发君主的思想，而阐述实现治世的要领，在于臣子。全天下以君主一个人为主宰，引导君主把明理治道视为最重要。君主能够掌握住实现治世的权柄，而不转移到下面，靠这些来任用人才，文臣武将就足够整个国家的需要；靠它来辅助天地化生养育万物，和谐的气氛就足够实现天下百姓的安宁。这就是君主尊贵，也是与上天连为一体，建有裁制和辅助天地的大功的原因。臣子能够把引导君主的事做好，不用其他的错误的做法去迷惑君主，那么上能纠正君主，而君主的心念没有不被纠正的。下能讲论治理，而治理的效果没有达不到的。这是臣子的职责，与君主相互依赖，这也是（优秀的臣子）被比作君主的大腿和胳膊、眼睛和耳朵的原因。君主把为君之道做好，用来实现治世而不违背；臣僚把为臣之道做好，用来讲论治理而一定切合实际需要。这样一来，有什么事情不能够达济，又有什么弊端不能够补救呢？有什么时势需要不能够适合，又有什么准则不能够符合呢？唐尧、虞舜和夏、商、周时期的君臣，之所以在朝廷上相互商讨，一起成就太平和美的局面，就是因为运用了这种方法。

皇帝陛下凭借文韬武略的资质，刚强矫健、中和平正的品德，继承大统，到现在已经五年。从早到晚，谋求最好的治理，现在已实现了最佳状

1. 金山、宋大川、杨寄林：《中华状元卷》之《大明状元卷》，山西教育出版社，2002年，第228页。

态。但仍怀有周文王（得到了大治却还）盼望更好的治理之道的心思；社会已经进入了安康平稳的状态，但还像周文王一样，总有担心民众受到伤害而痛惜的念头。竟然在处理繁忙政务的空隙，宣我等人进殿，恩赐我等清晰详尽的询问。询问我当代需要下气力解决的事情，用真诚实在的态度来要求我。臣由此知道陛下的用心，就是古代帝王兢兢业业、不满足，我朝祖宗及圣人任用贤才、谋求大治、勤勉不怠、十分急切的良苦用心。然而臣愚昧浅陋，哪里有足够的资格在朝廷上对答？不过竭尽那仅有的愚见，来稍微对治国之道的万分之一做一点补益，也是臣一直以来的小小志愿。

臣私下思考天下的事情，掌握关键，就可以执持简要的东西去驾驭纷繁的东西；斟酌有方法，就可以由当今超过古代。自古以来，君主成就功业的途径，没有什么能比任用贤人、治理民众更为关键的了。我们国家从太祖高皇帝平定天下，就已经做出了规定。在中央京师设立国家最高学府，用来储备天下杰出的人才；在郡县设立学校，用来培养民间的优秀子弟。每三年举行一次科举考试，既能按时选拔其中贤能的人来任用，也能由各地保送生员，储备优秀人才预先备用。各位圣明的先帝递相承续，全都按照这个方法处理。这就是唐尧、虞舜和夏、商、周三代的私人书屋，地方的各级学校，国都的最高学府，按六德、六行、六艺的标准向朝廷荐举人才，既能了解又能任用的古人旨趣了。考核任用官员的途径，什么时候曾经堵塞过呢？

近年以来，有时因为边境储备不充足，而出现了献纳马匹或粮食就可以到国子监听候选用的规定；有时经由大臣建议，而制定了按年限提拔任用官吏的办法。虽然这些是朝廷因时制宜的例行做法，是古时选用人才没有条框限制的用意，并非如我这样愚昧的人能够知道的。然而以今日有名额限制的官位，来对待永无止境的人才，要对此斟酌做出适当的对策，处理的关键措施，也是应当加以讲求的。希望陛下在上面掌握对官员升降、罢免的大权，在下面严格考核督察官员的制度。反复责成大臣巡视查考地方官员，不称职的官吏即使上任时间不长也要罢免；贪污的官吏即使有突出的才干也不留用。而又限定学校生员人数，就如同祖宗以前的规定一样，杜绝通过各种方式为官的途径，用来堵塞侥幸成功的门路。凡是在吏部还没被任用而又愿赋闲之人，赠给他们虚的爵位称号来使他们荣耀。已经任职而又愿离职之人，准予他们特殊的待遇来表彰他们。这样自然就会使名位和俸禄互相均衡，而不至于阻塞停滞了。

自古君主治理国家的办法，最重要的是选用将帅、管辖军队。我们大明从太祖高皇帝以下承袭帝位统系以来，已经形成固定的制度。在中央设立前、后、中、左、右五军都督府来总揽军政，在地方设立卫、所来负责具体防务。指挥调度的将帅，如果不是功勋卓著的人决不授予；领兵打仗的将军，如果不是立有军功决不升迁。历经百年，都遵循使用这个办法。这就是唐尧、虞舜和夏、商、周三代整顿好军队，壮大王室直辖军队，修养品德就用官职去勉励，建功立业就用封赏去勉励的古人旨趣了。各地卫、所的兵员，什么时候曾经多余呢？

近年以来，对依靠承袭父兄爵位官职之人，没听说对他们有过筛选，贵族公卿却往往在重要职位。对按功劳受赏的人，没听说对国家的官位俸禄有过什么顾念和珍惜，而破例得到高官的人大多与既定的爵位官职名实不符。这虽然是国家对功劳不能确定就按重赏处理，封赏延及世世代代的大恩，并非我这样愚昧的人胆敢轻率地加以议论的。然而十个士兵设营驻守的费用，却不够一个人白领俸禄的费用，对裁撤减员的重要性，去斟酌解决的方法，也是应当加以讲求的。跪拜希望陛下在上能掌握住赐予和剥夺的大权，在下能宣明澄清和淘汰的命令。在朝廷中选派大臣巡视勘察地方将领，年老不能胜任的人，限令他们更换替代。勇敢有作为的人，破格提升录用。同时考虑轻重，权衡名誉称号和实际利禄，凡是通过赏赐可以代替升职的，不因为这样办要支出费用而不给予；通过特殊表彰可以鼓励立功的，不因为这样办只是表面装饰而不封赐。这样做，名誉称号与利禄可以互相补充，不至于再有多余的官员了。

不可能每年都丰收，这是自然规律；难舍故土，这是人之常情。所以阴阳存在着失调和隐伏的现象，灾害与逆气流布盛行。即使用帝尧一般的仁慈，也不会避免长达九年的水灾；即使用商汤一般的圣明，也不会避免长达七年的旱灾。圣君盘庚要把都城迁到殷地，当地贵族有的留恋故土不愿迁徙，盘庚都无法制止。何况近年以来，再加上有的地方水灾、旱灾接连发生，有的地方太守、县令残酷搜刮民脂。这样一来，（百姓只能）高价买粮为了避免挨饿，四处流亡求活命，怎么能够避免呢？

承蒙陛下有天地般的仁爱，不忍心子民困顿受阻，询问我安抚聚合的办法和拯救的措施。臣太愚昧，无法自己做出裁断，私下诵读圣上策问所讲到的：常平仓有法，确实可以仿效，加以施行；均田有定制，确实可以考查实行。常平仓这种做法，由战国李悝首先创立，到汉朝耿寿昌加以沿用。（具体说来）粮食价格低，官府就提高价格购入，以有利于农民；粮食价格高，官府就降价出售，以有利于百姓。虽然并不全是《周礼》那样的有关救灾救荒的十二条根本措施，却还可以免除那些因为歉收而买贵米、贫困就逃亡的百姓的忧虑。均田制度，由北魏李安世提出，而北魏照着去做。这种制度规定，男子每人授给田地四十亩，妇女每人授给二十亩，家中没有继承人了，就交回来变成国家支配的土地。壮劳力多的人家，就增加授给的亩数。以至于县令和刺史，也都有当作俸禄的授田标准。尽管不是古人划分土地、制定俸禄的法度，却可以免除掉富人田地连成片、穷人立锥之地都没有的感叹了。

陛下如果能掌握以上几个方面的权力，要求臣僚必须完成相关的任务，那将会看到文臣和武将同时依靠，恩德和威势交相运用。大的方面，讨论大道和筹划治国、协调好阴阳之气的人就有合适的人选了；其次，吏部、户部、礼部、兵部、刑部、工部尚书各负其责，掌管政治和教化的要员也有合适的人选了。在地方上，各个身负重任的统兵大员，足以成为国家的捍卫者；而贤良的太守县令，足以宣明仁德教化。边疆地区不担心没有北宋韩琦、范仲淹那样的儒帅，朝廷上不担心没有战国时廉颇、李牧那样的武将。礼乐因为这些而得到修明，朝廷纲纪因为这些而振举，百姓因为这些而富庶，四周部族因为这些而归服。上则天地之道仰赖这一点就可以裁制助成，下则多个族姓凭借这一点就可以实现生计。真可以同夏禹、商汤、周文王与武王相并列而成为第四个称王天下的人，同黄帝、颛顼、帝喾、尧、舜相并列而成为第六个称帝天下的人，汉朝、唐朝、宋朝都不值一提了，还忧虑什么人才不够满足整个国家的需用，治理不够实现各个部族的安宁呢？

但达到这种状态的途径，必定要有最恰切的建议。陛下原本就已在内心做出决断，并在政事和举措上尝试了，但仍然提出来策问我，这就是大舜喜好察辨浅近言论的心意和古人向割草打柴人作询问的义旨。臣听说《大学》中有段话说：古代要向天下显示圣明德行的君主，首先要治理好他的国家；想要治理好他的国家，首先要整顿好他的家族；想要整顿好他的家族，首先要修养好自己本身；想要修养好自己本身，首先要端正自己的内心；打算端正自己的内心，首先要使意念真诚；打算使自己的意念真诚，首先要充实自己的知识；而充实自己的知识，在于穷尽事物的道理。《中庸》也说：达到中通和顺，恰到好处的地步，天地就各得其所，万物就自然化育生长。然而从夏、商、周以后，进献建议的人能够符合这种要求而不违背，体悟这种要求而不出现过失，一百个人中也没有一两个。

西汉董仲舒在朝廷上三次对答汉武帝的策问，庄严高妙，看起来像是很有理了。然而在阴气被放开、阳气被封闭上特别在意，这比照《中庸》达到中通和顺，恰到好处的地步，是怎样的呢？反复推究灾祥福应，比照起《大学》新民新命的义旨来，又怎么样呢？西汉晁错气势恢宏地对汉文帝策问所做的对答，与董仲舒齐名，看起来是很理想。然而循名责实、严厉处罚构成了他的学术，这真的是圣人贤人修身、齐家、治国、平天下的理论吗？他的术数都是这种归旨，这难道是圣人贤人所主张的吗？所以北宋儒者苏洵曾经指出：董仲舒获取到圣人的基本原则，但他的偏失发展成迂腐；晁错得到圣人的权，但他的偏失发展成诡诈。由此说，他们的学说没有达到纯正，献呈的建议还不符合大道，就可以看出来了。西汉贾谊关于政事的上书，熟悉国家的纲要，不是不辩白，然而言词太过激，致使汉文帝没顾得上修明礼仪，这难道不是他欠周密的过失吗？西汉张良是帝王的老师，大功告成，自动引退，不是不明智。然而他在学术上尊奉无为而治的黄老学说，致使汉高祖的治理，在仁政中夹杂着暴力措施，难道不是他不讲文德吗？所以北宋儒者苏轼曾经指出：唐朝的陆贽，机智像张良，但文德却超过他；雄辩像贾谊，但治国方法也不粗疏。由此来看，他们的学术存在着偏失，引导君主又没有恰切的治国方法，又是可以清楚的了。

尽管这样，陛下策问我的问题，臣已经粗略陈述那些原由了。但在策问的末尾，陛下还想用四项政务的解决办法必须适合时势需要，纠正汉代四位大臣的偏失必须符合大道来要求我，并且用准备亲自观览有助治国这样的言词来鼓励臣。臣太愚昧，确实不清楚自己该从哪里谈起。但曾听说，君主开辟求取言论的道路，必定会有听取言论的实际行动；人臣遇到能够发表言论的年月，不能不怀有献上言论的忠心。因为君主求取言论的道路不时常开，臣子能够发表言论的年月也不容易遇到。如今陛下开辟求取言论的道路,而臣遇到了能够发表言论的年月。陛下具有听取言论的实际行动，而臣能够不怀有献上言论的忠心吗?

我私下想来，天下的事务，没有一项不关乎于君主本人，更没有一项不关乎于君主的念头来决定。陛下凭罕见的天资，正是大有作为的时候。自从登上皇位以来，一直选用贤才来治理国家，提拔有功劳的将士来统领军队，以及敬奉上天的方法，为民众操劳的要领，都是效仿先贤的举措，听取言论的实际行动，靠自己一个人承担，以一人的思想做出决断。凡是古代圣明的君王和我朝列祖列宗的规章和法令，都遵守遵从。有了这样的做法，确实足够让现在的社会实现安康，让百姓纳入到君王确立的最高行为准则中，用来兴盛我朝亿万年太平的福气。但臣太愚昧，仍然想拿独揽权柄这句话，真心说句话，为陛下献言，陛下的才德，已经不可能再超过了，但臣敬爱陛下的诚心，十分恳切，只有加深而没有停止的时候。就像是随着太阳生长的葵花，流向山涧的泉水。

臣跪请陛下，在任用人才、辅助上天成就功业的时候要格外留神，在听取意见、采纳忠言的过程中明察秋毫。重视国家的爵位官职，不轻易授予，使爵位都被授予那些有功劳和品德的人。营造和谐的气氛使百姓富裕，不让灾祸饥荒给百姓从早到晚的忧虑。碰到有些议论意见和自己的心意违背，一定要用大道来衡量；遇上有些议论建议和自己的想法相合，要用属不属于大道的方式来判断。听上去迂腐而不可信的观点，可能有些地方符合大道，不一定就完全抛弃；听上去雄辩机智的观点，如果有的地方不符合大道，不一定就欣赏赞同。这样施行的话，就能看到贤良的人尽到职责，就能形成和谐的气氛了。天天能听到忠诚正直的言论，就可以辅助治理教化了。政事如果有策问中提到的四种当务之急，但不必忧虑没有办法解决它们；言论即使有像汉代四位大臣那样存在偏失的，但不必担心没办法辨别出来。臣学术肤浅粗疏，用粗陋的学识对答陛下的策问。在四种政事的解决中，陈述起来不切合时势；在汉朝四位大臣的偏失问题上，纠正起来还不符合大道。但臣敬爱陛下的诚心，是臣的天性。只请陛下宽恕臣对答中的狂妄，如果能赐予一点仁爱加以采纳，像臣这样愚昧的人就太幸运了，天下也太幸运了。臣冒犯了陛下的威严，惶恐至极。恭敬对答如上。

评议：

中国历来有“左文右武”的传统，倡导文治，而言文治者必及唐虞三代。古人认为唐虞三代文治武功、君臣和睦、民有所教、老有所养，是令人仰慕的盛世。成化五年殿试即以此对问，考问士子今日之事，及如何达到三代大治。探花董越殿试对策一一回答了这些提问。他认为三代君臣因能够各履其职，“君尽君道，臣尽臣道”，才开创了上古盛世格局。而明代的君臣之道自太祖朱元璋起，已有成例。迄成化五年，已历百年。各项制度、条令因时制宜，多有损益，这就不可避免地造成了纪律废弛的现象。欲使天下重归大治，就需要皇帝从选官、用兵、田制、劝学四方面加以改进。在选官方面，取科举正途，杜绝各种鬻爵之法。成化年间，国家养兵愈益臃繁，不少兵将已老不堪任，应整顿兵制、裁汰冗员。常平仓法与均田制虽非三代制度，但以当时发展经济、统驭百姓而言，仍可借鉴。天子应广开言路，并虚心纳谏，由此则可媲美三代之治。殿试试题多借古发问，而此次试题则较为全面地考察了明代中期国家的各种问题，最突出的是选官、任兵与流民问题，故选此试卷。董越，字尚矩，江西宁都人，弘治元年出使朝鲜，官至南京工部尚书。

三 明世宗嘉靖四十一年（1562）壬戌科申时行（状元）殿试对策

殿试策问：

制曰：朕惟自昔帝王，莫圣于尧舜。史称尧舜垂衣裳而天下治矣，然当其时，下民犹咨洚水为灾，有苗弗率，则犹有未尽治平者，岂二帝固弗之恤欤？其臣任之于下，而上可以无为。不然，何以垂衣而治也？三代莫盛于成周，宣王中兴，《诗》称召伯平淮夷，方叔征蛮荆，吉甫伐猃狁，惟得其人以分命之，是以不劳而治。朕尝嘉之甚慕之。

朕抚天下四十有一年于此矣，夙夜敬事上帝，宪法祖宗，选任文武大吏之良，思与除民之害而遂其生。兢业不遑，未尝有懈。间者水旱为灾，黎民阻饥，戎狄时警，边圉弗靖，而南贼尤甚，历时越岁，尚未底宁。岂有司莫体朕心，皆残民以逞，有以致之欤？抑选任者未得其人，或多失职欤？将疆圉之臣未能殚力制御玩寇者欤？夫朕有爱民之心，而泽未究；有遏乱之志，而效未臻。固以今昔不类，未得如古任事之臣耳。兹欲使上下协虑，政事俱修，兵足而寇患以除，民安而邦本以固，灾咎可弭，困穷可复，以媲美虞周之治，其何道而可？尔诸士悉心陈列，勿惮勿隐，朕将采而行焉。

译文：

制策说：我认为自古帝王没有谁比尧舜更圣明的了。史称尧舜端坐于朝廷而天下就实现大治了，然而那个时候，百姓还叹息洪水构成灾难，三苗还未归顺，则表明还有未完全实现大治的存在，难道是尧舜不体恤民众吗？臣下担负起政事，帝王才可以清静无为。不然凭什么就可以端坐朝廷就实现大治呢？夏、商、周三代数成周最为兴盛，周宣王实现了中兴，《诗经》称述召伯平定了淮夷，方叔征讨了荆蛮，尹吉甫征伐了北方的玁狁，只是得到了合适的人选来分别任用，所以周宣王不用操劳就实现了大治。我对此曾赞叹甚至仰慕。

我安抚天下已经四十一年了，早晚恭敬地侍奉上天，效法列祖列宗，选任贤良的文武大臣，想用他们去除百姓的祸害使其正常生活。兢兢业业，不曾懈怠。近来水旱构成灾害，百姓还在挨饿受冻，北方少数部族经常入侵，边境地区很不安宁，而南方的倭寇更为严重，经过好几年了，仍未得到平定。这难道是政府各个部门不体会我的用心，全都光知道残害百姓，确有理由地招来了这些祸患吗？或是选任的人选不合适，大多失职呢？还是镇守边疆的大臣不能竭力抵御外族入侵呢？我有爱护百姓之心，可是恩泽却未布施；有遏制祸乱之志，可是成效却未达到。这固然是古今情况不同，没有获得古代那种承担政事的臣子罢了。如今想使上下一致忧虑，政事全部得到修明，兵力强盛而异族入侵的祸患得以去除，百姓安定而国家的根基得以巩固，灾殃可以止息住，困穷能够恢复过来，来与虞舜周朝的大治景象相媲美，究竟采取什么措施能实现呢？你们这些读书士子要用心陈述，不要有畏惧和隐瞒，我将采纳并施行。

殿试对策：

臣对：臣闻帝王之御极也，体君道以奉天心，而后可以建久安长治之业；肃臣纪以奉天职，而后可以成内修外攘之功。何则？人君者，天之所授，以统一万方而临驭兆民者也。其位尊，其任重，故君道常主乎逸。人臣者，天之所命，以左右一人而分理庶政者也。其分卑，其事赜，故臣道常主乎劳。君能奉天以端拱于上，而以其事责诸臣，则无为而化成，不言而功著，若於穆之运，玄机之宰，不假于推迁之力，而自然造物者矣。是谓能奉天心，而久安长治之业可建也。臣能奉君以奔走于下，而以其身致之君，则同心以共济，协忠以体国，若四时之佐，五行之吏，各效其宣布之能，而罔有违天者矣。是谓能奉天职，而内修外攘之功可成也。不然，则一人之身，万几攸萃，安能一一而理之？而庶官之众，各有司存，能不蹈于瘝旷之咎哉？故君必率臣以图久安长治之业，臣必辅君以树内修外攘之功，则和气溢而宇宙清宁，理道昌而民物康乂。顺治于内，而万方弘一统之规；威严于外，而四夷效咸宾之美。巩国祚于苞桑之固，措天下于泰山之安。唐虞三代之治，不可复睹于今日哉！

钦惟皇帝陛下，禀刚健中正之资，合阴阳动静之德，际熙洽御天之运，膺寿考作人之符，精诚格乎穹昊而瑞应骈臻，妙道契乎玄元而休征毕集，盖媲美唐虞而超越乎三代者。臣窃伏草茅，沾被圣泽久矣。乃者叨有司之荐，得以与对乎大廷，而圣问所及特拳拳焉。

首述唐虞成周之治，继悯水旱盗贼之灾，任事失人之咎，而终究夫足兵安民之术，弭灾救困之方，且戒臣等以勿惮勿隐也。大哉皇言！忧国忧民之心见乎词矣。敢不披沥愚衷，以对扬于万一耶？

臣闻之《书》曰：元首明哉，股肱良哉，庶事康哉！言明君在上，而又有良臣以左右之，则庶事可理也。又曰：惟天聪明，惟圣时宪，惟臣钦若。言君能宪天，而为臣者自敬顺之，罔敢或悖也。是故君为元首而宪天于上，则法天以为聪，而居高听卑，可以不劳而坐听天下；法天以为明，而临下有赫，可以不劳而坐照四方。是君者，法天道以无为者也。臣为股肱而钦若于下，则代君以用其聪，而天下之利病，皆通达而无所壅；代君以用其明，而斯民之休戚，皆洞察而无所遗。是臣者，奉天职以有事者也。是故唐虞之世，万邦咸和矣，四方风动矣，文明之会昌矣。尧舜以聪明极圣之主，默运无为之治，而又有禹、皋、稷、契、伯益之臣，共佐太平之业，故下民之其咨也，洚水之为灾也，有苗之弗率也，尧舜非不之恤也，惟其忠良之佐足以赞皇猷，弼直之邻足以弘帝道，以恤阻饥则有率育之臣，以拯昏垫则有克勤之臣，以格负固则有赞德之臣。诸臣者，其奉君如奉天也，孜孜焉同寅协恭，罔敢怠遑也，故尧舜虽有旰食之忧，而终得以享垂衣之治。至今称中天之盛者，必曰唐虞，此尧舜得臣之明验也。

周宣之世，海内乂安矣，国势浸隆矣，文武之业复矣。宣王以聪明有道之君，嗣守无疆之业，而又有召虎、方叔、吉甫之臣，夹辅中兴之治，故淮夷之猖乱也，荆蛮之不靖也，猃狁之虔刘也，宣王非不之虑也，惟其位元宰者才兼乎文武，总元戎者勋联乎将相，有宣威江汉之臣而淮夷率俾，有壮猷南国之臣而荆蛮来威，有薄伐太原之臣而猃狁于襄。诸臣者，其事君亦如事天也，惴惴焉矢心协力，罔敢戏豫也，故宣王有继述之思，而终以成再造之绩。至今称中兴之盛者，必曰成周，此宣王得臣之明验也。尧舜、宣王之为君，法天道以无为；而唐虞、成周之臣，奉天职以有事，则所以建久安长治之业、成内修外攘之功者，岂偶然哉？

臣伏观陛下临御以来，四十有一年矣。上帝之申眷不为不隆，而诚敬愈笃；祖宗之成业不为不固，而仁孝愈纯。钦天有记，以表昭事之忱；祖德有诗，以发聿追之念。至于虑切民恫，任专吏职。内责成于守令矣，而巡督之臣，岁不绝遣；外付托于将帅矣，而总制之命，任必加隆。无一念不在于民瘼，无一言不轸乎国虑。臣有以仰窥陛下之心即尧舜之心，而周宣不足侔也。于今诸瑞咸集，四灵毕至，固足以彰陛下之峻德鸿勋，超卓百代矣。然淫潦为灾，则町畦有垫溺之苦；亢旱为虐，则阡陌有枯槁之忧。倭夷窃发于东南，而海波弗靖；丑虏跳梁于西北，而边尘屡惊。甚则辽蓟之势，日就孤危，而江右之贼，岁成延蔓。殊非圣世之所宜有者，正尧舜忧民之时，周宣励精之日也。

臣伏读圣制有曰：间者水旱为灾，黎民阻饥，戎狄时警，边圉弗靖，而南贼尤甚，历时越岁，尚未底宁。岂有司莫体朕心，皆残民以逞，有以致之欤？陛下之言及此，万国万民之福也。臣窃观内外诸臣，凡折圭儋爵、结绶分符者，孰非陛下之宠荣乎？凡拥旄仗钺，制阃握兵者，孰非陛下之威灵乎？谓宜夙夜匪懈，寝处不遑，布宁谧之化于域中，扬振肃之威于阃外，不负天子而勿为圣世之瘝官也。然各私其身者，罔致恤于民依；各利其家者，莫究心于国事。内而守令藩臬，固必有旬宣惠和、忧勤抚字之臣矣。然而肥己瘠民、营私蠹国、以催科聚敛为能、以簿书期会为急者，亦多有之也。外而营屯督府，固必有敌忾鹰扬、严明果毅之臣矣。然而坐失机宜、轻损威重、隐败衄以为捷、幸安静以为福者，亦恒有之也。人臣咸若是，则何以成内修外攘之功，而佐久安长治之业哉？盖陛下爱民之心，容保如天地，而诸臣不能承宣德意，以弘康国之猷。陛下遏乱之志，果决如雷霆，而诸臣不能奉扬威命，以茂肃清之烈。是自负于尧舜成宣之主，而有愧于唐虞成周之臣多矣。

及读圣制终篇有曰：兹欲使上下协虑，政事具修，兵足而寇患以除，民安而邦本以固，灾咎可弭，困穷可复，以媲美虞周之治，其何道而可？臣愚以为，上者，下之表也；政事者，臣之纪也。足兵以除寇，将帅之责任也；安民以固国，守令之职业也。灾咎之有无，困穷之复否，皆由此出者也。为今日计，莫先于任人，尤莫要于择人。夫国家分职命官矣，即列郡专城，遐陬僻壤，莫不置吏，盖未尝不任人也，臣以为任之而未当也。国家举贤敛才旧矣，即铨司法曹，明黜显擢，罔有违例，盖未尝不择人也，臣以为择之而未精也。任之未当与择之未精，而欲得人以裨圣治，是犹梗梓未充而需栋梁之用，穮蓘刁而希稼穑之成，臣知其弗能也。故夫欲修内治者，在慎择乎守令而已矣；欲平外患者，在慎择乎将帅而已矣。

董仲舒曰：守令者，民之师帅，所使承流而宣化者也。守令而不得其人，虽日布蠲恤之令，时廑惠鲜之思，民犹不被其泽也。今也阖郡无文翁之化，而渔猎民资者接踵；邑里无鲁恭之风，而朘剥民膏者比肩。以牧羊而暴政日闻，以齿焚而败官弗恤，郡县之民几何不流离而攘窃也。必也精选用之法，严举劾之科。其未任也，试以经济之略，必求谙练民情，通达治体，而不拘选用之途，如唐试理人策可也。其既任也，责以久任之功，必使吏安其官，民狎其政，而不拘迁转之格，如汉之为吏长子孙可也。其任而获效也，优以格外之赏，必为之车服，崇之阶御，以彰卓异之勋，如汉之爵至关内侯可也。如是则有民有土之寄不轻，数迁数易之弊可免，而人知淬励，以期不负乎宠渥之恩矣，宁有守令失人之患哉?

孙武曰:将者,三军之命,国之重任,不可不知也。将帅而不得其人，虽决策于九重，定计于千里，犹未可以临敌也。今也操练之律虽严，而士无投石超距之勇；衣粮之给如故，而将无搴旗陷阵之能。论战斗则缩颈而股栗，闻调遣则掩耳而口噤，边圉之寇几何不肆行而窃发也。必也慎武举之选，严比试之条。有洞识兵机、明习边务者，材可任也，则不拘以骑射之习，如任杜预以平吴可也。有摧锋陷敌、决胜先登者，功可录也，则不绳以文法之细，如赦魏尚于云中可也。有保障一方、折冲万里者，权可假也，则不牵以中制之命，如委充国于金城可也。如是则真材不耻于武弁。良将不苦于约束，而人得展布以自效。夫捍御之能矣，安有将帅失人之患哉?

有贤守令以宣德化于域中，则政治毕举，而内有顺治之休。有名将帅以扬威灵于阃外，则纪律章明，而外有威严之烈。由是民生举安，则邦本有磐石之固；由是兵威日振，则寇患无潢池之虞。和气交蒸于海宇，而灾害不兴；颂声流布于黔黎，而困穷以复。尚何不足以成久安长治之业，而绍唐虞成周之盛哉?抑臣又闻之，朝廷者，四方之极也；纯心者，用人之枢也。惟陛下常存敬一之心，以端拱于上而已。敬则存其心而不放，一则纯乎理而不杂。深宫燕闲之中，而不忘乎知人安民之虑；斋居邃密之际，而日严夫敬天法祖之忱。则心正而朝廷百官皆一于正矣，文武大吏有不奉承而守令将帅有不奋励者哉?臣不识忌讳，干冒天威，无任战栗陨越之至。臣谨对。[1]

1.金山、宋大川、杨寄林:《中华状元卷》之《大明状元卷》，山西教育出版社，2002年，第561页。

译文：

臣对答：臣听说帝王在皇位上体悟为君之道来承奉天心，然后可以建成长治久安的帝业；肃正臣僚的行为准则来承奉天职，然后可以修明内政、抵御外敌。为什么这样讲呢？因为君主是皇天所授予的专去统领天下各地的人，地位最尊贵，责任最重大，因而为君之道总是以安逸为主。臣僚是皇天所责成的专去辅佐君主并分头料理政务的人，名分就低一等，事务就繁多，因而为臣之道总是以辛苦为主。君主能做到承奉皇天，在皇位上稳稳坐定，把具体政事交付给众臣子去办，就是清静无为而教化告成，不发号施令却功绩显著。这就如同深远皇天的运行，玄妙时机的主宰，不借助什么推动和周转的力量，自然而然地就创造出万物来了。这才叫作能承奉天心，而长治久安的帝业也可以建成！臣子能做到承奉君主，在下面奔波忙碌，把自己的性命都舍得献给君主，也就同心同德，共渡难关体念国家的命运，就像春夏秋冬作为皇天的助手，木火土金水作为皇天的官吏，各自施展出宣导播布皇恩，就没有违逆皇天的人了。这才叫作能承奉天职，进而成就修明内政、抵御外敌的功绩。否则君主就是自己一个人，而各种政务都堆在面前，怎么能一件件都处理好呢？而文武百官又那么多，各个主管部门摆在那里，能不荒废掉自身职守吗？所以君主一定要率领臣民去追求长治久安的帝业，臣子一定要辅助君主修明内政、抵御外敌。这样和谐的气氛四处散布，而天地变得清明宁静；治国之道兴盛，百姓和万物都得到治理，一片安康的景象。在内部顺从治理，各地就扩展出天下一统的规模气象；在外部显出威武严厉来，四周的少数部族就全都顺服。把国家命脉巩固到牢靠，把天下置于像泰山那样安稳的境地。唐尧、虞舜和夏、商、周三代的大治局面，难道在今天还不能重新让人看到吗？

陛下您具有刚强矫健、中和公正的天资，融合阴阳动静的品性，又赶上清平安和、驾御天道的时运，应合寿命长久、培育人才的符命，精诚传达上天而吉祥的兆应接连降现，灵妙之道和先天元气融合美好的征兆全都出现，大概已经和唐尧、虞舜相媲美并且超过三代了。臣在民间，蒙受皇上的恩泽已久。近来有幸受到荐举，得以在殿廷回答策问，而皇上的圣明策问所涉及的问题又非常恳切！在起首部分述说唐尧、虞舜和成周的功绩，接下来怜悯水旱、盗贼造成的灾祸，委托政事却没选准人选的过错，在最后又探究兵力强盛和安定民众的办法，消除天灾和解救困穷的措施，并且告诫臣等不要有什么畏惧，也不要有什么隐瞒。皇上的这番话语真是太宏大了！忧国忧民的心情在词句上已充分显现出来。臣哪敢不把内心的愚昧想法毫无保留地讲出来，以便对答并播扬皇上的圣明策问呢？

臣听说《尚书》中说过这样的话：君主圣明，大臣贤良，各种政事就顺利通畅！这几句话是强调圣明的君主位居在上面，而又有贤良的大臣去辅佐他，各种政事就能得到料理。《尚书》中还说：只有上天才看得最清楚，听得最分明，君主必须取法皇天，臣民必须服从君主的命令。这几句话是强调君主能够取法皇天，而当臣僚的人自行就恭敬地顺从君主，没有谁竟敢违逆！因此君主作为最高领袖而在上面取法皇天，一方面效仿皇天形成自己的判断，坐在高处听取下面的禀告，就可以了解天下的情况；另一方面效仿皇天形成自己的观察，监督下面人的表现而非常明晰，就可以察照四面八方。这表明，君主是取法天道而清静无为的角色！臣僚作为得力的助手在下面恭敬地顺从君主的命令，一方面代替君主发挥听断能力，而天下的益处和弊病，全都反映上来，没有被卡在中间的东西；另一方面代替君主发挥观察能力，而民众的喜乐与忧愁，全都看得一清二楚，没有被漏掉的地方。这表明，臣僚是承奉天职而把任务揽在身的角色！所以在唐尧、虞舜时期，各个邦国全都和睦相处了，四面八方全都闻风响应了，文德辉照天下而正逢遇兴盛隆昌了。但唐尧、虞舜凭借自身是耳聪目明、神圣至极的君主，默默地筹措那清静无为的大治局面，又有大禹、皋陶、后稷、契、伯益这样的大臣共同辅助太平的功业，因而下面的老百姓在忧叹挨饿，洪水造成了巨大的灾难，三苗部落拒不归服，对这些问题，唐尧、虞舜并不是不体恤！只因他们的忠诚贤良的助手们足够用来辅佐盛明的大筹划，正直的身边的大臣们足够用来弘扬称帝天下的大事业。用来去慰抚还在挨饿的众百姓，就有那率领民众去种好庄稼的大臣；用来去拯救被洪水淹没的人们，就有那万分勤劳的大臣；用来去使负隅顽抗的部族前来归服，就有那扩展仁德感化的大臣。这些大臣侍奉君主如同侍奉皇天，孜孜不倦，同心敬慎，和谐一致，谁也不敢懈怠疏忽啊！所以唐尧、虞舜尽管面临着寝食不安的忧虑事，可到最后得以获享到端坐在朝廷上就天下大治的业绩。到现在只要提起如日中天般的治理最兴盛的人，一定就说那当然是唐尧、虞舜了。这正是唐尧、虞舜获取到合适的大臣的明显证验！

在周宣王时期，天下得到治理安宁，国势逐渐强盛，周文王和周武王的大业得到恢复。但周宣王凭借自身是耳聪目明、具有道德的君主，继承并守护永无尽头的王业，又有召虎、方叔、尹吉甫这样的大臣，围在身边来辅助使国家由衰落重新走向兴盛的那种治理，所以淮水一带的部族起来反叛，南方的荆蛮也不老实，北方的猃狁四处劫掠，对这些祸乱，周宣王并不是不深为忧虑！只因他那担任最高行政长官的人，在才能上文武双全；统领一切军事事务的人，在勋业上能够出将入相。拥有那在长江汉水播扬威力的大臣，就致使淮水一带的部族重新顺从；拥有那在南方施展雄伟谋略的大臣，就致使荆蛮畏惧得前来降服；拥有那在太原以北征伐的大臣，就致使猃狁被驱逐。这些大臣侍奉君主也如同侍奉皇天，万分戒惧，同心协力，谁也不敢草率安逸啊！所以周宣王具有继承先王大业的愿望，到最后便成就了再造王室的业绩。到现在只要提起使国家由衰落重新走向兴盛的最杰出的人，一定就说那当然是成周了。这正是周宣王获取到合适的大臣的明显证验！唐尧、虞舜以及周宣王当好君主，取法天道来清静无为；而唐尧、虞舜以及成周的大臣们，承奉天职而把任务揽在身上。这样一来，他们建成长治久安的帝业，取得修明内政、抵御外敌的功绩，又哪里是出自偶然的原因呢？

臣跪拜看到陛下登上帝位以来，已经长达四十一年了。皇天上帝的眷顾不是不深厚，而皇上的虔诚恭敬越来越加深。列祖列宗的已成大业不是不巩固，而皇上的仁爱孝敬越来越纯正。敬奉皇天的举动具有记载，用来表达侍奉天帝的真诚；效法祖宗的仁德写有诗篇，用来抒发追配的心念。至于深切地忧虑百姓的痛苦，谁被任用就要履行好当官的职责。搞好内政已经对太守县令作了交待了，而巡察督导的大臣每年都不终止派遣。把边疆事务托付给将帅了，而总督的任命，派出去就必定提高待遇。没有一个念头不投注在百姓的痛苦上，没有一句话不切中在国事的忧虑上。臣由此确有理由地恭敬看出陛下的用心也就是唐尧、虞舜的用心，而周宣王却没有资格来相比！在当今，各种吉祥的兆应全都降现了，麒麟、凤凰、灵龟和神龙没有一种不来到，这原本上就足以显示出陛下那高达天边的仁德和宏大的功绩，已经超过历代帝王而卓然自立了。可是久下不停的大雨形成了水灾，于是人们的家园出现了被淹没的痛苦；长时间的干旱造成祸害，于是田间产生了庄稼干枯的忧愁。倭寇在东南地区突然侵扰，而沿海一带很不安宁；丑陋的外族在西北捣乱，而边境的战事多次让内地感到震惊。更严重的竟是辽东和蓟镇的局势，一天比一天陷入孤立危急的状态，而窜到江西的盗匪，一年比一年构成蔓延的态势。这都绝不是圣明时代所该存在的事情，现今也正属于唐尧、虞舜当年忧念百姓的阶段，周宣王当年励精图治的岁月！

臣跪拜敬读皇上的圣明策问中有这样的话：近来水旱构成灾害，百姓还在挨饿受冻，北方少数部族经常入侵，边境地区很不安宁，而南方的倭寇更为严重，经过好几年了，仍未得到平定。这难道是政府各个部门不体会皇帝我的用心，全都光知道残害百姓，确有理由地招来了这些祸患吗？陛下的策问涉及这个问题，真是全国各地和所有百姓的福分！臣观察朝廷和地方上的众臣僚，凡是持带圭玉获取爵位、佩戴印绶掌握权力的人，哪一个不是陛下赐给的宠信与荣耀？凡是竖起大旗手执铜斧、独当一面统领部队的人，哪一个不是陛下赋予的威势和灵光呢？按理说应该从早到晚永不懈怠，根本顾不上休息，把那国家安宁的教化施布到全国去，把那震慑肃清的威力播扬到境外去，不辜负天子的一片心意，不成为圣明时代的荒废职守的官员！然而那些各自为本人做打算的人，没有谁能对百姓的痛苦加以体恤；那些各自给自己全家捞好处的人，没有谁能对国家的事体用心考虑。在内地的太守县令和省级官员，原本上一定具有普遍地宣示恩惠宽和、勤恳地安抚并爱护百姓的臣僚了。然而使自己肥得流油却叫百姓穷得要命的人，为本人做谋划却损害国家利益的人，把能催交赋税、聚敛财富当成本事，把准备好上报文书、按期完成指令视为头等大事的人，也有很多啊！在边区的营寨卫所和军镇当中，原本上一定具有同仇敌忾、勇猛善战、威严明智、果断坚毅的臣僚了。然而眼看着丧失掉战机的人，轻易地就使威势受到损害的人，隐瞒战败却谎称获胜来上报和庆幸辖区没有外敌来侵扰并把这当成吉福的人，也经常是有的！臣僚全都像这个样子，那还凭仗什么能够建成修明内政、抵御外敌的功绩，辅助那长治久安的帝业呢？陛下爱护民众的心念，容纳和保护他们就像天地一般，可众位臣僚却不能够承奉宣播皇上的仁德用意，以便扩展那使国家安宁的大谋略。陛下遏制住祸乱的志向，果断坚决得就像雷霆一般，可众位臣僚却不能够承奉播扬威严的圣命，以便壮大那肃清天下的威力。这纯属自己对不起唐尧、虞舜和周宣王那样的君主，同唐尧、虞舜和成周时期的臣僚比起来要惭愧得多了。

臣恭敬地读到皇上圣明策问的末尾，上面又有这样的话：如今想使上下一致忧虑，政事全部得到修明，兵力强盛而异族入侵的祸患得以去除，百姓安定而国家的根基得以巩固，灾殃可以止息住，困穷能够恢复过来，来与虞舜、周朝的大治景象相媲美，究竟采取什么措施就能实现？臣愚昧地认为，上面的人是下面的人的表率，政事是臣僚的主要职守。使兵力强盛来驱除掉异族的入侵，这正属于将帅的责任；安定民众来巩固住国家，这正属于太守、县令的职责。灾殃是否降现，困穷能否恢复，全都取决于这两个方面！替目前的局势谋划，没有比任用人才更占首位的事情了，为此又没有比选择人才更为紧要的了。国家已经划分出职位，任命官员了，即使是各个府县和军事重地，最远的边区和偏僻的地方，没有一处不设置官吏了，这也未尝不任用人才！可臣认为，任用他们却不恰当！国家提拔贤士，延揽人才，已经由来已久了，即使是人事主管部门和监察机构，严明的降职罢官与显赫的提职晋升并没有违反规定的情况，这也未尝不选择人才！可臣认为，选择他们却不精审啊！任用上不恰当与选择上不精审，却想获取到合适的人选来帮助圣明的治理，这就如同上好的木料还不齐备却要作为栋梁来使用，翻地培土还不熟悉却要庄稼全长成，臣很清楚这是做不到的呀！因此要想修明内政，根本在于审慎地选择太守、县令而已；

要想平定外来的入侵，根本在于审慎地选择将帅而已。

西汉的董仲舒曾经说过：郡守县令，这是老百姓的师长和表率，是朝廷让他们承奉旨意去宣播化导的人员。太守县令没有获取到合适的人选，即使每天都颁布减免赋税加以赈济的诏令，时刻怀有施恩少不了孤独老人及孤儿的心思，老百姓仍旧蒙受不到朝廷的恩泽啊！如今一郡之内没有像西汉蜀郡太守文翁那样的教化，可搜刮众百姓资财的人却一个接一个。县乡没有像东汉中牟县令鲁恭那样的风范，可榨取众百姓血汗的人却一排接一排。由于年轻见识短而暴政一天比一天厉害，由于年老特糊涂而败坏职守根本就不当一回事，这样各郡县的百姓会有几个人不四处逃亡而偷盗抢劫呢？因此必须要使选用的制度很精详，强化举报弹劾的规定。在任命以前，用经邦济民的才略来测试他们，一定要求取熟悉民情和通晓治理纲要的人，不受选用途径的限制，像唐朝那样让当扬撰写治民策来考试，也就可以了。在任命以后，用长期任职必须取得的政绩来要求他们，一定要让官吏安心本职工作，老百姓习惯于他那套施政办法，不受提升转任的条文的束缚，像西汉那样使做官的人在当地看到自己的子孙生长起来，也就可以了。谁在任职期间内取得了突出的政绩，就用超出一般规定的封赏来优待他，一定赏给他车马礼服，提高他的官位品级，用来表彰他的异乎寻常的功劳，像汉朝那样爵位高至关内侯，也就可以了。这样来做选任，朝廷把一方百姓交付给他来管理的职务，也就不再受人轻视了，屡次调动和频繁换人的弊病也就可以避免了，每名官员都知道锤炼激励自己，渴望不辜负朝廷的深厚恩典了，这哪里还会有太守县令用人不当的忧患呢？

春秋末期的孙武说：将帅是三军的性命所在，是国家的重要委托，对此不能不十分清楚啊！将帅获取不到合适的人选，即使在朝廷上作出了决策，在千里以外定下了计谋，仍旧不能够控制住敌军啊！如今训练的条令尽管很严格，可士兵却不具备踊跃杀敌的勇气。军饷照例准时发放，可将领却没有击败敌军的才能。一提起要战斗了，就个个缩起脖颈，浑身发抖。一听说要被调遣了，就人人捂住耳朵，嘴里说不出话来。这样在边境一带的少数部族，会有几个不肆意行动、突然入侵的呢？因此必须慎重对待武举考试的选拔事宜，强化测试衡量的规则。涌现出深明用兵奥妙并对边防事务非常熟悉的人，他那才略可以任用，就不受必须会骑马射箭的限制，像西晋那样任命杜预为镇南大将军去平定东吴，也就可以了。涌现出斩杀敌军、获胜后首先报捷的人，功劳应予排定，就不用细密的条文规定去衡量，像汉文帝那样宽恕魏尚多报了六名被斩杀的敌军人数的过失，仍然让他担任云中太守，也就可以了。涌现出保卫住一方而使远处敌人不敢轻举妄动的人，临机处断的权力可以交给他，就不用朝廷做出的决定来牵制他，像汉宣帝那样全权让赵充国在金城郡处置羌人事宜，也就可以了。这样来做选任，真正的军事人才就不把当一名武官看成耻辱，优秀的将帅就不因受到上面的牵制而感到难办了，每个人都得以做出筹划安排，主动来献出力量了。捍卫边疆和抵御外敌各尽其能了，哪里还会有将帅用人不当的忧患？

拥有贤良的太守、县令在天下各地宣播仁德的教化，政事治理就会全都振兴起来，在国家内部出现顺从治理的美好局面。拥有著名的将帅在边境沿线扬布威势和灵光，纪律就得到彰明，在国家外部形成威慑四方而绝对不敢违抗的武功。由此百姓的生活全都一片安宁，国家的根基就像磐石那样稳固。由此军队的威力一天比一天振扬起来，异族入侵的祸患就不再有找个巢穴突然掀起来的忧虑了。和谐的气氛在整个天下交融散布，灾害也就不再降现了；颂扬的歌声在黎民百姓中四处传唱，困穷也就得以恢复了。这还有什么不足以建成长治久安的帝业，追比那唐尧、虞舜和成周时期的大治景象呢？不过臣又听说：朝廷是天下四方的最高典范，纯正的心念是用人的关键。这完全取决于陛下经常保有恭敬和专一的心念，在上面稳稳坐定而已。恭敬就会保有那心念而不胡思乱想，专一就会任何事情都符合道理而不掺杂进其他的东西。在深宫安闲无事的环境下，却不忘掉那知人善任和安定民众的思虑；在斋戒而不接触任何人的时候，每天都加强那敬奉皇天和效法祖宗的诚意。这样一来，心念纯正而朝廷和文武百官就全都归入纯正了，文武大臣还有拒不承奉皇上旨意的人吗？太守、县令和将帅还有不奋发有为、激励自己的人？臣不懂得什么是忌讳，甘愿冒犯了皇上的威严，简直恐惧到了极点！臣恭敬地回答如上。

评议：

自秦汉始，对于唐尧虞舜、三代之治的褒美之辞不绝于篇，嘉靖皇帝对此也十分钦羡。即位四十一年后，国家水旱频仍、边境不宁，北方瓦剌、鞑靼经常入边，东南沿海又倭患横行，崇奉道教的嘉靖皇帝遂以此询问士子治理国家、政事修明的办法。状元申时行对此作答，认为要体悟为君之道，职掌权柄于上，同时监察百官，督抚臣工于下。由内政而达于外交，就会实现天下太平，而实现太平之道即在选官任能。选官得体，地方事务就会得以治理，天下都来颂扬君主的圣明。同时要任用良将，训练精兵，以达到肃清边疆的目的。申时行，字汝默，号瑶泉，晚号休休居士，南直隶长洲（今苏州市）人，万历年间接替张居正，担任内阁首辅，其做事曲承神宗旨意，后致仕还家。

四　明神宗万历三十八年（1610）庚戌科钱谦益（探花）殿试对策

殿试策问：

制曰：朕惟帝王制治，要在知人，权在出令。然知人之法，不过曰敷奏以言，明试以功。言固可以不辨欤？至于出令，则或拟之丝纶，或喻之涣汗，或谓当坚如金石，信如四时。令固若是重欤？唐虞三代之威，言必底绩，令出惟行，邈乎尚已。即汉唐以下之主，犹有能综核名实，用致中兴，诏书一下，而骄将悍卒莫不用命者。是岂无所操持而能然欤？

我太祖高皇帝再造寰宇，明并日月，威如雷霆，臣下每有陈奏，情伪立决。薄海内外，凛凛奉功令惟谨。圣烈神谟，炳耀万世，二百余年之治安，恒必由之。可得而扬厉其盛欤？

朕御极初年，纪纲振肃，德意旁流，浮漓之说稀闻，奉宣之吏多有，亦仰凭皇祖之余烈焉。迩来人心嚣竞，谲訛成风，一人而此是彼非，一事而此可彼否。甲乙互争，薰莸莫辨，公车奏牍，不可胜览。盖议论混淆之弊，至今日而极。至于吏治、边防、士风、文体诸关系治化者，朕皆三令五申，期于振刷，而守令之贪残，封疆之破坏，逢掖之嚣陵，文章之怪诞，皆日甚一日。虽有明纶，裒如充耳。盖诏令废格之弊，亦至今日而极。兹其故，果安在欤？

汉人言四患当屏，曰伪曰私，曰奢曰放；宋人言国家宣敕条贯，繁而无信，轻而勿禀，上失其威，下受其弊。以今日之事质之，同欤？

否欤？《传》不云乎！君臣同心治化成。今上欲省而下愈烦，上欲行而下愈格，安所得同？深惟厥咎，岂朕之烛断未精，而率作省成者非其道欤？抑臣下矜忮党伐，虑不在公，偷玩习成，有难遽挽，将无所谓同言而信，信在言前，同令而行，诚在令外，上下之间固自有潜孚嘿喻，而不在于科条文告之末者欤？尔多士挟策而来，目击时弊，诸所为省议论，定权衡，重令尊君，必有画矣。其明著于篇，朕将览焉。

译文：

制策说：我认为帝王施政，精要在于知人，权变在于政令。然而知人善任的方法，无非是通过用言词汇报和实际功绩来考察。言语的汇报原本可以不加以辨识吗？至于发布政令，有人把它比喻成丝纶，起初很小，发布施行后却很大；有人把它比喻成出汗，发出之后就不可收回；也有人认为它应当像金石一样牢固，像四季一样守信。政令原本就是这么重要吗？尧舜和夏商周三代时期的敬畏，让臣下的汇报都如实根据自己的政绩，政令发出后唯有遵行，这是久远以来就有的习惯了。即便是汉唐以后的君主，也能综合事物的名目和实际对臣下政务加以考核，促进王朝实现中兴，他们的诏书一下，骄将悍卒没有不效忠听命的。这难道是没有什么规范就能达到这种效果的吗？

我朝太祖高皇帝重建天下，圣明与日月同辉，威武如雷霆万钧，臣下每有陈述奏报，真伪马上就能断定。以致四海之内只能恭敬地奉行法令。太祖神圣伟大的事业与谋略彪炳万世，二百多年来的天下安宁，总归是由此奠定。现在能发扬光大太祖时的盛世吗？

我即位初年，法纪严肃，仁德广布，浮夸虚假的说法稀少，奉旨遵行的官吏很多，这也是仰凭了列祖列宗遗留的功业。近来人心浮躁好争，诋毁成风，对人的评价或是或非，对事的看法或可或否。甲乙双方互相争斗，双方对错难以辨别，公务奏章多得看不过来。大概议论纷纷、是非混淆不辨的积弊，到现在已经登峰造极了。至于吏治、边防、士风、文体等关系到天下治理教化的大事情，我已经三令五申，期望能够刷新振作，然而地方官吏的贪婪残暴，边疆国土的损失破坏，儒生士子的喧哗无礼，文章体式的怪异荒诞，都日渐严重。虽有诏令，却充耳不闻。大概诏令被废弃搁置的弊端，到现在也已经登峰造极了。那么之所以如此的原因究竟在哪里呢？

汉代人说有四种祸患应当摒弃，就是虚伪、自私、奢侈、放纵；宋代人说国家政令各有条理，过于繁杂就失去信用，轻率随便则无人奉行，以致上面丧失了威信，下面承受了弊病。拿今日的情况来对照，相同还是不同呢？古书上不是说了吗，只要君臣同心，治理教化就能达成。现在上面想简政而下面却搞得愈加复杂，上面想政令畅通而下面却愈加搁置拖延，这样怎么能做到君臣同心呢？深思其中的过失罪责，难道是我不能明断，从而导致在率领臣工做事、省察臣下政绩上不得其法吗？或者是臣下刚愎自用、党同伐异，心思不在公家事务；苟且偷懒、玩忽职守的恶习已经养成，很难短期内挽回；无所谓达成共识的言论要有诚信，诚信要放在言论的前面，统一的号令要执行，诚信要达于号令之外；上下之间本来就有不成文的信服和理解，而不在于最终表现在法令条文和公文告示呢？你们这些读书士子带着对策而来，亲眼目睹当今的积弊，对于诸如减少无用的议论，确定法度和评价标准，维护诏令敬重君主之类的问题，一定有所谋划。你们明确地写出来，我将阅览。

殿试对策：

臣对：臣闻帝王之治天下也，必有画一天下之大法，而后上下之纪纲肃；必有贯彻天下之真心，而后上下之命脉通。何谓大法？名实相稽，威德相御，下不得有烦嚣之国是，而上不至有壅遏之国成。此宇内之大同也，不可以假借者也。何谓真心？堂阶一德，官府一体，上不以积疑为揽权，而下不以积威为奉职。此君心之真同也，不可以假袭者也。有法以运用其心，则入主之心源，晓然分布于宇宙。言之上宣也，如吾喉舌；令之下流也，如吾臂指，而天下帖服于风行草偃之化。有心以宰制其法，则天下之治理，井然受象于君心。言之有是非也，君心不受其两岐；令之有通塞也，君心不开其旁窦，而人主坐制其绳联丝制之机。

古之帝王，不综核而言路自清，不振励而庙谟自定。以君心之真同，成宇内之大同。君之惠泽流，而臣之悃诚达。浓仁厚化，蔚为太和，其道端不外此。藉令法不求其大同，则言有异指，令有异门，人主置天下于有同有异之城，而天下不得同。藉令心不求其真同，则君与相异心，君相与天下异向，人主先置其心于互同互异之域，而天下且不得不异。是故天下之治者，天下同也；天下之所以治者，君心同而天下无弗同也。

钦惟我皇帝陛下，负不世出之资，天德独纯于乾健；具大有为之略，景运方抚于日中。应门深拱而天灾谴告，小心时凛于握冰；玉几遥临而朝事纷纭，独断常洞于观火。悯直北之大祲，则仁先四民，不惜留税以赈畿辅；怒滇南之失律，则威行万里，行将传首以慰昆明。春秋鼎盛，氛孽削平，千载一治也；老成在位，宵小屏迹，又千载一时也。猗与盛哉！以此登三咸五，流唐漂虞，可计日待矣。乃犹不自满假，进臣等而策之于廷。上嘉唐虞三代之盛，言底绩，令从风，而以轶近之混淆废阁者，穆然引咎责躬，愿与二三元老，共襄同德一心之治。臣草茅贱士，新从远方来，望日就云，梦寐不敢忘，其敢无说而处于此？

臣窃惟天下有大防二：议论与诏令是也。议论之播腾也在下，而所以司其气机、决其关窍者，则属之于上。故有形在下而下不得衡操者，议论也。诏令之传宣也在上，而所以导其血脉、应其条理者，则属之于下。故有权在上而上不得臆逞者，诏令也。议论之先，有神焉以主之，忽而澄清，忽而横溃，其故不可以口耳揣也。故古之畏言者，必取喻于防川。川之决也，乘于一隙而奔于莫御，则主议论者重。诏令之表，有几焉以制之，不胫而驰，无端而遏，其故不可以耳目求也。故古之重令者，必取象于涣汗。汗之涣也，出之则顺而反之则逆，则制诏令者重。诏令无关于议沦也，而议论之一起一伏，有因诏令而息，亦有因诏令而滋者。诏令为端，而议论为之委也。议论无关于诏令也，而诏令之一纯一驳，有得而为议沦坊，亦有失而为议论丛者，议论为矢而诏今为之的也。斯二者省则倶省，烦则俱烦，行则俱行，格则俱格，在上在下，皆若有使之然者，而莫知其所以然，盖自古以来固然矣。以唐虞极治之会，七政齐，庶尹谐，六府修，三事治。当此之时，言不听于无稽，治必期乎从欲，何惑乎群言，何忧乎梗令哉？而谗说殄行，至震惊于朕师；苗民逆命，犹待化于干羽。盖议论之难清，而沼令之易格如此！又况汉唐以来，类多杂伯杂夷之治，虽综核可以息群言，削牍可以惊万里，亦恶足以为今日献哉？

洪惟我太祖高皇帝，崛起田间，廓清宇宙。其于政务之几微，民情之委悉，与夫人材国运之盛衰隆污，莫不蚤见而灼计之，朝廷之上，有职掌，无议论；有议论，无是非。每一诏下，薄海内外为之心战而股栗。盖郏鄏之鼎，卜年者既二百余，而高皇帝神武式凭犹一日也。肆我皇上，又以笃生之圣，嗣服承休，主势尊，国势强，东征西讨，威灵赫然，八袭九重，神明旁烛。固宜垂裳端拱之化，远继唐虞，近符高庙矣，而人心浮薄，国沦纷呶，议论未必屏息，诏令未必奉行，诚有如圣制所虑者。

臣尝观今日之议论矣：怀顾忌，则事事类于寒蝉；瞰机关，则人人托于鸣凤。彼蜀我洛，朝蹊暮跖，皂囊白简，尽如捉风，何议论之为也？臣尝观今日之诏令矣：宫禁未必行之于部院，部院未必行之于郡邑，温纶让德于夏雨，严旨逊威于秋霜，连章累诏，尽如挂壁，何诏令之为也？臣以为以寡言省议论，议论之似省而实烦者，此也。如欲省之，莫若先使议论之明。彼所攻击者为事也，必削白其事之根株；彼所党伐者为人也，必严核其人之俦党。彼为引绳批根之言，以劫众而行其私，吾以公论裁之。彼为函端匿迹之言，以疑上而倾其敌，吾以明断决之。有疏必答，有复必行，下有部院大臣之职掌，而上有圣明之批发，何嫌何怨？何仇何党？议论之途明，而议论之曹破矣！臣以为以空言行诏命，诏命之似行而实格者，此也。如欲行之，莫若先使诏命之信。守令之贪残，当先厉苞苴之禁，而贪风可惩；封疆之破坏，当先正失事之诛，而边臣可警。逢掖之嚣陵无已也，台省之寻戈旷林者，无乃导其先路；文章之怪诞日甚也，章奏之射覆寠数者，无乃树之前茅、严为章程，勤为批发，令前必无不明不昧之言，而今后必无可贷可轻之罚，何盖何藏？何趋何避？诏令之源约，而诏令之流顺矣！

臣窃以为，清言路，正国体，莫先于此，而又非其本也，圣制不云乎？君臣同心，治化乃成，求治之本，一言蔽之矣！臣姑无远引先朝盛事，如左刘右戴从容夜分，为千秋美谭者，即皇上御极，初亦尝以优崇召对，倚毗重臣，而其人亦能以强力把持天下，盖《六事疏》中所称省议论、重诏令者，一时纲举目张，班班可考，则君臣同心之效，可见如此矣。自兹以后，诸庸辅之绍述者，但用其余威绪谋，搏击言路，牢笼私人，而未闻稍为社稷计。诸臣之伎俩才品，与夫倾危萎靡之状，皆积为皇上所窥，于是视群臣太轻，视天下事太易，用舍举错，务为一切不可测以胜之，而天下事几不可为。臣以为，宜亟白今日返之矣。

平台暖阁，昼日延见，无徒以中旨慰留也；训储卜相，旦夕举行，无徒以留中羁系也。惟辟作福，惟辟作威，臣以庆赏刑威归之主上，而臣作股肱耳目，汝翼汝为，汝听汝明，上又以其股肱耳目共之于臣下。君心下济而臣心上行，议论自省，诏令自行，岂事更张治具乎哉？臣尝伏读《大诰》，首《君臣同游》曰：历代君臣，同德一心，立纲陈纪，昭示天下，为民造福。大哉王言！真所谓以君心之真同，成天下之大同，綦隆盛治，度越千古，而我皇上所宜羹墙祖述者乎！

抑臣又有献焉。臣尝诵唐陆贽之言曰：人主智出万物，有轻待人臣之心；思周万机，有独驭区宇之意。谋吞众略，有过慎之防；明炤群情，有先事之察。此数言者，英主哲辟多受其病，而皇上固万无是也。然以臣愚管窥，今之纲纪未肃，命脉未通，天下未尽大同者，则以皇上聪明神断，无时不用，而未必尽用之任人行政、吃紧当用之处耳。贽之言傥，亦非无当乎？《书》称尧德，则曰稽于众，舍己从人；

数舜之功，则曰明四目，达四聪；序禹、汤之所由兴，则曰禹拜昌言，用人惟己。故能无我者始能同人，而独智自贤之主，虽欲同德一心，其道无繇也。伏惟我皇上，虚心以谘访耆硕，大心以茹纳臣工，不用明而人仰之如日月，不用威而人畏之如雷霆。天地交而岁功成，上下交而理道立，此可还卷至而立有效者也。不然，今天下亦多故矣。所恃者惟上下同心，庶可无栋挠轴折之祸。而皇上又以独智绝之，患岂止于议论烦、诏令格而已哉？臣不识忌讳，干冒宸威，不胜战栗陨越之至！臣谨对。[1]

译文：

臣对答：臣听说，帝王治理天下，必定有整齐划一的根本原则，然后上下级的关系方能整肃；必定有贯通天下的诚意，然后上下级的命脉方能畅通。什么叫作根本原则？就是使政务的名实相符，威德相加，下级不能够干扰国家大计，上级也不至于使用被阻塞的国家权柄，这是对天下的全面划一，是不能让给任何人的。什么叫作诚意？就是上下级同心同德，朝廷与地方合为一体，上级不以多年的猜疑作为执政的依据，下级不以强大的威势作为供职的筹码，这是君主思想对天下的真正统一，是不可以被取代的。有了这种根本原则去运用诚意，君主的内心就会明晰地昭告天下。臣民意见的上达如同君主的喉舌；诏令的通畅如同手臂指挥五指，从而使天下顺服于令行禁止的治理教化。有了诚意去控制那根本原则，天下治理就井然有序地随顺君主的理想。臣民议论是非，但是君主的心念不会受其左右；诏令畅通或受阻，君主的心念也不另外转向别处，从而使君主轻易地治理天下。

古代帝王无须考核就可以使臣民进言的渠道畅通，无须奋勉就可以确定国家大计，这是出自君主思想对臣民的真正划一，形成对天下的全面划一。

1. 金山、宋大川、杨寄林：《中华状元卷》之《大明状元卷》，山西教育出版社，2002年，第784页。

君主恩泽广施，臣子也就竭诚尽忠；浓厚的仁爱与深厚的教化，蔚然形成太平盛世。古代帝王的治理方法不外乎这一点。倘若不谋求对天下的全面划一为本，那么臣民的言论就会背道而驰，诏令就会受阻而政出多门。君主如果把天下置于官论与诏令既统一又背离的境地，那么天下就不能全面划一。假使思想不谋求真正统一，那么君主与臣子就会离心，君臣与天下百姓就会分离。君主如果先把自己的思想置于既一致又矛盾的境地，那么天下臣民将不得不背道而驰。所以天下大治，就是天下划一；天下能够大治，就是因为君主思想一贯而使天下臣民思想无不统一。

皇帝陛下身负罕见的天资，品德对上天刚健纯正，具备大有作为的韬略，时运好比正高悬在中天。在宫门之内深居而天灾示警之际，小心地处理政务谨慎如手握冰块；在玉桌旁边号令天下而朝廷事务纷纭之时，独自裁断洞若观火。去年怜悯北直隶遭受的蝗灾，仁爱先施予百姓，不惜拿出税银赈济京畿饥民；前年因云南巡抚陈用宾、总兵沐椒在抵抗安南进犯时失败，威权施布，眼看要把陈、沐两人的首级驰檄示众，以告慰昆明。凭借年富力强，使寇乱削平，不愧为千载一治；让老实人执政，使小人绝迹，又不愧为君臣千载一时。多么兴盛啊！所以功德超越三皇五帝，盖过唐尧、虞舜，将是指日可待的。但是仍不自满，把臣等宣召到殿廷进行策试。回顾赞美唐尧、虞舜、夏、商、周三代盛世，言论统一，政令风行，而又鉴于当前思想混乱、诏令受阻，恭敬地引咎自责，希望与朝臣们一起筑成同心同德之治。臣不过是一个荒野贱士，刚从远方来，望日就云似的仰慕皇上，梦寐不敢忘记，岂敢无所建言而枉居殿上？

臣认为天下有两个需要着重防范的方面：议论与诏令。议论传扬播布在臣民中间，而左右臣民思想的权柄则操在君主手中。因此流行于臣民中间而臣民不能左右的是议论；发布诏令的是君主，而传达的渠道，对诏令的贯彻执行则是臣民的事，因此权力在于君主而君主不能随意使用的是诏令。议论出现时，大概有神明在主宰，忽而被澄清，忽而又泛滥，其原委不可以仅用简单的办法去揣摩，所以古代忧虑臣民议政的人，必定以防民之口甚于防川作为比喻。川流决堤，起初不过是从裂缝中涌出，但是随后便奔腾不可遏止，所以掌握臣民议政是非常重要的事。诏令的传达，大概有微妙的东西在控制，有时不胫而走，有时无故而止，其原委不可以用简单的办法去揣摩，所以古代重视诏令通行的人，必定主张政令发布就像流汗，汗液流出身体是正常的，而汗液流回身体则是不可能的。所以拟定诏令是很重要的。如果诏令与议论没有关系，议论时起时伏，有时因诏令而平息，有时因诏令而蔓延。这样诏令就成为议论的起源，而议论成为诏令的结果。如果议论与诏令没有关系，诏令或纯粹或驳杂，正确就可以防止议论，失误就将使议论繁杂。这样，议论就是箭，诏令就是它的箭靶。此二者，简单则都将简化，复杂则都将复杂，畅行则都将畅行，受阻则都将受阻。对于君主或臣民来说，都好像在促成这种局面，可是却不知道促成这种局面的原因何在。自古以来都是如此。凭借尧舜太平盛世的时运，当时祭祀、朝觐、会同、宾客、军旅、田役、丧葬等，七件重大政事都治理得很好，众臣和谐；水、火、金、木、土、谷物这“六府”都充分发挥其效用，端正自身德行、物尽其用、使人民生计充裕这三件要事都做得很好。那时不听无稽之谈，必求治理随顺纯正的心意，怎么会被众议所迷惑，怎么需要为诏令受阻而忧虑呢？可当时也有谗说暴行，到了震动众百姓的地步。三苗违抗命令，尚待教化。这表明议论难以消除，诏令容易被阻碍，竟是如此严重！况且汉唐以来，多半夹杂着霸道与落后部族的统治权术，即使用全面考核的办法可以平息众议，精心修订的文章可以震惊万里，但是怎能足以作为今日的进献意见呢？

唯有我太祖高皇帝崛起于民间，廓清天下，他对于政务的隐微之处，民情的由来与详尽之处，以及人才、国运的兴盛衰落，没有一样不预见到又谨慎谋划。朝廷之上，只有履行职责，没有争论；即使有争论，也没有辨别不明的是非。每当一道诏令颁下时，四海内外都非常敬畏。这是因为西周成王定鼎于东都洛阳之时，占卜得知可以保有数百年的太平，而我太祖高皇帝依靠英明威武创建的基业，亘古不变。到了陛下您又凭借为民谋福的圣明继承皇位，国势强大，东征西讨，威名显赫。宫殿之上神明普照，这些本来就是施行无为而治，远继尧舜，近合太祖的。然而人心浮薄，议政纷杂，议论没有屏息，诏令也没有奉行，确实存在着皇上在策问中感到忧虑的问题。

臣曾经观察现在的议论：由于心怀顾忌，所以凡事都噤若寒蝉，都在探索升官窍门，所以每人都把自己看成凤凰，纷纷结成像北宋苏轼、程颐为代表的“蜀党”、“洛党”那样的派别，有时早晨刚刚赞扬某人像舜时皋陶，而傍晚又指责此人像古代盗跖，那些秘密的奏章或公开的弹劾，都像在捕风捉影，这还要议论做什么呢？臣曾经观察现在诏令的状况：由宫内发出未必畅行于六部与都察院，由六部与都察院下达又未必畅行于地方州县。措词温和的诏令，恩德比不上夏天的雨水；严厉的圣旨，威力逊色于秋天的霜露。一道道的诏令，都被搁置，还要诏令做什么呢？臣以为，用不让臣民多发言的办法来减少议论，议论表面看来似乎是减少了，而实际上更趋复杂，缘故就在于此。如果想减少议论，不如先使议论公开化。那一方所攻击的是具体的事，必须弄清楚其背景；那一方联手攻击的对象是具体的人，必须严格核实其同党。那些发表影射言论的人，企图胁迫众人而得行其私，就要以公论裁断；那些发表暗示言论的人，目的在于使皇上生疑从而压倒政敌，就要以明断来裁决。凡有奏章必须批复，有批复就必须执行，下有六部与都察院大臣的职责，上有皇上的批复，臣民们还有什么理由互相攻讦？还有什么理由仇视结党？臣民议政的途径明确，那些热衷党争的团伙就不攻自破了。臣认为，颁行泛泛而谈的诏令，诏令表面畅通而实际受阻，缘故也在于此。如果想使诏令畅行，不如先使诏令具有信用。对于地方官吏的贪婪残暴，应当首先严厉禁止贿赂，那么贪污受贿的风气才可以遏止；对于边疆国土的丧失，应当首先依法惩治失职将领，那么边疆臣子才会警觉。对于儒生嚣张气盛没有止境，中央机构推诿不办事，办法无非是加以引导。对于文章离经叛道，奏章不严肃、漏洞很多的情况，办法无非是树立榜样。制度应当严格，皇上的批示应当尽快，诏令的起草必须没有含糊不清的言辞，而诏令颁布以后必须没有可以宽恕减轻的处罚，如此则臣民们还有什么需要掩盖隐藏的呢？还有什么需要避免的呢？诏令的源头守住了，那么诏令的执行渠道也就畅通了。

臣私下认为，疏通进言之路，端正国体，没有什么事比这两件更首要了，但这两件事还不是治理教化的根本。皇上在这次的策问中不是也说君臣同心，治理教化就能成功吗？这句话把寻求治理教化的根本，全都包括进来了！臣姑且不远引前朝的盛世，如孝宗弘治皇帝经常与大臣刘大夏、戴珊从容谈到深夜这种千古美谈来做说明，即便以皇上登位之初来说，不也曾经以优容崇敬的态度召请大臣对答，倚靠并亲近重臣张居正，而张居正本人也能够以强力控制天下吗？在《六事疏》中所称减少议论，尊重诏令，一时间纲举目张。君臣同心的效果，就像这样可以看出来了！从此以后，各位平庸的辅臣继承张氏的余威和延续的谋略，打击进言者，笼络自己人，而从未听说他们稍为社稷考虑过。诸臣的手段、才学、品德，以及国家危机、世风萎靡的情况，均被皇上发现，于是把群臣看得太轻，把天下的事情看得太容易，任用谁都只管临时决定，让人不可测见，致使天下事务几乎都办不妥当。臣以为，应该马上从现在起把这种状况纠正过来。

皇上应该在平台或暖阁中经常召见众臣，不可光用颁发圣旨的形式慰留；定立太子和选拔阁臣的大事，应该尽快举行，不可光用奏章留在宫中而拖延不决。只有君主才有权对人赏赐、刑罚。臣子们应该把奖赏施刑的权力归于君王，像《尚书·皋陶谟》所讲的那样，做君主的股肱耳目。陛下您要辅佐，要具体做事，要负责辨明等级，要注意听取意见。君主信任臣子，臣子顺从君主，议论自然会减少，诏令自然会畅行，哪里还需要改变治理的措施呢？臣曾经恭读太祖的《大诰》，首篇《君臣同游》说：历代君臣同心同德，建立法度，昭示天下，为民造福。这是何等英明的王者之言！真所谓以君主诚恳的意愿实现天下的全面划一，极其兴盛的治理景象超越千古，而这又是陛下应该追慕继承的啊！

此外臣又有所献言：臣曾经读过唐朝陆贽的话：君主在各方面都很聪明，就可能有轻待人臣之心；对众多事务都思考周全，就可能有独掌天下之意。谋略超过众臣，就可能有过分谨慎的防备；明察群情，就可能有事先的觉察。这几句话，历代英明的君主多半有此弊病，然而陛下则绝对没有这种情况。不过根据臣愚蠢的看法，现在的法度没有得到整肃，诏令运行渠道未能通畅，天下还没有全面划一，原因在于我皇上虽然聪明神断，但却未必全部用在任人行政方面。陆贽的言论很正直，或许也并非不正确吧。《尚书·大禹谟》称颂唐尧的美德，就说他能够向众人搜集意见，抛弃自己的错误看法，而采纳别人的正确见解。《尚书·舜典》列举虞舜的功劳，说他大开明堂四门，广泛浏览兼听各种意见。《尚书·大禹谟》与《尚书·仲虺之诰》记叙禹、汤成为君主的原因，就说大禹能恭敬地采纳美言，用人不疑。所以凡是能把自己排除在外的人，才能使别人跟自己一条心，而唯有君主，即使希望臣民跟自己同德同心，也是无路可通的。臣恭谨地希望陛下您虚怀若谷，咨询耆旧硕儒，拓宽胸襟，容纳众臣建议；无须显示圣明而人们仰望犹如日月，无须使用威权而人们畏惧犹如雷霆。天地之气沟通万物生成，皇上与臣民沟通天下大治，这是可以恢复并立即见效的东西。否则，现在天下也就会有许多麻烦了。我们所依靠的只是上下同心，大概这样才能免除国家衰亡的祸患，然而现在皇上又以个人的智慧断绝君臣同心，那么祸患哪里只是停留在议论纷繁、诏令受阻就可以呢？臣不懂得该如何忌讳，甘愿冒犯了皇上的威严，简直恐惧到极点。臣恭敬地回答如上。

评议：

万历晚期，明朝吏治渐趋败坏，律令弛废，虚伪、自私、奢靡、放纵之风盛行于官场，为达到令行禁止、天下清平，万历帝以此策问士子。探花钱谦益认为，虽然天下士风浮夸，但只要君主明白事理，天下仍可大治。具体做法是通过教化使天下士民归于一心，并着重防范两点，民间的议论与朝廷的诏令。议论散播于民间，诏令流散于朝野。对它们的正确把握及运用才会平息众议，在民间不壅堵百姓之口而使其向化，在朝廷中达到不党不私。此外，君主也要经常召见臣工，达到上行下效，上下一心的局面。在历史上，万历帝以常不上朝闻名，钱谦益此说亦有劝诫之义。钱谦益，字受之，号牧斋，晚号蒙叟、东涧老人，江苏常熟人。他是晚明东林党的领袖之一，官至礼部侍郎，明亡后投奔福王，为礼部尚书。后降清，任《明史》副总裁。

五　明思宗崇祯七年（1634）甲戌科刘理顺（状元）殿试对策

殿试策问：

制曰：所与共治天下者，士大夫也。今士习不端，欲速见小。兹欲正士习以复道，何术而可？东虏本我属夷，地窄人寡，一旦称兵犯顺而三韩不守，其故何与？目今三协以及登津等处，各有重兵防东也。敌不灭，兵不可撤，饷不可减。今欲灭敌恢疆，何策而效？且流寇久蔓，钱粮阙额，言者不体国计，每欲蠲减。民为邦本，朝廷岂不知之，岂不恤之？但欲恤民，又欲赡军，何道可能两济？即屯田盐法，诚生财之原，屡经条议申饬，不见实效，其故何与？至于漕粮为三军续命，马匹为战阵急需，折截挂欠，遂失原额，其道何复？今虽东虏猖獗，河套有可复之机，边外尽可作之事。但难于东虏窥伺，朝野匮乏，近降夷继至，作何安插？插套连合，作何间破？流贼渐逸郧广，海寇时扰浙闽，剿灭不速，民难未已，兼之水旱频仍，省直多故，作何挽回消弭？又唐宋曾以武臣为中书令、枢密使，文武似不甚分。我太祖高皇帝曾以直厅为布政，典史为佥都，今奈何牢不可破？尔多士留心世务久矣，其逐款对答毋讳。朕将亲览焉。

译文：

制策说：和朝廷共同治理天下的人，是天下的读书士子。当前读书人的风气却不端正，私欲强烈又见识短浅。如今想要端正读书人的风气使之重新走上正轨，通过什么方法能够达到？东边的满洲部族本来是隶属于我朝的，地盘狭小人口稀少，可一旦兴兵进攻我朝就导致附属国朝鲜守不住了，这是什么原因？目前广宁相互策应的三卫以及登州和天津卫等处，分别驻有重兵防备东边的边患。敌军不灭，军队就不能撤下，军饷也不能削减。如今要消灭敌军恢复疆域，什么策略能够有效？况且流寇长期蔓延，朝廷的钱粮不足，进言的人不体谅国家的经济能力，每每想要减免赋税。百姓是国家的根基，朝廷怎能不知，又怎能不体恤他们？但是既想体恤百姓，又想供给军队，什么方式能对两方面都有助益？即如军队屯田和征收盐税，确实是增加财政收入的本原，可屡次经过奏疏议定又告诫斥责，却又不见实际效果，这又是什么原因？至于运送漕粮供给三军，征调马匹用于战场，可是经过折扣赊欠，于是就不足原定的数额了，用什么方式能够恢复？如今虽然东边的满洲部族很猖獗，但辽河河套地区也有可以收复的机会，边境外部尽有可以干出业绩的事情。但现在的局面困难，东边的满洲部族在等待时机进犯，朝廷和民间物资匮乏，近来归降的部族又相继来到，又该做出怎样的安置？辽河河套地带的各部族连结一起，怎样离间破除？流寇渐渐流入到了湖北的广大地区，海上的倭寇时常骚扰浙江福建沿海，围剿歼灭要是不够迅速，百姓的苦难就不会停止，再加上水旱灾害接连不断，各个直省也有很多事故，又该怎样挽回和消除？再者，唐宋时期都曾经任命武将为中书令、枢密使，文臣和武将看似不是区分得特别明显。我朝太祖高皇帝也曾经任命守厅的武将为布政使，任命典史为佥都御史，如今为什么文武之分就牢不可破？你们这些读书士子留心世上的事务很久了，要逐条做出对答，不要有所忌讳。我要亲自阅看。

殿试对策：

臣对：臣闻帝王之弘先绪而隆大业也，必其君以实事课其臣，而后分猷佐理，有百度维新之象；必其臣以实心效于君，而后政修事举，成一人垂拱之休。何谓实事？因职以察其能是也。人不必问崇卑，局不必分内外，而惟以职察其能，贤者有以见长，庸者无以覆短，殿最迥若苍素，而国家因以有纪纲。何谓实心？尽忠以致其身是也。事不必问难易，时不必问顺逆，而惟以忠致其身。智者无不竭之才，勇者无不殚之力，忠贞笃于堂陛，而人心乃以有分谊。盖有实心，方能措实事；而课实事，正以求实心。唐虞三代之所以熙庶绩而联一德者，此其道也。第国家当平治之日，法令未弛，而振举之极易，然防微杜渐，圣人犹有忧焉。盖以为易而狃之者，治之所自隳也。国家承熙洽之后，情俗日偷，而整顿之颇难，然拯溺济否，圣人必且劳焉。盖不以为难而诿之者，治之所日茂也。慨然以用贤图治为己任者，真大有为之君，而尧舜亲见，政在今矣。

钦惟皇帝陛下，刚健中正之咸备，聪明睿知以有临。念念敬天出王，游衍罔怠；事事率祖上下，陟降惟勤。重农事而躬行耕藉，轻徭薄赋，不必陈《七月》之风；勤问学而身亲讲幄，日就月将，非徒穷二酉之秘。建中和之极，兼总条贯，五百年金声玉振从而弥光；一后先之揆，远溯渊源，十六字帝典王谟掺之有要。允矣，太平天子！卓哉，至道圣人！固已六五帝而四三王矣。乃圣不自圣，谦而又谦，进臣等于廷，悉以咨之。首推唐虞知人安民之漠，仰追二祖因才器使之方，以及九边之若何靖安，群寇之若何扑灭，兵饷之若何通融，军民之交相利赖，屯盐之欲复其旧，漕马之必循其原，而归于破格用人，以臻康乂。大哉王言！真所谓讦谟定命，远犹辰告也。草茅之土郁积久矣，敢不倾沥对扬，摅其葵藿，以副明问也乎！

臣闻国家之与治者，人也。有人则天下治，无人则天下忧。人材之效用于国家者，非一途也。任得其人则无不治，用违其人则无不扰。尧舜之如天好生，浚哲文明，称极仁极智矣。而陈谟矢训，拳拳于知人以安民者，则转移天下之要枢，固不出于明明扬侧陋之外矣。

太祖高皇帝肇造区夏，成祖文皇帝载靖邦家，孜孜访求贤才，以图治理。令内外诸司各举所知，责成吏部甄别贤否，因材授职。都察院考察核实。六部勿轻调，藩臬选贤能，守牧须久任。何其用之殷，责之专，而虑之远也！创业垂统，绥莫斯民，与勋、华无异轨矣！列圣丕承，奕叶重熙。盖二祖以尧舜之心为心，故都俞赓于堂帘；列圣又以二祖之心为心，故拊髀兴于梦寐。二百六十年治安如一日者，非偶然之故也。

我皇上求贤若渴，用人不次，谓宜麟游于郊，凤翔于邑。协和风动之域，乃数年满洲窥伺于东，俺答挟要于西，盗寇之蔓延无已，氓庶之征调未息。金瓯全盛之天下，而有捉襟露肘之形，固宜有以烦圣虑也。噫嘻！此孰非士大夫事？而不肯抒忠宣力为国家戡定之绩，此殊不可解也。夫四民之中，士为首；磨砺之术，士为先。离经叛道者黜而经术重，巧躐速化者摈而德行出，士心定而后天下之治可次第而言也。

关东夷狄之人，羁縻无术，遂致披猖。一坏于四路之轻人而开铁陷，再坏于经抚之易局而辽沈危，三坏于战守之争执而广宁弃，辽东胡人视我为可乘耳。诚以守为战，反客为主，夜郎之疆不及汉大，未见长缨之不可请也。流寇本我穷民，积渐不已，遂至蹂躏。一穷于倚山之为固而窟未易清，再穷于各省观望而权不归一，三穷于移徙之无常而突不可御。非寇不可除，我无以除之耳。诚师出以律，有进无退，鼠窥狗偷假息旬余，未见一鼓之不可散也。

兵诚不可撤矣，今日定营制，明日更营制，而兵终无一定之数，则老弱之不汰可乎？训练则鹅鹳成行，鼓舞则风鹤助劲，请以精之说易其撤，可矣。饷诚不可减矣，今日请额例，明日请压欠，而饷终无报足之期，则虚冒之不核可乎？守则四知之常严，侵则一钱之罔贷，请以核之说易其减，可矣。

阡陌未常不垦也，咸鹾未常不煮也。自抽屯补伍而耕种无人，自贵戚乞讨而耕种无地，自商不输银而开中之法坏，自盐壅于公复壅于私而度支之用窘，则修屯政以复盐法者，不可以条议为塞责也。舟楫非不时往来也，验烙非不时申饬也。自雨旸失序而漂滞可虞，自包揽公行而弁髦莫问，自食之不必尽其力而云锦之色以减，自策之不能过其材而驰驱之则罔闲，则通漕粮而修马政者，不可以奉行为尽职也。

果韩、白之登坛，何受降之城不可筑？果刘、陈之持筹，何东南之赋不可蠲？果郭、李之在边，何豢饵者不可成臂指之用？果龚、虞之治郡，何窃发者不可成绥定之功？故天下不患多事，而患人之莫肩其任也；不患无人，而患用之莫究其施也。如必门第以取士，停年以用人，虽无双之国士，终受抑于胯下矣。官人惟贤之义，不如是也。豪杰特出之资，其可拘滞欤？如必一眚为大德之掩，寸朽有合抱之弃，虽三败之孟明，无收功于焚舟矣。使人以器之义，不如是也。铅刀一割之有，其可不珍惜欤？常诵高皇帝谕群臣用人之道曰：材大者当重任之，材小者当轻任之。又曰：凡事勤则治，怠则废。贤人君子尽心如此，岂有废事？盖所谓用人而又以课人，用者抒其约结欲伸之气，而课者作其寅亮笃棐之忠也。

抑臣更有进焉：《书》曰：后克艰厥后，臣克艰厥臣。君臣固交任之者也，则提纲挈领，合群策群力，而乂安一世，是在皇上之一奖率间耳。臣草茅新进，干渎宸严，无任战栗陨越之至！臣谨对。[1]

译文：

臣对答：臣听说，帝王弘扬祖先的基业而兴盛国家，必定是要君主用实际政事去考察自己的臣子，然后臣子分别谋划协助治理，出现百事维新的局面；必定是要臣子用实在心愿为君主效力，然后朝政修明，众事落实，形成帝王无为而治的美好局面。什么叫作实际政事？是根据臣子的职务而审察其能力。对于士人不必问地位高低，所在部门不必分朝廷内外，而只

1. 金山、宋大川、杨寄林:《中华状元卷》之《大明状元卷》,山西教育出版社,2002年,第82页。

根据职务审察其能力。贤者因此显现优点，平庸者没办法掩盖其缺点，先后次序分明，而国家因此具有法度。什么叫作实在的心念？是为君主尽忠而愿意献身。对于政务不必问难易，对于时运不必问顺逆，而只凭忠诚献身。智者无不竭尽其才，勇者无不倾尽其力，忠贞放在朝廷上，而人们才会具有做好本职工作的责任感。由于具有实在的心念，才会去处理实际的政事，而督察实际政事，正是去求取到实在的心念。尧、舜和夏、商、周三代之所以能成伟业而君臣同心同德，就是因为用这种方法。但是国家太平时期，法令尚未松弛，而振作推行开是极其容易的。然而防微杜渐，圣人仍有忧虑。大概因为容易而懈怠，这是治理会自行毁败的因素。国家清平之后，世情风俗日益浅薄，而整顿是颇为困难的，不过对于拯救沉溺渡过难关，圣人必会为此操劳。大概因为不视为难事而不推诿，治理才会日益兴盛。用贤图治作为自己的责任，真是大有作为的君主，尧、舜治绩正在今天重现了。

皇帝陛下品行德操全都具备，聪明睿智君临天下，一心一意敬奉天命，采取王道措施，夙夜工作不怠惰；事事遵循祖训处理，勤奋处理各项政务。重视农业生产而亲自主持籍田耕作，轻徭薄赋，民间不必再发出《诗经·七月》的哀怨；勤于学问而聆听经筵讲官讲解经书，日积月累，并非只穷尽秘藏的图书。树立中庸之道的准则，汇总梳理，从而使学说更加光明。统一先圣、后圣阐发的道理，远溯渊源，对《尚书·大禹谟》“人心惟危，道心惟微，惟精惟一，允执厥中”这十六字帝王心治法则掌握要领。多么令人信服，真是使天下太平的天子！多么卓绝，真是具备最高道德的圣人！本来已经和五帝三王相并列了，可是不以圣人自居，谦逊又谦卑，把臣等人宣召到殿廷，全面征求治国方略。首先表达对尧舜知人安民遗训的推崇，追慕太祖、成祖因才能而用人的方法，以及九边重镇如何安定，农民军如何扑灭，兵饷如何筹集，军民如何互利互赖，屯田、盐政如何恢复旧制，漕运、马政如何遵循本原，又归结到破格用人，以实现安康。这是说得多好的君主之言啊！真就像《诗经·大雅·抑》所吟诵的那样：大计确定国运，远谋按时宣告。臣作为民间士子，心中的话语已经郁积很久了，岂敢不倾吐对答，表达我那葵花向阳的忠心，以符合皇上询问的意旨呢！

臣听说，参政治理国家的是人才，有人才就天下大治，没有人才就天下可忧；人才为国家效力并非只有一个途径，只要任用得其人就没有得不到治理的，用非其人就没有不扰乱朝政的。尧舜像上天一样爱惜百姓，深谋大智，文雅光明，被人视为最具仁爱与智慧。而陈奏谋略，宣布训令，都关注着知人安民问题，这表明凡是想要掌握天下的关键，本来就不外于举荐贤明，选拔被埋没的人才。

太祖高皇帝创立我朝，成祖文皇帝靖难安定国家，孜孜访求贤才，谋求治理。命令中央、地方官府各自举荐所知的人才，责成吏部甄别贤能与庸劣，依据才能授给官职。都察院考察核实，六部不可随意调离，布政使、按察使之类官员必须选用贤能来担任，府州县长官的任期必须长久。太祖、成祖选用的贤才何其众多，职责何其分明，而考虑又是何其深远啊！创立基业留下皇统，安定民众，都与尧舜的做法没有什么不同！后来的帝王继承大业，世代都加以发扬光大。这是因为二祖把尧舜的思想作为自己的思想，所以君臣和洽的局面在朝廷上重现；后来的帝王又把太祖、成祖的思想作为自己的思想，所以做梦都想获得贤才。我朝二百六十年治安如一日，并非出自偶然的缘故。

陛下求贤若渴，用人不论资排辈，可以说是人才济济一堂。然而在和谐的疆域内，近几年满洲人在东方窥伺，鞑靼人俺答汗在西方要挟，农民军蔓延无已，民众的征调未能停止。巩固而又兴盛的天下，却有捉襟见肘的迹象，这当然会加重皇上的心事。哎！这些事哪一桩不是士大夫们的事呢？可是士大夫们却不肯竭忠尽力促成国家平定叛乱的功业，令人非常不理解。士、农、工、商之中，士占首位；修养心志，士为榜样。如果离经叛道者受贬斥，那么儒术就会受到尊重；如果投机取巧者被唾弃，那么道德高尚者就会出现。读书人的志向稳定下来以后，天下之治才有可能依次讲论。

山海关以东的满洲人，由于朝廷羁縻无术，所以发展到猖獗的地步。我们一败于兵分四路轻率深入而开原、铁岭失陷，再败于辽东经略更换而导致沈阳、辽阳危急，三败于对进攻防守的争执而导致广宁丧失，从而使辽东满洲人视我朝廷为有机可乘。如果真的采纳以守为攻、反客为主的战略，夜郎国的疆域不如汉朝广大，所以不见得我们不能平定辽东。造反的农民军原是朝廷的贫民，逐渐形成，到了蹂躏疆土的地步。首先是他们倚山顽抗而大本营难以扫清，其次是各省官吏相互观望而兵权不能统一，第三是农民军流动无常而往往突然出现，难以防御。并非起义军不能够扫除，而是我们没有良策扫除他们。如果我们真以严格的纪律约束出征的军队，只许前进不许后退，那么对于这些农民军，即使让他们喘息十几天，也不见得不可以一鼓作气击溃他们。

军队确实不可以后撤了，今日定编制，明日又改编制，致使部队始终没有固定的数额，那么老弱残卒不淘汰能行吗！练兵时军阵严整，击鼓进军时就会相互助威。臣请求以精兵方针代替撤军主张，是可行的了。兵饷确实不可削减了，然而今日照例发放兵饷，明日又扣压兵饷，则兵饷就始终没有报告充足的日期，那么对于虚报数量冒领行为不进行查核能行吗？守护兵饷要求在天知地知、你知我知的情况下也廉洁自持，侵盗一个铜板也不能饶恕，臣请求以查核兵饷使用情况的办法代替削减兵饷的主张，是可行的。

田地未尝没有得到垦辟，食盐未尝没有生产，但抽调军屯士兵补充战斗队伍而耕种无人，贵戚乞请赐田催促田租而百姓无地耕种，商人不向官府交纳税银，运粮至边塞以换取食盐运销权的制度遭到破坏，国家与私商的盐利相继受损而户部的财政支出就很窘迫，整顿屯田制度与恢复盐法，不可以仅仅用几道奏疏来敷衍塞责。漕运的船只并不是不按时往来，整顿马匹的制度也不是不经常验收，但水旱无常而船只被冲走或开动不起来便令人担忧，包揽漕运的行为公然盛行而对官吏的贪污行为不予惩治，享用漕粮而不必为朝廷尽力，漕运的规模气象就大为逊色；赶马做检验不能达到标准，驯养马匹的规定已不熟悉，整顿漕运、马政不可仅把照例行事看成尽职。

如果真的让汉朝韩信、战国白起这样的将领当统帅，那么受降城怎么不会筑成？如果真的让唐朝刘晏、北宋陈知微这样的理财家主持财政，那么东南地区的赋税怎么不可以蠲免？如果真的让唐朝郭子仪、李光弼这样的良将拱卫边防，那么边疆部族怎么不会服从指挥？如果真的让汉朝龚遂、宋朝虞宾这样的循吏治理地方，那么百姓动乱怎能不会变成安定一方的功绩？因此不用忧虑天下多事，只应忧虑臣子胜任不了职务；不用忧虑没有人才，只应忧虑用人时不能完全施展他的才干。如果坚持按门第选官，凭资历用人，即使是天下无双的人才，最后也会像韩信当初蒙受胯下之辱那样受到压制。选拔官吏只任用贤才的宗旨，原本并不是这样的。对于具有突出资质的人才，怎能够让他们受压制呢？如果一定因有小过失而掩盖其人的高尚德行，那么春秋时期接连打败仗的秦国将领孟明视，就无法最终取得战胜晋国的辉煌战果。任用人才按照他的特长来办的宗旨，原本也不是这样的。虽然愚钝而仍有一点长处的人，哪能不予珍惜呢？臣曾经读过太祖高皇帝诫谕群臣关于用人之道时说过的话：材大者应当重用他，材小者应当轻任他。又说：凡事勤奋就会得到治理，懈怠就会荒废。贤人君子像这样来竭尽心力，怎能还会有荒废的政事呢？太祖的这两则告诫其实是在讲既用人又督促人去做好工作，用人就要让人抒发出郁闷欲伸的心气，督促人就是要培养他们信奉天地、辅助君主的忠心。

此外臣另有所献：《尚书·大禹谟》说：君主能够付出艰辛，他才可以当帝王；臣子能够付出艰辛，他才够得上臣子。这表明君主和臣子本来就是联系在一起的，那么要提纲挈领，就应当群策群力，保住朝代平安，这完全取决于皇上您做出表率。臣刚从民间步入仕途，冒犯了皇上的威严，简直恐惧到极点。臣恭敬地回答如上。

明代进士题名碑

评议：

万历、天启年间，明王朝内忧外患已十分严重，内有流民起事，外有女真崛起。崇祯继位后，明王朝日益处在风雨飘摇中。国家为应付内外诸事，豢养大量兵员，造成严重财政负担。在策问中，崇祯帝即以此策问士子，考问国家转危为安之法。状元刘理顺在对策中，指出造成国家局势日益败坏的原因在于人才缺乏，为此，应广开用人之路。造成“东夷”之患的原因是军事要地的轻易失守。流民起事不绝在于各省观望推诿，职责不一。为了应付诸多问题，兵员自然不可减少，赋税也断不能降低。只有朝廷重视延揽各种人才，上下一心，方能共克时艰。刘理顺，字复礼，河南杞县人，为官颇有气节，李自成进入北京后，自缢而亡。

六　清圣祖康熙二十四年（1685）乙丑科陆肯堂（状元）朝考卷一道

朝考试题：

圣人之教不肃而成。

译文：

圣人的教化不用威严而能成功。

朝考卷一道：

自古致治不一主，而一道同风之治必推圣人。何也？天下之众，其待治圣人久矣，而各挟其智力以争胜。夫民各挟其智力，而君人者复以智力先之，是与天下争胜也。与天下争胜，而一道同风之治终不可得而成。圣人知其然。是故原夫天地之性而审乎人情所同，则惟因天下以教天下。初无化民成俗之劳，而天下皆欢欣鼓舞而不知其所由然，而无敢自越于圣人之教。旨哉乎！《孝经》之言曰：圣人之教不肃而成。请申论之。

千古之圣人，皆乘权而秉势者也。乘权者可以居高而率物，秉势者可以作法而防淫。而圣人皆有所不恃，曰：我其威天下欤？我教天下耳。然而古今之教亦多术矣。党庠、术序以束之，司徒、学正以董之，上贤崇德以旌别之，春诵夏弦秋礼冬书之属以时教之。即以圣人临其上，而其术亦有所不废。是圣人之教若是乎劳也。然而非劳也。

《礼》曰：先王承天道以治人之情。又曰：立爱自亲始，教民睦也；立敬自长始，教民顺也。夫先王岂不能大有所作为？而必曰承天道，曰治人情，则其意可知矣。立爱立敬而即致民之睦顺，则教之在爱敬又可知矣。且民各所昵则争，至各事父兄、各尽子弟而卒无起而争者，爱敬之原于至性也。民各有爱之性而不知所以爱，民各有敬之性而不知所以敬。圣人之教，务使天下自敦其爱敬，油油然服习于家庭之行、伦序之常、出入趋承之节。其地至近，其事至易，其习闻而习见者至亲且切。若不知朝庭上何以董率而诰令也，更党庠、术序之设，司徒、学正之官也，更不徒循上贤崇德弦诵书礼之文也，然而其教已成矣。粤稽其朝，君无劝赏刑威之迹，臣无三令五申之劳，夏、楚设而不事，桁杨立而无庸，优游歌咏坐致太平。猗欤休哉！是则圣人之不肃而成者也。后之人主亦尝有意于不肃之治矣。然其甚也，滋泮涣之弊而长丛脞之端，殆未知不肃之原者欤？若夫古之帝王，钦明允塞，何其肃于心；严威俨恪，何其肃于天人。然后出之制治，则恭己而已，无为而已，黎民於变四方从欲而已。是圣人之不肃，正其深于肃者乎？其深于肃者何也？本也。[1]

译文：

自古以来达到国家安定清平的不是同一君王，但能达到统一道德风俗治理水平的一定是圣明的君王。为什么呢？天下的百姓等待圣明君主的治理已经很久了，各自凭着他们的智慧和力量来竞争。人民各自凭着他们的智慧和力量，治理百姓的君主也把智慧和力量放在前面，是在和天下人民竞争这些。和天下竞争，那么统一道德风俗最终不会成功。圣明的君主知道这些，因此依据天地的本性和探察人情的相同点，则可以顺应天下人心

1. 金山、宋大川、杨寄林：《中华状元卷》之《大清状元卷》(上)，山西教育出版社，2002 年，第 48 页。

来教导四方百姓。然而没有因教化百姓形成风俗而劳累，天下人民都欢欣鼓舞但却不知道为什么会形成这样良好的社会风俗，也没有人敢于自己超越圣人的这种教化。这真是好啊！《孝经》上说：圣明君主的教化是不用威严而能成功。请让我详细阐述一下。

历史上的圣明君主，都是掌握权势的人。任用权柄的人可以居于高位统率万物，掌握势力的人可以创制法令而杜绝恶行。而圣明的君主却不依赖这些，总是说：我难道要用权威制服天下的人吗？我要教化天下百姓。然而从古至今的教化手段是很多的。用各级学校来约束他们，有各种学官来监督他们，以推崇贤德来区别他们，用春季学诵诗、夏季学音乐、秋季学礼仪、冬季学诗书等按时教育他们。即便是圣明君主执政，这些手段也是不能废除的。因此圣人实行的教化是如此的烦劳，然而并非如此。

《礼记》说：上古君王承奉天道来陶冶人的性情。又说：树立仁爱之心从侍奉父母开始，这是在教育百姓和睦；树立恭敬之心从尊敬兄长开始，这是在教育百姓和顺。上古君王难道不能有很大的作为吗？然而却说承奉天道，说陶冶人情，则他们的想法可想而知了。树立仁爱恭敬就是要实现百姓的亲睦和顺，那么可以知道教化百姓在于仁爱恭敬。况且人们各自有所贪恋就会争斗，而各自侍奉父兄，各自竭尽做子弟的本分便会没有争执，说明了敬爱之心根源于人的天赋和品性。人们都有仁爱的品性却不知为什么要爱，人们都有尊敬的品德却不知为什么要敬。圣明君主的教化，务必要使百姓都能各自注重自己的爱敬品性，自然地习惯于家庭中的行为、人伦次序的常道、出入侍奉的礼节。这种行为很容易，而且日常听闻会使人感到亲切。就好像不知道朝廷上如何领导并发布命令，设立各级学校和各种学官，而且不只遵循推崇贤德学习诗书，然而这种教化已经形成。考察朝廷的情况，君主没有奖励赏赐、严行刑罚的行为，臣子没有三令五申的劳烦，即使设有夏、楚这些责挞工具也不用，即使有桁杨这些刑具也不用，悠游自在而轻易地获得太平盛世。真是好啊！这就是圣明君主不用威严而成功。后来的君主，也曾经有意于这种不用威严而得到治理的做法，然而那些最严重的，竟产生了自由涣散的毛病，滋长了琐碎杂乱的弊端。这或许是不了解不用威严的原因是什么吧？至于古代的帝王，敬肃明察，诚信诚实，在他们的心中是多么肃穆！他们严肃恭谨，对待上天和百姓又是多么庄重！然后再去治理政务，只需要恭谨律己无为而治，使天下民众改变到处放纵私欲的情况罢了。所以圣明君主的不威严肃穆，不正是他超过威严的地方吗？他超过威严的是什么呢？在于抓住了根本问题。

评议：

清代在士子参加殿试中进士后，还要由礼部将名册呈送翰林院，奏请皇帝再试于保和殿，是为朝考，即再试之意。与殿试策问较长不同，朝考试题与会试相似，一般仅为一句话。在康熙二十四年（1685）的朝考中，题目是“圣人之教不肃而成”。状元陆肯堂认为，圣明的君主教化百姓，不在于威严，而是用各种正确的手段教化万民，包括兴办学校、严格监察等。圣明君主的教化承奉天道，用来教育百姓知礼守信，要教育万民，使其懂得孝悌之义，而严格法制只是治理天下的一种手段。陆肯堂，字邃深（一作邃升），一字澹成，江苏长洲（今苏州市）人，累官至翰林院侍读，工诗古文辞。时朝廷大作，多出其手。

七　清仁宗嘉庆二十五年（1820）庚辰科陈继昌（状元）殿试对策

殿试策问：

制曰：朕寅承大宝，抚御寰区，二十有五年。孜孜汲汲，罔敢一日暇逸。仰荷昊綍笃祜，列圣贻庥，函夏乂宁，民人乐业。冀与内外臣工早作夜思，由小康而跻上理。洪惟帝王治道之原，学校教人之法，儆群僚以励翼，奠德水以安流。所为斟元阐绎，以保万世丕基者，爰广咨诹，用资启沃。尔多士其敬听之。

道莫高于唐虞，法莫备于成周，《典》、《谟》、《官礼》，万世之圭臬也。皋陶之谟曰“知人安民”，而其文何以有详略？三公之职曰“经邦论道”，而其官何以独不传？人心道心，授受之要，而荀卿何以引为《道经》？乐德乐语，教胄之规，而窦公何以独传其遗法？玑衡为测天之器，而浑天、周髀何以殊途同归？什一为取民之常，而乡遂都鄙何以因地异制？以至虞五服，周九服；虞十二州，周九州；虞服十二章，周九章；虞五载巡狩，周十二年巡狩；礼乐虞分为二，周合为一；兵刑虞合为一，周分为二。变通损益，其道安在？若夫《虞书》五篇，约之以一钦，《周礼》六官，统之以为民极。古帝王所以握万化之原而端出治之本者，不更有心法在乎？

辟雍之名，见于《诗》、《礼》，郑氏笺注何以不同？或以辟雍为文王乐名，其说何本？蔡邕、袁准，其论何以互异？汉以明堂、灵台、辟雍为“三雍”，何故？释奠、释菜、视学合语，其典若何？汉代圜桥观听，称制临决，其时讲论于白虎观者谁氏？东汉魏周养老，为老更者何人？北面乞言，所对何辞？唐七学三馆，宋六学三舍，明六堂积分，其法若何？我朝辟雍肇建，聿举上仪，石鼓石经，灿然昭列。诸生沐浴教泽，有能通经述古，扬扢而言之者欤？

《书》曰：无教逸欲有邦。又曰：天工，人其代之。明乎居官行政，不可以不勤也。为吏者苟能厉廉隅，循法度，其亦可矣。然或怠玩因循，燕燕居息，以废弛为安静，以颟顸为老成，狱讼积而不问，职事惰而不修，国有安赖有是官为？至若曹参之治齐宽而简，诸葛亮之治蜀严而详，而二人皆以贤相称。龚、黄之治民以慈仁，张、赵之治民以明敏，而四人皆以贤守著。为道不同，同归于治，其故若何？悃愊之吏可以宁人，而缓急或不足恃；武健之才易以集事，而跅弛或至逾闲。量才器使，其道何若？朕宵旰厉精，率作兴事，内而曹司，外而守令，实繁有徒，惟赖为大吏者躬亲倡导，以熙庶绩。而或徒以旅进旅退、谨身寡过为事，岂所谓靖共匪懈者乎？

江淮河济，古称四渎，何以河之为患独甚于今？《尔雅》河出昆仑。言河源者，汉张骞，唐薛元鼎，元都实，孰得其真？周定王时河始南徙，迄今迁变凡几？古谓河不两行，禹何以播之为九？汉武帝之塞宣房，王景之治汴渠，其事若何？贾让三策，其议若何？潘季驯之治河，主于束清刷黄，其切实可施行者何在？方今河道所关至巨，北决则虑穿运，而转漕或碍，南溢则恐入淮，而高堰可虞。自桃汛以至秋汛，自兖豫以至徐扬，司事者昼夜巡防。培筑之法，疏浚之宜，坝堰之宣泄，薪料之储备，正在宜慎。朕不惜巨万帑金，为生民图安宅。欲使绩底平成，民无垫隘，万世永赖，计将安出？

凡此者：法古以立治，兴学以作人，廉法而庶政合，清晏而百川理。尔多士学古入官，先资拜献。今日陈之为谠论，异日施之则为嘉猷。毋泛毋隐，毋袭陈言。朕将亲第焉。

译文：

制策说：我继承皇位，治理天下这片广大的地域，已经有二十五年了。我始终勤勉不懈，不敢有一天偷懒。仰赖上天赐予的厚福和列圣遗留的庇荫，才使得天下安宁，人民安居乐业。我期望与内外臣工起早贪黑地努力，使天下由小康步入大同。我广泛地思考帝王治理天下之道的本原，学校教化人民的方法，儆戒群臣使其尽力辅佐，安定优良的水道使其安宁。这些所为斟酌世事规则、阐发事物运行用以保住万世的基业，所以广为咨询，以期有所启发。你们这些读书士子敬请听好。

帝王之道没有比尧舜更高的，治世之法没有比成周更完备的，《尚书》中的《典》、《谟》和《周礼》，实为万世的典则。《皋陶谟》讲“知人安民”，但其文何以有详有略？《周礼》讲三公的职责是“经邦论道”，但这些官职为何不沿用于后世？“人心惟危，道心惟微，惟精惟一，允执厥中”这十六字是帝王心法传授的要旨，但荀卿为何引作《道经》之语？乐德和乐语，是教育贵族子孙的规则，为何唯独窦公传下来这些遗失的方法？璇玑衡器是测量天文的仪器，但为何用浑天仪和勾股之法度量日月的运行能够殊途同归？征收十分之一的税是取之于民的常数，但为何京师和边城又因地制宜？以致虞舜时将京畿以外的地区按远近分为五服，周朝分为九服；虞时分天下为十二州，周分为九州；虞时的服饰分为十二等级，周朝分为九等；虞时每五年巡狩一次，周朝每十二年巡狩一次；虞时掌管礼乐之官分为二职，周朝合为一职；虞时掌管兵刑之官合为一职，周朝分为二职。其中变通增减的道理又在哪里？又如《虞书》五篇可以以一“钦”字概括，《周礼》的六官总结起来就是为人民确立准则。由此看来，古代帝王借以掌握万事变化的本原而拿出治理天下的中心思想，不是有更好的心法存在吗？

辟雍的名称，见于《诗》和《礼》，但郑康成对两处的笺注为何不同？有人认为辟雍是周文王所作的乐名，这种说法根据什么？蔡邕和袁准对此的有关论点为何互异？汉代将明堂、灵台、辟雍合称为“三雍”，因何缘故？祭祀先圣先师的释奠礼、释菜礼和天子视察学校总是放在一起来说，这些典礼的仪式是怎样的？汉代的读书士子圜桥观听天子讲学，歧义之处由天子即时裁决，当时在白虎观讲论经义的有哪些人？东汉、北魏及北周，尊养有德望的老人于太学称“三老五更”，这些“三老五更”又是何人？北周武帝曾向三老五更乞求赐教，后者以何言辞对答？唐代太学实行“七学三馆”制，宋代为“六学三舍”制，明代为“六堂积分”制，具体的办法是怎样的？我朝建造辟雍之初，举行了隆重的讲学典礼，石鼓和石经，光彩显著的陈列在太学。太学诸生沐浴教化的恩泽，有能通晓经典陈说历史而阐扬讲论的东西吗？

《尚书》说：勿使骄奢淫逸的欲望流行于国中。又说：上天的职责，要由人来代替其完成。这表明身居官位处理政事不可以不勤勉。作为官吏如果能砥砺节操端正品行，遵循法律制度，大体上就算合格了。然而有些人懒惰松懈、玩忽职守、办事因循，整天安逸休闲的样子，以政事废弛为安静，以思想颟顸为老成，狱讼积压而不过问，政事懈怠而不整治，国家怎么能依靠这样的官吏？至于像曹参治理齐国刑罚宽而政事简，诸葛亮治理蜀汉法度严而规制详，但二人都以贤相著称。龚遂、黄霸治理百姓靠慈仁，张敞、赵广汉治理百姓靠明敏，但四人都以贤太守著名。他们所采取的方式不同，却都能实现大治，原因何在？至诚的官吏可以安定人民，但遇到紧急之事却不足依仗，勇健的人才容易办成事情，但放荡的作风可能越过限度。量才使用，其方法如何？我早晚忙碌、励精图治，率先起来兴办政事，京内的各个机构，京外的地方长官，官员的人数实在不少，全靠大的官员亲身倡导，以使各项事业兴盛起来。然而这些人中也有以共同进退、谨小慎微、少犯过错为职事的，这难道就是所谓恭敬地共事而努力不懈的人吗？

长江、淮河、黄河、济水，古称“四渎”，为何唯有黄河的水患于今更重？《尔雅》说黄河出自昆仑山。谈论过黄河发源地的，有汉朝的张骞，唐朝的薛元鼎，元朝的都实，谁又得到了真相？周定王时黄河开始南移，迄今变迁共有几次？古人说黄河不能两道而行，大禹为何分之为九道？汉武帝时堵塞宣房决口，王景治理汴河，事迹是怎样的？贾让提出治理黄河的上、中、下三策，具体内容是什么？潘季驯治理黄河，主张束淮河清流入黄河以刷浊流，其中有哪些切实可行之处？当前河道情况关系甚大，若北面决口则黄河水会穿过运河，可能阻碍漕粮转运，若南面溢坝则恐其流入淮河，而使高堰等平原乡镇情况堪忧。自黄河的桃汛以至秋汛，从古兖州、豫州以至徐州、扬州等地，掌管此事的官吏昼夜巡防。而有关培土筑堤的方法，疏浚河道的事宜，坝堰上的开闸泄洪，柴火木料的储备，都应当慎重。我不惜巨万的府库钱财，为苍生百姓谋求安居。若要治河的成效达到治平成功，百姓不受河患的威胁，后世永远都能依靠，将如何制定计谋？

像以上这些问题：效法古代圣王以确立治理体系，兴办学校来培养人才，使官员廉洁守法而政务协调，风调雨顺而河流治理。你们这些读书士子学习古人的知识来从政做官，肯定已有有益的建议要进献。今日陈述的正直言论，他日就是能施行的美好谋划。不要空泛隐讳，不要因袭陈旧的言辞。我将亲自品评高低。

殿试对策：

臣对：臣闻建极所以绥猷，兴贤所以致治，旌别严而鹓联式序，荣光塞而龙叙呈图。此景铄之上仪，郅隆之盛轨也。稽诸载籍，《诗》征式命之符，《礼》重书升之典。克知灼见，百司慎简于《周书》；距浍浚川，九功特详于禹绩。自古帝王，德迈鸿轩，勋逾象纬，莫不建中以锡福，立教以凝禧，储杞梓而用协衡平，销竹箭而休占河润。是以佩德则带铭恭寿，歌风则琯奏昭华，朝殷亮采之咨，世献安澜之颂。所以凝薰六幕，陶铸二仪，永受鸿名而诞膺多祜者，用恃此也。

钦惟皇帝陛下，道光泰宇，仁洽坤舆，固已神枢合撰于山渊，荣镜腾辉于日月，饬六事而治昭廉法，宅四隩而绩奏平成矣。乃圣怀冲挹，深维长治久安之道，弥切持盈保泰之思。进臣等于廷，而策以敷政之本，誉士之经，与夫考察之隆规，宣防之要务。如臣梼昧，奚补高深？顾当对扬伊始之辰，敬维拜献先资之义，敢不谨竭刍荛之一得，用效葵藿之微忱乎！

伏读制策有曰："道莫高于唐虞，法莫备于成周"，而因《典》、《谟》、

《官礼》之垂，进溯宰化出治之本。臣惟帝王之治，因革损益，不必尽同，而其源则一。立纲陈纪，以有为者振其机；恭己垂裳，以无为者端其范。篇章具在，训诫如闻，溯厥心源，若合符节也。知人安民之旨，二帝犹励其难；经邦论道之原，三公独专其责。盖礼乐刑政，制治之具，而心法则有深焉者矣。“精一危微”，千古传心之要，而荀卿或引为《道经》；“乐德乐语”，一朝教胄之规，而窦公独传其遗法。夫治法自唐虞而降，历代沿袭不同。周人修明兼用，亦惟参以变通之妙，酌以损益之施。《记》云：协诸义而协，可以义起者是也。是以玑衡之器，什一之征，画地之殊，分疆之别，莫不因地异制，因时制宜。他如虞服十二章而周则用九，虞巡狩以五载而周则行于十二年。其灿著于礼乐兵刑者，或分为二，或合为一。措施之际，识者于以观制作之精。盖其敬以作所，主善为师，絜矩端好恶之原，修己立均平之准。所以虞廷之交儆曰钦，《周礼》之以为民极。帝王圣不自圣，精益求精，端拱而坐致雍熙，太平而犹廑惕厉者，诚以一个握万化之枢，唯恐因陋就简之意萌于幽独，急功计利之念扰其神明也。我皇上德符圜矩，化洽垓埏，端本则于亿万年，饬几康者一二日，奉三无以出治，遍九有以覃恩。唐哉皇哉，诚帝者之隆矣！

制策又以辟雍之名，见于《诗》、《礼》，而因考夫历代之创建。此诚敦崇实学之至意也。臣惟移风易俗，立教为先。古者旌俊造以兴贤，尊彝典以立训，具有仪型，聿存矩范。是以博士之设始自汉宣，太学之规隆于光武。其后三雍并建，经始永平，举视学之典，修养老之文，称制以决五经之异同，亲幸以考诸儒之论说，肄业者给舍，听讲者圜桥，盖一时称极盛焉。降及唐宋以来，莫不悉遵斯轨，故有七学三馆、六学三舍之制。夫褒显经术，尊礼师儒，治化所由昌明，文教所由光被也。顾昔之举是典者，或旷代始一见，或累朝始一行。拘于“更”“叟”之说，泥于“巡狩”之文。议礼则聚讼纷如，说经则折衷无主。求其昭示训行，范模天下，懋亘古之隆仪者，亦鲜矣。《洪范》云：皇极之敷言，是彝是训，于帝其训。盖必有聪明足以牖世，教训足以宜民者，始足以迪彼颛蒙，光兹道化。故大昕之警众者特其文，主极之持源者乃其实也。圣天子体道敷言，本身立教，中外士民亦既沐浴膏泽矣。兹奉特诏，来岁举临雍之典，崇仪茂矩，炳焕辉煌，谓非千古盛事哉！

制策又以天工人代，居官行政不可不勤，黜其怠玩因循，而期于靖共匪懈。臣考《周礼》以六计弊吏，而策之以廉善廉能；《洪范》以五福锡民，而重之以有为有守。洵课吏之良规，立身之大节也。以废弛为安静，以颟顸为老成，狱讼积而不问，职事惰而不修，国政难与之振兴，即士品亦不堪自问矣。汉以六条察二千石，有田宅逾制之禁，侵渔聚敛之诛，训诰崇廉，至三至再。故汉之吏治，犹为近古。然曹参与诸葛亮皆贤相也，而其为治一则宽而简，一则严而详。黄霸与龚遂皆贤守也，而其为治一则以慈仁，一则以明敏。盖因人立政，因地制宜，惟本慈祥恺恻之心，以副其励精图治之实。夫全才之得，自古为难。有体者不尽有用，有才者不尽有德。所以处常则有余，任重则不足；暂用之易以见功，久任之易以见过。国事所关，民命所属，职无巨细，所系匪轻。惟操其柄者一本乎公正之心，以赏善而黜恶，而大吏复体此意，以相懋勉，不阿所好，不徇所私。庶几贤能之士争自濯磨，于以熙庶绩，贞百度，不徒以寡过为事矣。我朝用人立政，一秉大公，内外臣工，宜何如勤慎以襄盛治哉！

制策又以河之为患独甚于今，培筑疏浚之方在在宜慎。臣惟尧警九年，禹勤八载，河之为患，自古已然。盖南北之高下不同，而古今之迁徙无定。河自孟津而下，土性卑湿，地势宽平，缓则停淤，急则涨溢，无底柱、龙门之巨限，汇伊、洛、漳、沁之支流，北高南下，其地殊也。汉唐以来，宣房初筑，汴渠再修，始但东趋，继且南注。合济运束淮为一事，举兴利除害之两端，古易今难，其时异也。载稽往牒，如贾让之三策，王景之八渠，季驯所书，至正所纪，具有成法，咸可施行。然而时势互殊，情形各异，泥乎古而河不治，离乎古而河亦不治。是在司事者有精练之才，洞达之识，清廉之守，强固之身，察其高下分合缓急节宣,不以仓卒淆其见,不以补苴毕其功。工坚料实,滞导川疏，古之上策，何以加之？仰惟睿谟广运，德意旁敷，发千万之帑金,拯亿兆之民命。行且见夫金堤巩固,玑镜昭融,则翕河媲于《周诗》，酾渠同夫禹绩矣。

若此者：大猷允升则光昭玉烛焉，多士蔼吉则泽敷圜海焉，月要日成则法垂八柄焉，河清海晏则化被九垓焉。英规茂矩，昭古铄今，备哉灿烂！真神明之式也。抑闻荷栟幪之化则仰天之弥高，感光大之恩则冀地之弥厚。臣伏愿皇上至诚育物，稽古同天，政和而治益修，轨顺而防益豫。则我国家万年有道之隆，基诸此矣。臣末学新进，罔识忌讳，干冒宸严，不胜战栗陨越之至。臣谨对。[1]

译文：

臣对答：臣听闻建立法则用来谋求天下安定，起用贤能用来实现国家治理，识别官吏的品行，则名节清高的臣子犹如鹄鹭翩联有序地入朝，祥瑞的云气充塞河洛时，龙马便会依次呈献《河图》、《洛书》。这是光华灿烂的最高仪式，达到兴隆鼎盛的轨则道路。查考典籍，《诗经》显示了帝王的行为要符合敬遵天命的要求，《三礼》重视从士子中选拔人才的制度，《周书》主张百官要慎重选择而任事者确有真知灼见，《禹贡》详细地记载了大禹用开挖九条水道来疏浚河流的功绩。自古帝王圣德高过帝鸿氏和轩辕氏，功勋超过观天授历的唐尧，无不树立中正的原则以赐福于民，树立教化用以凝聚吉祥，储备优秀人才而恰当地使用公平的考核，准备好治水所用材料而使水田丰美。因此臣下敬服其美德，便在器皿上刻写恭祝长寿之辞；人们歌颂世风淳美，便以精致的乐器伴奏。朝廷上殷切询问贤才，世人献上使河道安流的颂辞。用来熏陶天地四方，铸造天地，永保美名而多受福荫，所依赖的就是这些措施。

皇帝陛下您道德光照寰宇，仁心浸润大地，本已是神明像高山流水那

1. 金山、宋大川、杨寄林:《中华状元卷》之《大清状元卷》(上)，山西教育出版社，2002 年，第 645 页。

样融为一体，光辉像日月那样普照，用六项考察内容饬戒百官从而使其廉洁守法，四方平定而使百姓安居乐业了。然而圣上的心怀如此谦虚，深思长治久安之道，更急切于持盈保泰的考虑。于是将臣等召进朝廷，而策问施政之根本，兴学之方法，以及考察官吏之规范，泄洪防汛之要务。像臣这般愚昧，怎能有补于皇上的高深？但当此应对开始的时刻，敬思学习先贤之义，怎敢不竭尽山野农夫的一得之见，用来贡献有如向日葵倾向太阳的那种忠忱呢？

敬读策问诏书上说：帝王之道没有比唐尧、虞舜更高的，治世之法没有比成周时期更完备的，接着垂问《尚书》的《典》、《谟》之篇和《周礼》，进而溯求事物变化规律并运用于国家治理的根本。臣认为帝王的治世之法，延续旧章或有所损益，不必完全一致，但其本源是同一的。立纲陈纪，以此“有为”之举来启动国家的运行机制，恭己垂裳，以此“无为”之态来为臣民端正道德规范。关于这一点，有关典籍的篇章俱在，古圣先王的训告如闻，溯其心法本源，符合符节。选用人才安定百姓的目标，连尧舜都感觉不易达到因而自励。而治理国家评论世道的职责，古代原本是由三公独任的。大概礼乐刑政，都只是治理国家的手段，而帝王心法则有深层次的内涵了。“精一危微”，是千古帝王传授心法的精要之语，但荀子把它当作《道经》上的话来引用。“乐德乐语”，是一个朝代教育贵族子孙的规则，却只有窦公能传其遗留下来的法则。帝王的治理方法自唐虞以后，历代沿袭不同。周朝将“修德”与“明刑”兼而用之，也注意加以变通，酌情采取损益的措施。《礼记》云：对照正义而不违背，就可以按照正义来创制。所以测天的璇玑玉衡仪器，赋税征收比例，京畿以外地区划为几等，将天下如何划分，无不因地异制，因时制宜。其他如虞舜的礼服分十二种纹彩，而周朝只用九种，虞舜每五年巡视一次天下，而周天子十二年一次，尤其灿然明显的是古代礼乐兵刑之官的设置，有的一分为二，有的合二为一。措置实施之间，识者可以从中观察到精妙的创制方法。大概他们以守“敬”来做天子，以主“善”来做民师，通过制定标准来端正人们的好恶，通过完善自己的德行来为臣民道德的提高树立准则。因此虞廷君臣相互儆戒强调“谨慎”，而把《周礼》作为人民行为的最高准则。上古帝王圣明而不自以为圣明，精益求精，端身垂拱无为即导致和睦兴盛，天下太平尚且经常警惕自励，这诚然是因为一人掌握万事变化之关键，唯恐循求简单粗陋之意萌生于幽居独处之中，急功近利之念困扰他的精神。陛下您的道德符合天地规范，教化融洽天际，端正了亿万年不变的根本法则，每一二日处理政务就检讨自己是否居安忘危了。崇奉“三无”的境界而拿出治理措施，把皇恩施遍九州万民。多么伟大辉煌啊！实在是帝王中的佼佼者。

策问诏书又以“辟雍”之名见于《诗经》、《礼记》，并考求历代对国家学府的创建。这确实有敦崇实学的意义。臣想到，移风易俗应以树立教化为先。古代旌表才俊使得大批贤能兴起，尊崇彝宪典章以树立准则，在此树有典型，立有规范。由是博士的设置始自西汉宣帝，太学制度兴盛于东汉光武帝。其后三所大学并立，创始于东汉明帝永平年间，举行了天子“视学”的典礼，完善了在学校尊养“三老”的制度，皇帝亲自裁决关于五经的学术争议，并亲临太学以考问儒生的论说，给讲习学业者安排馆舍，让旁听者环桥而立，大概称为一时极盛之事。唐宋以来，历朝无不悉遵这一法式，故而有“七学三馆”、“六学三舍”的体制。褒扬光显经学儒术，尊崇礼制师事儒者，是国家管理社会风俗达到昌明的途径，礼乐教化隆盛延布的基础。但以往能行此法则者，或几代才得一见，或几朝始有一行。往往拘泥于“五更”是否为“五叟”之说，古帝王巡视诸侯究竟称为“巡守”还是“巡狩”这类枝节问题。议论礼节则众说纷纭，谈说经义则折中没有主旨。想要从中找到能昭示行为准则，规范天下，扩展远古最高仪式的，也太少了。《洪范》说：帝王宣布最高准则，就要作为大法和训条，它符合天帝的意旨。因为必须有聪明才智足以诱导社会、教化训诲足以适合人民的君主，才足以启迪那愚蒙之民，光大道德教化。因此警诫众人，这只是一种推行教化的具体形式；尊崇最高准则，抓住教化的本源，这才是推行教化的实质。圣明的天子体察天道广为宣讲，以身作则树立教化，四方百姓都已沐浴恩泽了。现在我们奉天子明诏，明年将举行天子驾临辟雍的大典，想见那崇隆而丰茂的礼仪规则，光彩辉耀，岂非千古之盛事！

策问诏书又认为上天的职责要由人来代行，为官理政，不可不勤勉，贬斥怠玩因循之风，期望百官努力不懈，恪尽职守。臣查考，《周礼》以六条标准来评判官吏，而以“廉善”、“廉能”的要求来鞭策他们;《洪范》以五种福祉赐予人民，而所看重的是官吏“有作为”和“有操守”。这实为监督官吏之优良规范，安身立命之重大气节。若以废弛为安静，以颟顸为老成，狱讼积压而不审问，政事怠惰而不修明，不仅政事难以振兴，而且士人的品行也堕落得不堪自问了。汉代以诏令“六条”内容考察二千石，其中有对田宅超过限度的禁断，有对侵渔百姓聚敛财富行为的责罚，一再崇廉倡洁，故而汉代吏治仍然近似古代。然而曹参与诸葛亮均为贤明的朝廷宰相，而其为治一个宽而简，一个严而详；黄霸与龚遂都是贤明的地方守令，而其为治一个靠仁慈，一个靠明敏。这说明，为治可因人立政，因地制宜，问题全在于要能够本着慈祥恻隐之心，符合励精图治的目的。自古全才难得，有学问者不全有能力，有才者不全有德行。因此官吏大多处理日常事务尚有余力，处理重任则能力不足，临时委派容易显示功劳，长久任用容易显示过失。但用人行政为国家干系所在，百姓使命托付，官职无论大小，干系朝政不轻。这就全靠用人者坚持公正之心，用来赏善而黜恶；而高级官吏又能体会此意去相互勉励，不偏袒好友，不徇情私人，如此则可使贤能之士争相洗涤磨炼，为了国家和人民而兴办各种实事，端正各种制度，而不仅仅以少犯错误为目标了。我们清朝用人立政，一贯秉着大公无私的原则，中央与地方臣工，都应勤勉谨慎以共同辅助盛治！

策问诏书又鉴于黄河为患于今特别严重，在培筑堤坝、疏浚河道时应处处慎重。臣想到唐尧曾为此戒备了九年，大禹曾为此辛勤了八年，黄河为患，自古已然。大概因为南北地势的高下不同，而河道从古到今迁徙不定。黄河自孟津以下，地势低洼土壤湿润，地势宽平，流缓则泥沙沉积而淤塞，流急则暴涨横溢。此段已无底柱、龙门那样的巨大天然阻限，又汇入了伊、洛、漳、沁等支流，北高南低，地势不同。自汉唐以来，由于先有宣房河堤的修筑，后有汴渠的开凿，黄河开始只是东流，继而则又南注。在治河战略上，欲将“接济漕运”与“约束淮河”结合起来，使兴利与除害并举，此事古代容易办而当今却困难，因为时势已不同了。查阅已往的有关书籍所载，如贾让的治河三策，王景的八渠分洪，以及潘季驯所写的，元朝至正年间所记的，俱有成法，都可施行。然而古今时势互殊，情形各异，拘泥于古代成法黄河不可能得到治理，完全抛开古代成法黄河也不可能得到治理。这就在于掌管治河之事者要有精练的才干，洞达的见识，清廉的操守，强壮的身体，能明察地势之高下，河道之分合，水流之缓急，以及洪水何时宜束蓄，何时宜宣泄，不因仓促而自混淆其定见，不用临时修补来成其事功。用坚固的材料，修坚固的工程，疏导滞流，疏浚河道，这在治理施工方面，自古已为上策，有什么能更好呢？敬思皇上睿智思虑长远，德行遍施，拨出大量帑金，拯救亿万百姓的生命。人们即将见到黄河堤岸巩固，水平如镜，发出融融之光。这样，按图合祭大河又恢复到《诗经·周颂》所描写的状况，而疏导河渠之功则等同于《禹贡》了。

以上这些问题：宏图大计如果成熟则光辉照耀美好天象，人才济济则恩泽遍布海内，对官吏考核实行总结则治吏之法垂示八方，河清海晏则淳美教化直上九天。英明雄伟的规矩，照耀古今，完备而灿烂，真是神明所造的法式。又听说蒙受皇天覆盖之德则祝愿天能更高，感激大地光大之恩则希望地能更厚。臣敬愿皇上以至诚教化万物，坚持考察借鉴古法如同皇天一样广远，大政业已通和则使盛治更加修明，河流业已顺轨则更注意加强对水患的预先防备，则国家长盛不衰便奠基于此了。臣学无根本，新入仕途，不知忌讳，冒犯皇威，不胜战栗跌腾之至。臣谨对。

评议：

在嘉庆帝主持的最后一次殿试中，他策问了士子的经义与治河问题，包括《尚书》、《周礼》中的上古礼乐制度，古时的辟雍之制、上下一心，

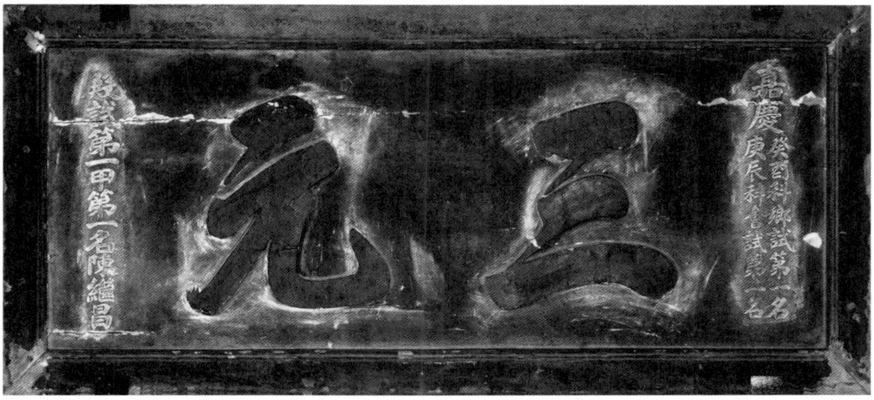

陈继昌书“三元”匾

励精图治与时务中的黄河水患问题等。自科举创制以来，能在乡试、会试、殿试中连中三元是士子的最高理想，清代仅三人获此殊荣，其中的佼佼者之一即是陈继昌。在对策中，他针对经义问题，进行了细致入微的回答，展示了较深厚的古文功底。对于治河事务，他认为黄河为患，自古已然。嘉庆二十五年（1820），黄河在下游尾闾仍夺淮入海，将黄河与淮河分治之说广为流行。但陈继昌认为，此事今日已难以办到，需要有潘季驯那样的治河名臣，分清时势，因地制宜，才能使黄河安流，不致决口肆虐。陈继昌，原名守睿，字哲臣，号莲史，广西临桂（今桂林市）人，选取此篇殿试是因其连中三元。

八 清宣宗道光二十年（1840）庚子科冯桂芬（榜眼）殿试对策

殿试策问：

制曰：朕寅绍丕基，勤求上理，兢兢业业，夙夜不敢康，二十年于兹矣。仰荷昊苍垂佑，列圣诒庥，海宇乂安，黎民康阜。持盈保泰，广益集思。尔多士拜献先资，对扬伊始，冀聆谠论，式赞大猷。

《三易》名于何代？重卦画于何时？《乾》、《坤》言学有圣贤之分，《泰》卦九二，备保泰之道。能陈其义欤？《尧典》、《舜典》，何人所分？"人心道心"，何书所引？《康诰》、《酒诰》，何以疏其职官？《多士》、《多方》，何以解其篇次？《行苇》言射，果祭欤？《臣工》、《噫嘻》，果戒农官欤？《长发》禘欤？祫欤？《出车》王命，殷欤？周欤？周公作颂，何以有康、昭以后之诗？《仪礼》体解、豚解之分，膳酒、散酒之用，能详其说欤？《周礼·乡大夫》乡射五物，能证以《仪礼》欤？《月令》中星，何以与《尧典》异？加"王"于"正"，岂是好古不作之心？谓"一"为"元"，恐非大始正本之意。释《春秋》者，岂容参以臆见欤？

《汉书》言秦并天下，币为二等，而珠玉、龟贝、银锡之属不为币。孝武始造白金三品，寻废不行。是上下通行之货，一皆以钱，未尝用银。唐时有禁断采银之诏，度支岁计有粟布绢绵及钱，而无银。盖银以充贡，不以为赋也。以银为币，始于何时？行于何地？铸银之式，轻重不同，所值亦异。厥后银日贵，钱日贱，民间但以银论价市易。能详其源流迁变欤？《周官·司市》，无征而作布。郑注谓金铜无凶年，因物贵，大铸泉以饶民。说者谓泉始盖一品，周景王铸大泉而有二品。然观单穆公所称“子母相权”，岂一品欤？论钱法者，若贾谊，若孔颉，若陆贽，能述其梗概欤？

昔在神禹，浚浍距川。亦越成周，详畎遂沟洫之制。沿及后世，河内资漳水之利，关中赖郑国之渠。秦汉以降，代不乏人。我朝定鼎燕京，居高御下。邦畿之内，巨川如滏阳、滹沱、清河、白沟、桑乾、潞河、滦河，支流如滱、洺、徐、白，加之以淀泊水泉，未尝无可兴之水利。乃每当夏秋淫潦，膏腴变为污泽，不重可惜欤？稽之元明，若虞集，若托克托，规画若何？邱浚《大学衍义补》，所讲求者何术？徐贞明《潞水客谈》，胪陈十四利，厥旨若何？时议用之于永平一带，垦田至三万九千余亩。似有成效，而事卒中止，何欤？夫水聚之则害，散之则利；弃之则害，收之则利。何以时其蓄泄，俾无旱涝之虞欤？

用人之道，在乎知人善任。顾忠诈相似，贤奸易淆，鉴别不精，薰莸杂进。且人之材性，各有攸宜。廉静之儒，每不胜夫繁剧；方正之士，或不达于事机。善御者所以不废覂驾之马也。然偾功非不勤奋，而病在庸违；试可岂无才能，而恶其圮族。口对甚悉，无取捷给之长；敦厚少文，独许大事之属。骥称其德，又在此不在彼矣。夫智力有大小，用过其量则倾；时地有难易，任违其材则蹶。往往同此一人，而前后殊其巧拙，彼此异其功过。今将陶铸群伦，驱策英俊，用其长而去其短，称其分以尽其能，使人无弃材，官无废事，厥道何由？

夫研经训以求实用，权食货以阜民生，讲疏浚以利农功，登俊乂以熙治绩，皆经邦之要道，立政之宏纲也。多士学于古训，通知时事，以敷奏为明试，毋泛毋隐。朕将亲览焉。

译文：

制策说：我谨慎地继承了国家的基业，勤于力求美好的治理，兢兢业业，日夜不能安宁，已经二十年了。仰仗着上天的护佑，祖宗的荫庇，才使得天下太平，百姓安居乐业。为了能够保守成业，平安无事，故而集思广益。

你们这些读书士子要进献准备好的有益建言，从对答天子的提问开始，就希望听到你们正直的言论，来辅助国家大事。

《易》有《连山》、《归藏》、《周易》三种名称是从哪个朝代开始？八卦何时重叠成六十四卦？《乾》、《坤》两卦说有圣人之学和贤人之学，《泰》卦九二，具备保持安泰的道理，能陈述它们的意义吗？《尧典》和《舜典》是谁区分的？“人心惟危，道心惟微”是什么书引用的？《康诰》和《酒诰》，为什么详列官职？《多士》和《多方》的篇次划分如何说明？《行苇》说的比试射箭，果真是祭祀时用的吗？《臣工》和《噫嘻》两诗，果真是告诫农官的吗？《长发》一篇是禘祭用还是祫祭用的？《出车》中的王命，是商朝的还是周朝的？周公所作《周颂》为什么有康王、昭王之后的诗呢？《仪礼》中有“体解”、“豚解”的分别，“膳酒”、“散酒”的用途，能对此详细地加以说明吗？《周礼·乡大夫》中乡射之礼的五物，能用《仪礼》加以证明吗？《月令》中的中星，为什么与《尧典》所记不一样？在正月之前加上“王”字，难道是“述而不作，信而好古”的用心吗？把“一”说成“元”恐怕不是万物形成时本原的意思。解释《春秋》的人，难道容许夹杂个人主观的见解吗？

《汉书》说秦统一天下后，钱币定为二等，而珠玉、龟贝、银锡等物不再充当货币。汉武帝开始铸造白金三品，但不久就作废不再流通了。所以全国上下通行的货币，全是用铜钱，不曾用银。唐代有禁绝采银的政令，财政结算有粟、布、绢、绵和钱，但没有银。大概因为银是用作进贡的，不用作赋税征收。把银用作货币，开始于什么时代？通行在哪些地方？银的铸造规格，轻重不同，价值也不一样。后来银子日渐贵重，铜钱日渐价低，民间就只用银子来论价交易了。能详细地说明货币的源流变迁吗？《周礼·司市》上说，遇到灾荒年头，官府就不征收货物而只铸造发行钱币。郑康成注释说金铜没有受灾的年头，因为灾年货物变得贵重，大量铸钱是为了使百姓富足。有人说钱开始为一品，周景王铸大钱才有二品。但是单穆公说两种货币互为标准确定对方的交换率，怎么能是一品呢？论钱法的人，有贾谊、孔颛、陆贽，能陈述一下他们说法的要点吗？

从前在大禹时代，就注意疏导水流大川。到了成周时期，详明了甽、遂、沟、洫的各项水利制度。沿用到后世，河内地区利用了漳水，关中地区仰赖了郑国渠。秦汉以来，代代不乏兴修水利之人。我朝定都在燕京，居高临下，京畿辖区内的大川有滏阳、滹沱、清河、白沟、桑乾、潞河、滦河，支流有滱、洺、徐、白，加上那些淀泊水泉，未尝不可以兴修水利。但是每到了夏秋多雨季节，良田变为了沼泽，这不是很可惜吗？考察元、明两代，像虞集、托克托等人，是怎样规划水利的？邱浚的《大学衍义补》，所讲求的是什么方法？徐贞明的《潞水客谈》，胪列了十四利，其宗旨是什么？当时人们认为将这些办法用在永平一带，可以开垦农田至三万九千余亩。似有成效，却为何又中途废止了呢？水这种东西，聚积多了就有害，分散使用就有利；置之不顾则有害，安置妥当则有利。怎么能适时收蓄或宣泄，使人们没有旱涝的顾虑呢？

用人的道理，在于知人善任。但忠诚和狡诈相似，贤良和奸佞容易混淆，若鉴别不精，就会善人恶人并用。况且人的才能和性情，各有所宜。清廉好静的儒生，往往不胜任那些繁杂剧烈的工作；正直不阿的士子，或许不能通达事情的先机。这就是善于驾驭的人不废弃奔逸而不循轨辙之马的原因。然而帝尧流放共工非是共工不勤奋，而是不满共工违命；鲧的治水不是没有才能，而是厌恶他毁坏族类。虎圈啬夫对答禽兽的数目甚为清楚，但不提升他们的官职；周勃忠厚没有文才，汉高祖唯独委以重任。良马称其德不称其力，这又重德不重才了。人的智慧才能有大有小，用人超过了他的限度就会倾覆；时间地点有难有易，用人违背了他的才能就会跌倒。往往同一个人，前后巧拙的表现相差悬殊，取得的功过大不相同。现今造就人才，驱策英杰，任用他们的长处摒弃他们的短处，分配职务和他们的能力相称，使得人尽其才，官尽其事，能用什么方式来实现呢？

研习经典是要讲求实用，权衡食货是要富裕民生，讲究疏浚河流是要有利农功，提拔人才是要提高政绩，这些都是经邦治国的重要措施和宏伟纲领。众学子学古通今，用陈奏建言作为考察测试，不要空泛隐讳。我准备亲自审阅。

殿试对策：

臣对：臣闻典学者，通经之要；藏富者，裕国之谟；涤川者，兴利之原；得士者，佐邦之本。综稽往籍，《易》著观文，《礼》详泉布，《诗》有度原之咏，《书》传宅俊之规。自古帝王，握镜临宸，斟元御宇。以征博雅，则虎观崇儒也；以阜财求，则鹿皮登币也；以资灌溉，则雉陇流膏也；以进贤能，则风喈腾咏也。崇规茂矩，综贯兼赅。用是儒业隆，而简册牖其灵；国用饶，而金贝呈其实；水德恬，而陂池溥其利；仕途辟，而杞梓达其材。所由瑞集璇图，化光玉镜，固万叶而为量者，恃此也。

钦惟皇帝陛下，学传精一，政著丰亨，普闿泽于井闾，切旁求于桢干。固已四术式崇，而万民利赖；百川归壑，而三物登庸矣。乃圣怀冲挹，深维长治久安之计，弥切持盈保泰之思。进臣等于廷，而策之以重经训、均钱币、兴水利、举贤才诸大政。如臣之庸愚，曷足以知体要？顾当拜扬伊始之时，敬念敷奏以言之义，敢不勉述素所诵习，用效土壤细流之一助乎！

伏读制策有曰：《三易》名于何代？重卦画于何时？而因胪举夫经文之要义，诠解之异同。此诚读书穷理之要务也。臣闻《五经》之在天下，犹之日月行天，江河行地，无时或息。至于经之有五，犹天之有五行，地之有五岳，人之有五伦也。《连山》、《归藏》、《周易》，是谓之《三易》。伏羲、文王相继画八卦，六十四卦。《乾》、《坤》言学，分乎圣贤；《泰卦》九二，备言保泰。《尧典》、《舜典》，本合为一，后儒始分"慎徽"以下为《舜典》。至若《康诰》、《酒诰》职官，可与《周礼》并参。《多士》、《多方》篇次，亦有今古之异。《行苇》为祭射，《臣工》、《噫嘻》为戒农官。《长发》一诗，或为祫，或为禘；《出车》王命，或曰殷，或曰周。以及《仪礼》体解、豚解之分，膳酒、散酒之用，其说当参稽也。中星之法，以岁差而变。尧时中星在虚度，厥后渐差而东，岁有迁改，故与《月令》有异，此即今法所谓恒星东移之度也。鲁史本用周正，自合加王于正，纪年道在体元，原宜谓一为元。圣人好古不作，大始正本，著书之义，夫岂容测以臆见也？夫五经之作，并出于圣人，阅世久远，师承不一，故义例参差，字句互异，是在读者考核之精详矣，皇上学究天人，修明经术，凡在服经之士，孰敢不勉自策励哉！

制策又以秦有天下，币为二等，而遂推究夫古今货币之源流。此又皂财足用之要图也。臣谨按：《管子》曰，黄金刀币，民之通施也。故神农一神之字，太皞九棘之名，黄帝之制金刀，帝舜之策马货，皆流芳秘纪，征瑞瑶编，厥制纷如，靡得而记已。盖秦汉以前，上下通行之货，一皆以钱，所谓珠玉龟贝金锡之属不为币也。孝武始造白金三品，寻废不行。至唐时有禁断采银之诏，度支岁计有粟布绢绵及钱，而无银。盖银以充贡，不以为赋，近世始以银为币。铸银之式，轻重不同，所直亦异。民间但以银论价市易，遂至银日贵，钱日贱，市侩得以上下其手，富贾或且奇货可居，此其弊也。《周官·司市》“无征而作布”，郑注谓金铜无凶年，因物贵，大铸泉以饶民。说者谓钱始盖一品，周景王铸大泉而有二品。然观单穆公所谓“子母相权”，是固有大小矣。古今论钱法者，若贾谊，若孔颛，若陆贽，皆能详其利弊者也。要之，钱有重轻，铜有贵贱。铜价浮于钱，则盗销之弊起；钱价浮于铜，则盗铸之弊起。二者相反，要皆法之所宜禁。而钱之轻重，铜之贵贱，必斟酌得其平。而唐以上五铢之利，不足言矣。皇上府事交修，权衡轻重，各得其宜，所由国用饶而民用赡也。

制策又以昔在神禹，浚浍距川，亦越成周，详甽遂沟洫之制，而求兴利除弊之道。此又一劳永逸之至计也。臣惟河内资漳水之利，关中赖郑国之渠。古今之言水利者，代不乏人。今畿辅之地，形势广衍，诸川巨浸，汇于津门，堤防疏导，厥功要矣。诸川之大者，天津之南为卫河，北为潞河，滹沱为子牙上游，势均而力敌。永定汇于桑乾，源合而流则分。他如滱、洺、徐、白，加之以淀泊水泉，自有可开之水利。当游衍而节宣之，使无淤积之患，夏秋淫潦，不致膏腴变为污泽，而水利可兴矣。考诸元明，代有修浚。其尤著者，虞集有《京东屯田》诸议。徐贞明于永平一带，行疏浚潴蓄之法，一岁遂得熟田三万九千余亩。北地水利，自昔已然。惟风沙易积，水泉多挟淤泥而下，则疏瀹诚不可缓。至于治河之吏，知有堤而不知有河，密于修防者，往往疏于浚导；营田之吏，知有田而不知有河，利其淤垫者，往往忘夫浸灌。是又在董厥成者，相宜而利道之，庶几利可永兴而害可去矣。皇上轸念民依，随宜浚治，不门建永赖之功而溥无疆之利哉！

制策又以用人之道，在乎知人善任，而因思所以祛偏倚之习，清澄叙之原。此又厘工熙绩之首务也。臣惟人之材性，各有攸宜。廉静自守者，或无以治剧理繁；规矩自循者，或无以随机达变。有如儁功勤奋，而病在庸违矣；才能试可，而恶其圮族矣。口对甚悉，而捷给不足取矣；厚重少文，而大事转可属矣。则所求以辨忠诈、精鉴别者，固在彼不在此也。况夫智力有大小，时地有难易。往往同此一人，而前后殊其巧拙，彼此异其功过者，非人各有能有不能，不可强以所不习哉？要之用人之法，非第取其才也。必有孝弟之德，则子谅易直，而回邪之念不生；必有廉介之德，则砥行砺名，而贪竞之心不作。而能量能授官，人地相宜，录其瑜而祛其瑕，取其长而化其短。持躬懔于圭璧，遇事不患盘错。有猷有为有守，三者克兼，而奇材异能之效，乃特出耳。皇上虚怀延访，人才辈出，职事修明，洵足以追三代、媲唐虞矣。

若此者：穷经以居业，立式以均财，潴水以溉田，抡才以佐治。蒙养之功实焉，节用之源成焉，井受之用宏焉，泰交之庥著焉。洋洋乎洵亘古之上仪，丕天之伟烈矣。臣尤伏愿皇上，日新进德，天健昭行，本至诚无息之衷，臻累洽重熙之盛。正学已隆，而弥思崇广；泉刀已裕，而更谨权衡；沟渠已导，而益切经营；选造已升，而愈殷采访。于以上咸五，下登三，润色皇猷，缉熙帝载，民俗合于卢牟，邦本固于磐石。则我国家亿万年有道之长，基此矣。臣末学新进，罔识忌讳，干冒宸严，不胜战栗陨越之至。臣谨对。[1]

1. 金山、宋大川、杨寄林：《中华状元卷》之《大清状元卷》（下），山西教育出版社，2002年，第86页。

译文：

臣对答：臣听说，典学是通经的要务，藏富是裕国的良谋，疏浚河流是兴修水利的根源，得士是辅佐国家的根本。综合稽考过去的书籍，《周易》著明要阅览文明；《周礼》详述泉布；《诗》咏“度其隰原”；《书》传“宅俊”的规定。自古帝王怀明德而为天子，斟酌元始而统治天下。若旁征博引，就要像白虎观那样尊崇大儒；要丰富财货，鹿皮可用作钱币；论及灌溉，就田亩流膏；进用贤能，则人才涌现。崇高完备的规章制度，综合贯穿，全都包纳。因此儒学兴隆，而典籍启发学子的灵性；国用富足，而金贝呈现着它的实效；水利大兴，而陂池发挥它的作用；仕途开辟，而英杰发挥他们的才用。之所以瑞兆集聚成璇玑之图，化导之光映照着金玉之镜，国运亨通长久不衰，正是靠上述措施啊！

皇帝陛下，研习传授了唯精唯一的学问，政绩显著。对黎民百姓，普降恩泽；对优秀人才，殷切旁求。本来已经诗、书、礼、乐并重，万民享受其利，百川汇海，而具有六德、六行、六艺的人都得到了进用。而胸怀谦虚不满，深深地考虑长治久安的方法，殷切地进行长盛不衰的思索。将臣下等人，宣进朝廷，而用重经训、均钱币、兴水利、举贤才等大政，进行策问，像臣这样庸碌愚钝的人，怎么能知道大政的要害所在呢？但是在拜见颂扬开始的时候，敬念用言辞向天子全面汇报的古义，敢不勉力叙述平素学习到的东西，用来献上土壤、细流般微小的帮助吗？

敬读制策有这样的话：“《三易》名于何代？重卦画于何时？”因而列举经文的要义、诠解的异同。这实在是读书穷理的要务啊。臣听说《五经》在天下的地位，好比天上日月，地上江河，没有停止的时候。经分为五部，好像天有五行，地有五岳，人有五伦。《连山》、《归藏》、《周易》叫作《三易》，伏羲、周文王相继画八卦、六十四卦。《乾》、《坤》言学，分别圣贤；《泰·九二》中把保泰的道理说得很完备；《尧典》、《舜典》本合为一，后代儒生才把“慎徽五典”以下称为《舜典》。至于《康诰》、《酒诰》中的职官，可与《周礼》参证，《多士》、《多方》的篇次，也有今文、古文的不同。《行苇》一诗，是祭毕而射来使用的，《臣工》、《噫嘻》是劝诫农官的。《长发》一诗，说法不一，有的说是祫，有的说是禘。《出车》诗中的“王命”，有人解作周王，有人解作殷王。《仪礼》中体解、豚解的分别，膳酒、散酒的应用，应当参验稽查。“中星”之法，随岁差而变动。尧时中星在虚度，以后逐渐东移，年年有变动，所以和《月令》不同，这就是当今岁令所说恒星东移的度数。鲁史本用周朝的历法，自然应该在“正”字上加“王”字。纪年的原则在于体察初始，原本上就应该把“一”称为“元”。圣人好古而不创作，大始正本是著书之义，岂能容许以臆见来测定？《五经》的作者，都是圣人，传世久远，学者师承不一所以体例参差，字句互异，这就在于读者考核的精详了。皇上学习探究天人的道理，修明经义术数。凡是读经的人，谁敢不努力地自我策励呢？

制策又以“秦有天下，币为二等”，于是推究到古今货币的源流。这又是丰富财源，充实国用的要图。臣谨按：《管子》中说：黄金刀币，是民间流通的货币。所以神农有一神之字，太皞有九棘的名称，黄帝铸金刀币，帝舜之策马货，都记载在秘籍中，表祥瑞在神册上，那些制度繁杂，没法记述了。秦汉以前，上下通行的货币，一律用钱。所说的珠、玉、龟、贝、金、锡一类的东西，不做货币用，汉武帝始造白金三品，不久就废止，没通行开。到了唐代有禁止采银的诏令，从财政统计上看，有粟布绢绵及钱，却没有银子。大概银子是作为贡品，不作税钱。到了近世，才把银子当货币用。铸银的规格，轻重不同，价值也不一。民间都拿银子来进行交易，致使银子越来越贵，钱越来越贱，市井小民得以上下其手，从中渔利，富商大贾则可囤积居奇，这是它的弊端。《周官·司市》中，有“无征而作布”的记载，郑玄注谓“金铜无凶年，因物贵，大铸泉以饶民”。论者以为铸钱开始时，只有一种货币。周景王铸大泉，才有二种。但是，从单穆公所说的以一种货币为标准确定另一种兑换比率来看，是本来就有大小两种。古今论钱法的人，如贾谊、孔觊、陆贽等，都能详细地说明它的利弊。总而言之，钱有轻重，铜有贵贱，铜价高于钱，盗销的毛病就会出现，钱价高于铜，盗铸的毛病就会出现。这两样互起反作用，都是钱法所应该禁止的。而钱的轻重、铜的贵贱，必须斟酌使之平衡。唐代以前，五铢钱的好处，不值得叙说。如今皇上朝廷事务都治理得很好，权衡货币轻重，各得其宜，由此国用充裕而民用丰厚。

制策又以“昔在神禹，浚浍距川，到成周详定甽、遂、沟、洫之制”，而求兴利除弊的方法。这又是一劳永逸的重大决策。臣想来，黄河以北依赖漳河的水利，关中一带仰赖郑国渠。古今那些谈水利的，每代都有。现在直隶省内，地势宽平，各条河流汇集天津，堤防的修筑，河道的疏通，工程很重要。就大的河流来说，天津以南有卫河，北为潞河，滹沱河是子牙河的上游，上游与下游势均力敌。永定河汇于桑乾河，源合而流分。别的像滱水、洺河、徐河、白河，加上那些淀泊水泉，自然有水利可供开发。对漫溢的河流应当加以疏通宣泄，使不淤积。夏秋季节雨多水大，不至于变膏腴之地为沼泽，则可以大兴水利。考察元、明两朝，都进行过修浚工作，最著名的，元代的虞集有《京东屯田》等奏议。明代的徐贞明，在永平府一带，施行疏浚储蓄的治水方法，一年的工夫，就获得熟田三万九千余亩。北方水利，自古就是这样。只是风沙容易堆积，水泉多挟泥沙而下，疏浚不可延缓，至于治河的官吏，只知道有堤，而不知道有河，对修堤注意了，往往对疏导河流就疏忽了；经营农田的官吏，只知道有田，而不知道有河，有利于淤垫成田，往往忘记了浇灌。这又在于总领事务的人，不失时机地加以指导，大概利可以永兴，而害可以去掉了。皇上关心民众所感到痛苦的事情，随事所宜，进行浚治，这能不说是建成永久利赖的工程，而普及无穷之利吗！

制策又以“用人之道，在乎知人善任”，因而想用什么方法去掉偏倚的积习，澄清铨叙官吏的本原。这又是整顿吏治、振兴政事的首要任务。臣想来，人的个性和才能，各有所宜。廉静自守的人，有的不能担任繁杂剧烈的工作；循规蹈矩的人，不能随机应变。如成功勤奋，而病在违背命令；才能试可，但嫌他残害族人。口对很清楚，但这类巧言善辩的人就不足取；品质厚重略输文采，大事可以相托。由上例看来，用以“辨忠诈”、“精鉴别”的，本来在彼不在此。何况人的智力有大有小，时间地点有难有易。往往同是这个人，而前后的巧拙相殊，彼此的功过不同，这不正是人各有能有不能，

道光御书“振德育才”匾

不可勉强要他去做不熟悉的工作吗？总之用人的方针，不只是取他的才能啊。一定要有孝悌的美德，就会诚信正直，而邪恶的念头不产生；一定要有清廉耿介的美德，用来磨砺自己的言论和行动，而贪婪之心不萌发。如此才能量能授官，人地相宜，采纳他的优点，去掉他的缺点，发挥他的特长，补救他的不足。对自己注意品行廉洁，遇事不怕盘根错节。有谋略，有作为，有操守，三者兼有，而奇才异能的效用，就会明显地显现出来。皇上虚心访求，人才辈出，政事修明，足可以上追三代，与尧舜媲美。

以上这些问题：穷经以对待学业，健全法式以均衡财用，蓄水用以灌田，选才以辅治理。教化的功效充实了，节用的根源完备了，灌溉田亩的作用得到弘扬了，上下一致的关系明显了。一派兴盛景象，真是亘古未有的太平盛世，比天还大的丰功伟绩。臣更愿皇上，每日增进德行，天健用以昭明行动。本着至诚勤恳的初衷，达到繁荣和谐的盛况。圣学已兴隆，而更想着发扬光大；钱币已充裕，而更强化权衡；沟渠已通畅，而管理更密切；选士已完备，越发殷切寻访。如此可以上同五帝，下登三王，润色谋略，使帝业光明，民俗合乎规模，国家的根基像磐石一样坚固。那国家亿万年有道的长远国运，正奠基于此。臣学识浅陋，刚要被进用，不懂得忌讳，冒犯皇上的威严，简直恐惧到了极点。臣恭敬地回答如上。

评议：

道光二十年即公元 1840 年，为鸦片战争爆发之年。当此大事之年，道光帝策问了士子古代典籍源流、银钱制度因革、治理河工要务与任员制度改革等四大问题。既有士人熟悉的典章制度，也有当时的治河问题。在对策中，榜眼冯桂芬认为上古典籍“并出于圣人”，由于年代久远，学者、门派说法不一，遂致解说各有差异。对于银钱制度，应当保持比率平衡，以达到国富民强的目的。清代直隶水利虽叠加兴修，至道光时期仍是水患不断。营修水田与治理河堤的官员职责不一，是其中一个重要原因。“用人之道，在乎知人善任。”冯桂芬建议朝廷依据士人各自才能、品德量行授官，使其各能发挥所长，为朝廷所用。冯桂芬，字林一，号景亭，江苏吴县（今苏州市）人，提倡经世致用之学，曾在上海办广方言馆，培养西学人才，著有《校邠庐抗议》等。

九　清文宗咸丰六年（1856）丙辰科翁同龢（状元）会试卷三道

会试试题一：

告诸往而知来者。

译文：

告知过去的事而知道未来的事。

会试卷一道：

知不囿于所告，贤者之善悟也。盖往者可告，来者不可尽知。因论境而及《诗》，赐之善悟也，夫子故深许之。且名理之日，出以饷人者，惟此往与来之相寻于无尽耳。其上者质由天亶，明无不照，早洞彻夫前古后今之原，故其量足以断往开来，而不以万殊变也。其次者智以学充，积焉既深，自渐臻夫触类旁通之境，故其诣亦足以彰往察来，而不以一端域也。吾以赐为可与言《诗》，诚以赐今者第论境耳。吾之告亦第论境耳，而赐忽有悟于《诗》，赐之知殆进矣乎。

言必资夫告。理有定则，告焉以示其归；理无尽藏，告焉以引其绪。告以启夫言之机，任小叩小鸣，大叩大鸣，而皆有浅深高下之故。言必待夫知。理在言中，知可以穷其奥；理在言外，知可通其凡。知以承夫告之旨，任闻一知一，闻二知二，而各有会悟感触之几。然而有已告，亦有未告也；有已知，即有未知也。所已告者往也，所未告者皆来者也。所已知者往也，所未知者即来者也。前往则后来，有进境无止境也。彼往则此来，有化机无滞机也。然告之不难，而知之特难，何也？盖非天资之所禀，慧足以过人，断不能以易尽之聪明，特神其领悟；又非学力之所几，真积造于有得，更不能以无端之逆臆，遽测夫精微。

两间名物象数之繁，何莫非往者之过而趋，何莫非来者之接而起，善学者贵得其通耳。一事具一理，往与来可分观也；万事共一理，往与来可互证也。往者不一往，来者亦不一来。本此意以论《诗》，则即诗言诗，而一诗可作全《诗》观矣；不即诗言诗，而非诗皆可作是《诗》观矣。吾道危微精一之统，何莫非往者之立其准，何莫非来者之绍其传，善学者贵提其宗耳。旋往旋来，往与来环而相生也。即往即来，往与来对而相待也。今所谓往即前所谓来，今所谓来又后所谓往。本此意以论《诗》，则于赐所已言者，言《诗》而知不自《诗》起矣。于赐所未言者，言《诗》而知又不自《诗》止矣。赐而无囿于知也，则虽相契于无言可也。[1]

译文：

理解问题不局限于被告知的范围，这是贤明的人善于领悟的。过去的事情可以被告知，未来的事情不可能都知道；由论说具体问题而联系到《诗经》，子贡善于领悟，孔子因此深为赞许。到能把道理弄明白的时候，能够提供给人们的，也只是这些关于过去和未来相互连接中所产生的无尽的知识。上等的人的天资是上天赋予的，像阳光一样没有照射不到的地方，早就看清了过去和现在的一切道理，所以他们的才能完全可以判明过去，开创未来，而不会因万事复杂发生改变。次一等人的智力是靠学习得来的，由浅入深地积累，自然会逐渐达到触类旁通的境界，所以他们的见解也完全可以说明古代并推测未来，而不会被某一狭小的范围限定住。我认为子

1. 金山、宋大川、杨寄林:《中华状元卷》之《大清状元卷》(下)，山西教育出版社，2002 年，第 343 页。

贡可以与之谈论《诗经》了，确实是因为现在子贡讲的是具体问题；我告诉他也只是具体问题，而子贡骤然间由此领悟了《诗经》的含义，子贡的能力或许更进一步了。

言论要靠传授，道理有了定论就应该传授于人，以显示旨归。道理不必完全隐藏，传授于人，以引出形成过程。通过传授去启发言论的主动性，任从小的启发引起小的反响，大的启发引起大的反响，这都是理解程度有高低深浅的缘故。言论需要知识。道理存在于言论之中，通过知识可以弄懂深奥的道理。道理存在于言论之外，知识可以贯通各个方面。知识是听到一便知道一，听到二便知道二，这是人们各有各的体会和感觉的缘故。然而有已经告知的，也有未曾告知的；有已经知道的，就有不知道的。已经告知的是过去的事情，未曾告知的都是未来的事情。过去的已经过去而未来正在来临，只有进取的情况而没有停止的情形。这些事情已经过去而那些事情正在发生，只有变化的机缘而没有停滞的机缘。然而告诉别人并不难，理解却很难，为什么呢？大概是由于天资如果不是天生过高，智慧足以超过常人，肯定不能容易地用尽聪明，达到神妙的领悟；学力如果不是达到了应有的程度，积累的智慧不是达到了独有所得，就更不可能用没有根据的随意猜测，掌握精粹细微的道理。

天地之间名物象数那样繁多，哪一种不是过去的东西，哪一种不是未来的东西呢，善于学习的人最可贵的是能把过去和未来贯通。一件事情有一个道理，过去和未来可以分开观察；所有的事情有一个统一的道理，过去和未来又可以互相印证。过去的事情并不是同样的过去，未来的事情也并非相同的来临。用这个原则来讨论《诗经》，就诗论诗，由一首诗可以观察整部《诗经》了；不就诗论诗，即使不是诗，也都可以把它当作《诗经》来看待。而那“人心惟危，道心惟微，惟精惟一，允执厥中”的道统，有什么不是过去的事情确立起准则，又有什么不是未来的事情延续传授，善于学习的人最可贵的是能够抓住根本。万物随时在过去又随时在来临，过去与未来循环出现。万物很快过去又很快来临，过去与未来相对分开。今天的所谓过去也就是以前的所谓未来，今天的所谓未来又是以后的所谓过去。用这个原则来谈论《诗经》，子贡已经讲过的意思是他谈论《诗经》而所理解的内容又不源于《诗经》；子贡所未讲出来的意思是他谈论《诗经》而所理解的内容又不限于《诗经》。子贡没有受到已有知识的限制，那么就会在无言之中与孔子的思想契合。

会试试题二：

洋洋乎发育万物，峻极于天。

译文：

圣人之道生发养育世间万物，与上天一样高大。

会试卷二道：

圣道无外，物与天皆在道中矣，盖物生于天，惟道有以发育之，则其峻不极于天乎？道之大而无外如此。且盈天下皆物也，顾物之生，天为之，天之所以生物，道为之，物日处于天之中，实日处于道之中。天能出于物之外，不能出于道之外。则无在非物，无在非天，即无在非道。此其义，可于俯察仰观间得之。大哉，圣人之道！

夫圣人者，尽物之性，而与天参者也。道起于最初，两仪四象灿著者，皆后起之端。道本有运于无极之先，而莫可指名者也。道无能名，则凡可以区类求者，皆不足以尽道矣。道行于不息，典漠爻象共见者，多偏举之词。道固有充于太虚之表，而莫能际限者也。道无所际，则凡可以测量得者，举不足以尽道矣。洋洋乎其殆动无方，静无体，而体物不遗者乎？物之蒙也，性保于太和，惟道有以正物之命。其发也，道为之充周也。物之壮也，理期于大顺，惟道有以类物之情。其育也，道为之根极也。极纷纭蕃变之数，圣人悉为之节宣畅茂，而不使一失其所，道之发育万物有如此。其殆迩不遗，远不御，而配天立极者乎？造物者天，而天每不能自达，惟道能先天以立心，道之峻与天同其体也。成物者天，而天亦时有所穷，惟道能代天以宣化，道之峻与天同其用也。极清汾穆之境，圣人独与之裁成辅相，而不使或越其围，道之峻极于天又如此。

且夫觉世牖民之责，其开物而成务者，皆天所笃生耳。天生物而天有权，天得圣人而天转无权。言天则万物皆同此天也，言道则物与天皆同此道也。闻道以言物，其势涣，有道以宰之，斯无涣之非萃矣；离道以言天，其理虚，有道以弥之，斯无虚之非实矣。天者，物之所以始资；道者，物之所以曲成。道与天，不两化哉！且夫别声被色之伦，其群分而类聚者，亦物中之一耳。天生人于物之中，天特生圣人于人之中。物在斯道在，即物即道也；道在斯天在，即道即天也。分言之，则万物各具一天，凡见天之处，皆见道之处矣；合言之，则万物同具一天，有无物之处，必无无道之处矣。物者，天之所以大生；道者，天之所以不已。道与天，不一而神哉！道之大而无外如此。[1]

译文：

圣人掌握的“道”无例外地包含一切，万事万物及“天”都包含在“道”之中。大概万物是由上天派生的，只有“道”可以形成养育它们，那么道高大还不到达天边吗？“道”的广大是没有什么可以在它的范围之外的。而且天下所有都是事物，追究事物的生成，是上天的作用；上天之所以生成万物，是“道”的作用。万物每天处在天地之中，实际是处在“道”之中。上天能超出具体事物之外，不能超出“道”之外。无所不在的无非是事物，无所不在的无非是上天，也就是无所不在的无非是“道”。这层意思可以在上下观察之中领悟到。圣人之“道”真是神圣伟大！

圣人是认清了万物本性而与天地并列的人。“道”最初形成，所谓太极生两仪，两仪生四象，四象生八卦，八卦生万物，都是后来派生的。“道”本来运行“无极”之前，而且没有明确名称。“道”不能有名称，那么凡是

1. 金山、宋大川、杨寄林：《中华状元卷》之《大清状元卷》（下），山西教育出版社，2002年，第345页。

可以分类寻找的，都不能用来概括“道”。“道”在永无停息地发挥作用，《尚书》中《尧典》和《大禹谟》，《周易》中爻辞和象辞这些都看到过的，多是有所侧重的说法。“道”当然存在于茫茫天地间，但不能限定其规模。“道”不会有边际，那么凡是可以测量出范围的，全部罗列也不能概括“道”的特征。“道”近似于运动起来没有规则，静止下来没有形体，对任何具体事物不是都体察得毫无遗漏吗？万物刚形成的时候，其本性是由元气决定的，只有“道”有调整万物的使命。万物的产生，是“道”为它们充实周全。到万物壮大的时候，要达到十分顺畅，只有“道”能把万物之情进行归类探究。万物的发育，是“道”为它们充当根基和极限。穷尽纷纭变化的过程，圣人让每个环节都顺畅兴盛，不让一个环节出毛病。“道”产生养育万物的过程就是这样。它恐怕是近处不遗漏，而远处不统领，配合上天确立规则的吧？造就万物的是上天，但上天常不能单独起作用，只有“道”能在上天的前面先为万物确立其本性，“道”的高大与上天共同为主体。形成万物的是上天，但上天也有无能为力的时候，只有“道”能代表上天宣扬教化，“道”的高大与上天共同起作用。极尽清静空旷、深奥细腻的境界，圣人唯独辅助天地定夺成就万物，使万物不超出既定的规范，“道”比上天还要高大又体现在此。

况且肩负为世人觉醒的职责，发现万物的规律而成就事业的人都是上天特意造就的。上天有权力生成万物，上天造就了圣人后便没有权力了。论及上天则认为万事万物都与上天相同，论及“道”则认为万事万物都与“道”相同。知道一些“道”就去谈论事物，其内容杂乱；用“道”来规范，就没有杂乱的毛病了。离开“道”去谈论上天，其理论虚玄，用“道”来弥补，就没有虚玄的毛病了。万物之所以始生是因为有天，万物之所以长成是因为有“道”，“道”与上天不是两相分离的吗！况且声音、颜色各不相同的众物，所谓物以群分、人以类聚，都算万物中之一类。上天把人安置于万物之中，上天又故意把圣人安置在众人之中。万物存在则其中的“道”就存在，因此事物就是“道”；“道”存在则上天就存在，因此“道”就是上天。分开来说，则万物各有自身的领域，凡是能看到天的地方，都是能看到“道”的地方。合起来说，则万物共同拥有一个上天，有不存在事物的地方，却不会有不存在“道”的地方。有上天则万物就可以茁壮成长，有“道”则上天就可以永恒存在，“道”与上天不是合一而神圣吗？“道”的高大而无所不包就像这样。

会试试题三：

莫如为仁。

译文：

不如倡行仁义。

会试卷三道：

人不为仁，因其耻而引之焉。夫人惟不为仁为可耻耳，耻不仁而犹不为仁可乎？孟子引之使进于仁曰：吾人以藐然之身，并三才而贵万物，亦惟仁而已矣！仁也者，圣人安之，贤人复之，下此则舍而失之。必有以愧厉其心，而后可驱之致之。驱之为何？曰耻，耻为人役，耻其不仁也。何以知不仁之可耻？以其心之本有仁也。心本有仁，何以不仁？以其不为也。不为则其志日昏，以耻提之，久安之心于以一动，动则思迁，人之情也。不为则其力日弛，以耻迫之，将衰之气有以复振，振则思奋，亦其势也。

如是而不为仁，舍其固有之良而妄欲有为，皆作伪也。漓其所受之中而纷于所为，皆歧趋也。愧其所为之见弃于人，不愧其所为之见绝于天，是再辱也。恶其所为之侪于凡庸，不恶其所为之远于圣贤，是终废也。试问事之切于身者，孰如仁？理之具于心者，孰如仁？足乎内而皆备者，孰如仁？得于天而至贵者，孰如仁？智者知此者也，仁者见之谓之仁，智者见之谓之智。智不本于仁，智流于凿。吾人末路之纷纭，恒以私智滋其扰。则寓精明于浑厚，欲为智先为仁。礼者体此者也，长人所以体仁，嘉会足以合礼。礼不本于仁，礼失之伪。天下志行之不端，每以似礼失之谄，则辨品节于德性，欲为礼先为仁。义者宜此者也，仁者天下之表，义者天下之制，义不本于仁，义近于偏。自来贤豪之失足，恒以假义误其趋。则本利用以崇德，欲为义先为仁。

且也仁为天德之全，耻即天心之见。以其见端，复其全体，事之便莫便于此。仁为未发之性，耻即已发之情，由其所发，溯其所存，机之捷莫捷于此。为仁则爵之弃者修，为仁则宅之旷者归。为仁则智生，为仁则礼复，为仁则义行。如是而犹不为仁，必其不知耻者也，必其甘为人役者也。夫君子之道，协吉于悔；庸人之过，复善于迁。终履者祥，克念者圣，人亦何乐而不为仁？人又何惮而不为仁乎？[1]

译文：

人不按仁义行事，这种耻辱引发了议论。人只是不按仁义行事是耻辱，认识到这种耻辱而仍然不按仁义办事就可以了吗？孟子谈论到此并就仁义的境界引申说：我们以藐小的身躯，集天、地、人的优势于一身，在世界万物中最为高贵，也只是靠有仁义啊！所谓仁义，圣人习以为常，贤人随时注意，其下则丢弃仁义。必须让其内心切实感到羞愧然后才促使其按仁义办事。如何去驱使呢？是强调耻辱，因被人役使而感到耻辱，为自己不行仁义而感到耻辱。怎么能感到不仁义是可耻的呢？是因为其内心本来存在仁义，怎么会不仁义呢？是因为他不这样做。不这样做则其志向越来越困惑，用耻辱来提醒，使其长久平静的心为之一惊，吃惊必然有变化，这是人之常情。不这样做则其气力越来越松懈，用耻辱来驱使，使其将要衰颓的气力再次振作起来，振作必然要奋发，这也是必然趋势。

像这样还是不行仁义，丢弃原有的仁义良知而想为所欲为，都不是真诚的。渐渐地疏离天赋之中的标准而随波逐流，都是走入了歧途。为自己的行为被人们所唾弃而感到羞愧，却不为自己的行为破坏上天的规定而感

1. 金山、宋大川、杨寄林:《中华状元卷》之《大清状元卷》(下)，山西教育出版社，2002年，第348页。

咸丰御书“敬敷五教”匾

到羞愧，是更进一步的耻辱。为自己的行为与俗人相同而恼羞，却不为自己的行为照圣贤差得很远而恼羞，是最终变坏了。试问在与自身关系要紧的事情中，哪个比得上仁义呢？在心灵需要的道德精神中，哪个比得上仁义呢？自身生就的各种完备的本能中，哪个比得上仁义呢？得自上天的各种高尚的习性中，哪个比得上仁义呢？聪明的人懂得这一点，仁者见仁，智者见智。但聪明不以仁义为基础，聪明就会空费。我们最终体现的纠纷混乱，总是由个人的聪明引起的麻烦。应当把精明容纳在纯朴厚道之中，想发挥聪明先实行仁义。讲礼的人体悟这一点，为人君长将仁义体现在身体力行之中，高雅聚会都能合乎礼仪。礼仪不以仁义为基础，礼仪就流向虚伪。天下人的志向行为中的不良倾向，常常是貌似合乎礼仪而实际是谄媚所导致的。应当在礼仪规范中来识别人的品质，想奉行礼仪先实行仁义。讲义的人适合这一点，仁义是天下人的表率，义气是天下人的标准。义气不以仁义为基础，义气就会走向偏激。自古以来的贤良豪杰之所以误入歧途，多是被错误的义气引入了歧途。应该以物尽其用来崇尚道德，要想讲义气先实行仁义。

况且仁义是人们天性道德的主体，耻辱是人类心灵固有的天良的发现，利用耻辱的发现归复完善的道德本性，事情再也没有比这更恰当的了。仁义是人类自身蕴含的本性，耻辱是人类表现出来的情绪，由其所表现出来的耻辱感中找回其原有的仁义本性，机会再也没有比这更快捷的了。行仁义能使抛弃爵位的人重新修养好自己，行仁义能使内心中没着落的人把它收回来。行仁义能产生智慧，行仁义能恢复礼仪，行仁义能讲究义气。懂得这些却仍不行仁义，一定是不知耻辱的人，一定是心甘情愿被人驱使的人。君子为人处事的原则，有所悔悟就与吉庆融为一体。平凡人有失误，由于改正而得以完善。终生实行仁义的人平安吉祥，克制私心杂念的人即是圣贤。人们何乐而不为？人们又有何顾虑而不为呢？

评议：

咸丰六年的会试试题分别考察了《诗经》、道家的“道”、儒家的“仁”三个思想命题。翁同龢在第一篇“告诸往而知来者”中，认为对于过去的理解和对未来的把握同等重要，对所学知识达到融会贯通的境地，学业才会精进。在第二个命题中，他阐发了老子“道”的思想，指出“道”是产生一切的基础，而造就万物的上天与道并为主体。第三篇“莫如为仁”，指出产生“仁”的办法在于强调耻辱，有耻辱之心才会形成仁义之心。但光有仁义之心还不够，还必须将其化为实际行动。翁同龢，字叔平，号松禅，江苏常熟人，咸丰六年（1856）中状元，为晚清“清流派”的代表人物，支持光绪帝的维新事业，“戊戌变法”失败后遭革职。

十　清德宗光绪二十年（1894）甲午恩科张謇（状元）殿试对策

殿试策问：

制曰：朕寅绍丕基，荷昊苍眷佑，兢兢业业，今二十年。恭逢皇太后六旬万寿，上维《鲁颂》寿母之诗，俯思《大雅》作人之化，特开庆榜，策试多士。又尝恭读康熙戊戌科圣祖仁皇帝《策问》："天子以乂安海宇为孝。是以夙兴夜寐，勤求至理；政事之余，留意经术。"圣训煌煌，为万世法。兹举河渠之要，经籍之储，选举之方，盐铁之利，揆时度势，酌古衡今，尔多士其扬榷陈之。

治水肇于《禹贡》，畿辅之地，实惟冀州。水利与农事相表里。后汉张堪为渔阳守，开田劝民，魏刘靖开车箱渠，能备述欤？至营督亢渠，引卢沟水资灌溉，能各举其人欤？唐朱潭、卢晖，宋何承矩，浚渠引水，能指其地否？元郭守敬、虞集，议开河行漕，其言可采否？汪应蛟之议设坝建闸，申用懋之议相地察源，可否见之施行？能详陈利弊欤？

汉世藏书，中秘最善。刘向所校，仅名《别录》。至其子歆，始总群书而奏《七略》，传注所引，秩然可征。班志艺文，与刘《略》出入者何篇？魏晋以后，郑默《中经》、荀勖《新簿》，体例若何？梁华林园，兼五部以并录；隋修文殿，分三品以收藏。唐承砥柱之厄，始付写官。宋籍建业之余，尽送史馆。此皆册府遗文，可资掌录。明《永乐大典》所收之书，今不存者见于何目？能备举以资考证欤？

选举为人才所自出。翰林以备顾问，六曹以观政事，县令以司赏罚，三者皆要职也。翰林始重于唐，其时学士出入侍从，参谋议，知制诰。能详其品秩欤？宋儒馆有四，地望清切，非名流不得处。其选用之制若何？六曹昉自《周官》，秦汉隋唐互有沿革。能陈其异同欤？晋制，不经宰县，不得入为台郎。而后世或缙绅耻居其位，或科甲无不宰邑。岂轻重各因其时欤？抑增重激劝，或得或失欤？

盐铁之征，始于管子。论者谓其尽取民利，而行之数千百年，卒不能废。至汉武帝用孔、桑之法，与管子异矣。其时所置盐官二十八郡，铁官四十郡，能指其地欤？终汉之世，屡罢屡复，其年代皆可考欤？唐贞元中，检校盐铁之利，其议发于何人？若第五琦、刘晏、裴休之论，固无足采欤？请引采盐，而商擅利权；禁民贸铁，而官多侵蚀。其流弊能指述欤？

凡此皆御世之隆谟，经国之盛业也。夫朕以藐躬，加于臣庶之上，受祖宗付托之重，惟思恪遵慈训，周知民隐，旁求俊乂，孜孜为治，以跻斯世于仁寿之域。尔多士各抒谠论，毋泛毋隐。

译文：

制策说：我恭敬地继承了伟大的基业，仰赖上天的眷爱护佑，兢兢业业地治理天下，迄今已经二十年了。现在恭逢皇太后六十寿诞，上念《诗经·鲁颂》中祝母长寿之诗，下思《诗经·大雅》中造就人才的习俗，为此特开恩科，策试学子。我又曾恭读康熙四十三年戊戌科圣祖仁皇帝的《策问》，其中说："天子以安定四海为孝。所以起早贪黑，勤于追求最佳的治理；处理政事之余，留心研究经典著作。"圣祖的训导明耀辉煌，是后代万世效法的榜样。现在列举水利要领、经籍收藏、选拔方法、盐铁利益等方面的问题，考察历史，衡量当今，你们这些学子们加以阐发陈述。

治水的记载始于《尚书·禹贡》，京畿之地实际上位于《禹贡》记载的冀州之内。水利与农事是互为表里的。东汉的张堪担任渔阳太守时，鼓励百姓开荒垦田，曹魏时的刘靖开辟了车箱渠，能详细叙述他们的事迹吗？至于营建督亢渠，引卢沟水帮助灌溉，能各举出两项工程的领导者吗？唐朝的朱潭、卢晖，宋朝的何承矩，疏浚水渠引水灌溉。能指出水渠的所在地吗？元朝的郭守敬、虞集，建议开通运河用作漕运，他们的建议我们可以采用吗？明朝的汪应蛟建议修筑水坝设立水闸，申用懋建议考察地理探明水源，他们的建议可否施行于今日？你们能详细地陈述这些建议的利弊吗？

汉代的藏书，以宫廷藏书最佳。刘向校理宫廷藏书，仅将提要汇编成《别录》。到了他的儿子刘歆，才在《别录》的基础上综合编目成《七略》，通过文献传注对它的引用，到现在仍可以清晰地看出其样貌。班固的《汉书·艺文志》，与刘歆《七略》互为出入的有哪些篇目？魏晋以后，曹魏的郑默编写了《中经》，西晋的荀勖编写了《中经新簿》，它们的体例怎样？梁武帝时华林园的藏书，兼有五人共同著录成《华林遍略》。隋炀帝精选图书三万七千卷贮藏于东都修文殿，又另制副本五十部分为三品，分别藏在长安、洛阳的宫、省、官府之中。唐太宗派人将洛阳的藏书运往长安，遭受了运书船在黄河触礁沉没的厄运，才由政府组织人员搜集抄写图书。宋朝得到了南唐建业藏书的剩余部分，尽数送入史馆。这些图书都是宫廷藏书的遗存，可以有助于文献载录。明朝《永乐大典》所收之书，如今不见存世的可以在什么书目上看到？你们能够详细列举以期有助于考证吗？

人才选拔制度是人才涌现的途径。翰林备以为君主提供咨询，六部用来处理政事，县令掌管民间赏罚，这三者都是重要的职务。翰林受重视是从唐朝开始的，当时的翰林学士跟随在皇帝身边，参与政事的谋议，负责起草诏令。能详细叙述唐朝翰林的等级区分吗？宋朝藏书馆阁有昭文馆、史馆、集贤院和秘阁，这些馆阁的职官地位清贵且切近皇帝，非名流不得任职。这些官员的选拔任用制度如何呢？六部的设立源自《周礼》，秦汉隋唐对此各有沿袭变革。能陈述各代的异同吗？晋朝的制度规定，不曾担任县令的人，不得升任尚书郎。可是后世却时有门阀世族出身的人耻于任县令，时有科举进士出身的人无不任县令的情况。难道是各朝对县令的重视程度不同造成的吗？或是在加重县令的地位、激励人们出任的措施上有得有失呢？

盐铁征税，开始于管仲推行盐铁专卖。评论者说这是将百姓的利益全部取走，但是这一制度实行了千百年，最终也不能废止。至于汉武帝采用孔仅、桑弘羊的盐铁官营办法，与管仲的专卖不同。当时在二十八个郡设立盐官，在四十个郡设立铁官，能指出这些设官的所在地吗？纵观整个汉朝，盐铁官屡次裁撤又屡次恢复，这些裁撤和恢复的年代都能考证出来吗？唐朝贞元年间，查核全国盐铁官营的利润，这项建议是谁发布的？像第五琦、刘晏、裴休的相关见解，原来都不可以采用吗？允许私人申请盐引经营采盐，就会导致盐商独获暴利；禁止民间经营铁业，就会导致官吏暗中侵占利益。这两方面的流弊你们能够指出论述吗？

所有这些方面的问题都是统治天下的重大谋略，也是治理国家的盛大功业。我凭借着这藐小的身躯，位于天下臣民之上，肩负着祖宗托付的重任，一门心思恪守遵行着皇太后的慈训，尽量体察民间的疾苦，各方征求杰出贤能的人才，孜孜不倦地治理天下，以期使当代进入德高而长寿的境地。你们这些学子各抒直言，不要泛泛而谈，也不要有所隐讳。

殿试对策：

臣对：臣闻善言天者，尊斗极；善言治者，定统宗。民生国计之利弊，不可节节喻也；学术人才之兴替，非必屑屑究也。要在道法而已。孔子之道，集群圣而开百王，其世所诵法大义微言，后千六百余年而复集成于朱子。宋臣真德秀尝本朱子之意，辑为《大学衍义》，自帝王治学，至于格致、诚正、修齐得失之鉴，炳然赅备。是则三代两汉以来，所为力沟洫、宏文章、兴贤能、裕食货者，必折衷于朱子之言，而后是非可观也；必权衡以朱子之意，而后会通可得也。

钦惟皇帝陛下，躬上圣之资，勤又新之德，而又开通言路，振饬纪纲。凡所谓《大学》之明训，前古之事迹，固已切究而施行矣。而圣怀冲挹，犹孜孜焉，举河渠、经籍、选举、盐铁诸大端，进臣等于廷而策之。臣愚，何足以承大对？然臣尝诵习朱子之言矣。朱子之言之具于其书，与为德秀所称引者。无一而非人君为治之法，人臣责难之资也。其敢不竭献纳之忱乎？

伏读制策有曰：治水肇于《禹贡》，畿辅之地，实惟冀州，而因求水利与农事相表里之故。此诚今日之先务也。臣惟禹所治河，自雍经冀，冀当下流，故施功最先，非直以为帝都而已。自汉时，河改由千乘入海，而冀州之故道堙。今畿辅之水，永定、子牙、南北运河、清河其九大者。东南水多而收水之利，西北水少而受水之害，岂必地势使然？亦人事之未至也。汉郡渔阳，当今密云，而张堪之为守，营稻田八千余顷。继是而往，魏刘靖开车箱渠，修戾陵堰。后魏裴延儁、齐稽华辈，亦先后营督亢渠，引卢沟水，以资灌溉。迹虽陵谷，而事皆较然。宋何承矩廓唐朱潭、卢晖之旧，于雄、莫、霸州，平、永、顺、安诸军，筑堤六百里，置斗门，引淀水，既巩边圉，亦利民焉。元世郭守敬、虞集，并讲求水利。郭之所议，今之通惠河也。虞议，则至正中脱脱尝行之。而明汪应蛟之议设坝建闸，申用懋之议相地察源，其所规画与郭、虞相发明，当时固行之而皆利矣。夫天下之水，随在有利害，必害去而利乃兴，而天津则古渤海逆河之会，百川之尾闾也。朱子曰：治水先从低处下手。又曰：汉人之策，留地与水，不与争。然则朝廷所欲疏瀹而利导之者，其必先于津沽岔口加之意已。

制策又以汉世藏书，中秘最善，而因考证自汉至明册府遗文可资掌录者。臣惟成周外史典坟、藏史简册，虽经秦而煨烬，而兰台、东观秘籍填委，固道术之奥而得失之林也。刘向校书，条篇奏《录》。子歆《七略》疏而不滥，而班志艺文，《书》、《礼》、《小学》、《儒》、《兵》、《诗赋》诸篇，时有出入。虽不尽无当，而总扬雄三书为一序，郑樵嗤其踬焉。魏晋代兴，采撷残阙，则有郑默《中经》、荀勖《新簿》，编分四部，总括群书。而梁之《华林园目录》，五部并列；隋之修文殿副本，三品分藏，盛矣。逮唐之初，砥柱一厄；迄宋开宝，建业再征。由是而写本易为摹印，史馆益便其蒐罗。明《永乐大典》散失，所存犹二万余卷。其中佚文秘典世无传本、见于《文渊阁书目》者，今皆裒辑成编矣。朱子云：不求于博，何以考证其约？又谓：古今者时，得失者事，传之者书，读之者人，而能有以贯古今之得失者仁也。皇上留心典籍，以为政本，岂与夫词臣学子务泛览为淹通哉！

制策又以选举为人材所自出，因考累朝翰林、六曹、县令之轻重。臣惟今世所称清班美授者，翰林之官也。翰林之置，始唐开元。学士只取文学之人，自诸曹尚书至校书郎，皆得与选。延觐之际，各超本班。内宴则居宰相之下、一品之上。无定秩，无定员。宋凡昭文馆、史馆、集贤院、秘阁各置直官，与其选者为修撰、校理、校勘、检讨，非名流不预焉。迨用为恩除，而参谋议、纳谏诤、知制诰之本意失矣。且不精其选而苟焉以试，除官亦朱子所谓“上以科目词艺为得人，下以规绳课试为尽职”而已。六曹昉自《周官》。秦不分曹而置尚书四人。汉有五曹，后更为六。隋唐因之，置侍郎、郎中、员外郎，分掌曹事，沿以至今，固天下庶政之橐籥也。官多而事棼，又不如朱子所论“三参政兼六曹，而长官自择其僚”之为当矣。县令为最亲民之官。晋制，不经宰县，不得为台郎。后魏之季，用人猥杂，而缙绅士流耻居其位。宋初或以京朝官为之，积久更弊，乃议所以增重激劝之法。至庆元，朝重邑令，而科甲咸宰邑焉。朱子曰：监司不如郡，郡不如县，以其仁爱之心无所隔而易及民也。真治天下之本也。国家设官求贤，傥宜咨访于无事之时，参量于始用之日乎！

制策又以盐铁之征，始于管子，行之数千百年卒不能废，而因切究其流弊。臣惟盐铁之弊，若准诸古而穷其阴夺民利之术，虽管子不免为圣王之罪人。而沿之今，而犹为取诸山泽之藏，则孔、桑且可从计臣之末减。汉武帝所以入孔、桑之说，而置河东、太原等盐官二十八郡，置左冯翊、右扶风、颍川等铁官四十郡者，方张边功，急军旅之费也。利窦一启，更无可塞。虽始元、地节之议减，初元、永元之议罢，而永光、永平旋踵即复焉。唐贞元初，刘彤请检校海内盐铁，而第五琦、刘晏、裴休继之，当时军镇赖以赡给。晏所为出盐乡因旧监置吏亭户，粜商人，纵其所之，与朱子论广西盐法随其所向则价自平者有合，愈于琦、休之为议矣。夫受引盐者商，而文私居奇者即商也；禁贸铁者官，而侵蚀贿纵者即官也。流弊不胜穷，况征有出于盐铁之外者耶？

皇上轸恤民艰，其必从朱子罢去冗费、悉除无名之赋之说始。且夫民生至重也，学术至博也，人才至难也，国计至剧也。朱子谓四海之广，善为治者乃能总摄而整齐之，而《壬午》、《戊申封事》则要之于格物致知，以极夫事物之变，推之至谏诤师保，而归本于人主之心。其言尤恳切详尽焉。臣伏愿皇上万几余暇，留心于《大学衍义》，而益致力于朱子之《全书》，以求握乎明理之原，而止于至善之极。将见川浍治而农政修，图书集而法训备，广选造之路而壹平内外轻重之畸，权征榷之方而必祛旦夕补苴之计。斯治日进于古，而我国家亿万年有道之长，基此矣。臣末学新进，罔识忌讳，干冒宸严，不胜战栗陨越之至。臣谨对。[1]

译文：

臣对答：臣听说，善于研究天文的人，重视北斗星与北极星；善于治国的人，能确定治国纲领和指导方针。民生国计方面的利弊，不能一一阐明；学术、人才的兴废，也不必去细细穷究。总而言之在于大道治法而已。孔子之道，汇集了圣人的思想精髓而启发了历代帝王，那些被世代诵读仿效的精微语言，经过一千六百多年而又集成于朱熹。宋朝的臣子真德秀，根据朱熹的思想编成《大学衍义》一书，所述自帝王研究圣人学问，直至格物、致知、诚意、正心、修身、齐家方面的历史借鉴，非常明晰周全。这表明夏、商、周、西汉、东汉以来，那些致力于农田水利、弘扬典籍、举用贤能、发展经济的措施，必以朱熹的话语作为准绳，然后能明白事物的是非；必以朱熹的思想作为权衡利弊的依据，然后能洞察事物的综合规律。

皇帝陛下您拥有超凡的天资，勤于品德修养的熏陶，又能开通臣民进

1. 金山、宋大川、杨寄林:《中华状元卷》之《大清状元卷》(下)，山西教育出版社，2002 年，第 605 页。

言的渠道，整饬制度，但凡《大学》中的道理，前代的事迹，原已切实地全部掌握并且参照施行了。但是圣明的胸怀仍然谦虚自抑，孜孜不倦于进取，列举出兴修水利、图书整理、人才选拔、盐铁经营体制等问题，将臣等人宣召到殿廷，进行策问。臣愚钝不堪，哪里能够承受如此重要的策问？臣曾经读过朱熹的言论，朱熹著作之中以及被真德秀所引用的言论，无一不是君主治国时应该效法的，也是臣子向君主提出不同看法时的理论依据。所以臣怎敢不竭尽忠言以供皇上采纳！

臣跪拜敬读皇上关于本次策试的诏令，其中说：治水的记载最先见于《尚书·禹贡》，现在京畿地区位于《禹贡》九州的冀州之内，于是寻求水利与农事互为表里的缘故。这确实是当务之急。臣想来：大禹所治黄河，自雍州经过冀州，而冀州地处下游，所以应当最先施工，而并非仅仅由于这里是京都所在。自汉代开始，黄河改由千乘县入海，而冀州境内的黄河故道就堵塞了。现在北京周围的水系，是永定河、子牙河、南北运河、清河等主要河流。东南地区水多而受水之利，西北地区水少而受水之害，这难道一定是地势所造成的吗？实际上，还有人事因素在内。汉代的渔阳郡在今顺天府密云县，太守张堪营建稻田八千余顷。自此之后又有曹魏时的刘靖开通车箱渠，修建戾陵堰。北魏裴延俊、北齐稽华等人，也先后营建督亢渠，引卢沟河以助灌溉。这些古代水利设施今日虽然已经发生了巨变，但是历史遗留的事迹却是显而易见的。宋代何承矩扩大了唐代朱潭、卢晖所修水渠的规模，在雄州、莫州、霸州、平戎军、永定军、顺安军、安肃军等地，筑堤六百里，设置斗门，引白洋淀湖泊水流，这一工程既巩固了边防，又有利于民众屯垦。元代郭守敬、虞集，都讲求水利。郭守敬所提议开凿的，就是今天的通惠河，虞集所提议修筑的水利，后来由脱脱于元顺帝至正年间付诸实施。而明代汪应蛟建议筑坝立闸；申用懋建议考察地理辨别源流，他们的规划与郭守敬、虞集的建议相得益彰，当时也都付诸实施。天下之水，各因其地形而互有利弊，必须除弊然后方能兴利，而天津则是古代渤海迎接黄河之处，属于百川汇聚的地方。朱熹说：“治水要先从地势低洼处入手。”又说：“汉代人的办法，是建立蓄洪区。”既然如此，那么，我朝廷打算疏通水道而向获利方面引导水流，必须首先对海河岔口一带给予充分的重视。

本次策试诏令中，又根据汉代的藏书以宫廷所藏为最佳，从而考证汉代至明代宫廷所遗藏书有助于取用的一些问题。臣想来，周代掌管向畿外发布王令、天下地志、三皇五帝书籍的外史所掌管的古籍，周代王宫藏书室史官所掌管的图书，虽然经历了秦始皇的焚书而几乎失传，但是汉代的兰台、东观的秘藏图书仍然成堆，这些图书确实是思想文化的宝库和历史借鉴的渊薮。刘向在皇家藏书馆校理图书之时，曾经逐一评论并记录各书情况，汇辑成书进奏。他儿子刘歆编纂的《七略》，简明而不杂滥。而班固的《汉书·艺文志》，其中《书》、《礼》、《小学》、《儒家》、《兵书》、《诗赋》等类所收录的篇章,有不少是与《七略》相出入的。虽然不能视为完全失当，但是其中像《七略》未曾记载的扬雄《太玄》、《法言》、《乐箴》这三种书籍，《汉书·艺文志》错误地统称为“扬雄所序三十八篇”，因此宋代郑樵《通志·校仇略·偏次不明论》讥笑《汉书·艺文志》在识别书目方面功夫低劣。魏晋后，采撷已经失传的古籍而编成书目的，有曹魏时期的秘书郎郑默编纂的《中经》、西晋时期的秘书监荀勖编纂的《中经新簿》，都按甲、乙、丙、丁即后世经、史、子、集四分法囊括图书。而梁朝的《华林园目录》，又按五大类囊括图书。隋炀帝时期为修文殿标准本图书的五十种副本，分为上、中、下三个序列，各自收藏在长安、洛阳的宫省、官府之中，真不愧为典籍整理保存的一大盛事！到了唐朝初年，不幸发生了运书的船只在黄河底柱撞沉的厄运。至宋朝初年的开宝期间，从南唐的都城建业再次大规模地收集图书，自此而写本图书也被雕版印刷的图书取代了，更便于宫廷藏书处和修史部门的搜集。明朝的《永乐大典》散失了，今天所存还有二万余卷,其中世无传本但是见于《四库全书总目》的古籍,现在都已聚辑成编了。朱熹说：“不求知识的广博，如何能够考证一些具体问题？”又说：“对于古今而言的时势，对于历史借鉴而言的历史事实，传达它们的是图书，读这些书的是世人，能够根据图书去贯通古今得失的，是仁义这一指导思想。”皇上重视图书，把它视为治国之本，自然不会像那些词臣、学生那样仅仅把博览群书作为广博深厚的手段。

本次策试诏令中，又提出选拔制度是人才脱颖而出的途径，所以考察历代翰林、六部、县令地位的轻重变化。臣想来，现在世人所称“清班美授”，是指翰林院的官职。翰林学士院的设置，始于唐朝开元年间。翰林学士一职只选取擅长文学之人，自各部尚书以至校书郎都可以参加翰林学士的选拔。朝见时翰林学士的排列顺序在本班列之前，皇帝举行内宴时翰林学士的排列顺序仅在宰相之下，又在一品官员之上。翰林学士没有固定的品级规定，也没有定额的编制。宋朝昭文馆、史馆、集贤院、秘书阁都设有值官，入选者各任相关职务，非名流贤达不得任职。但到翰林由皇帝特恩授予之后，原先参与谋划、接受谏诤、草拟诏令的职责就不复存在了。况且选拔不精而考试马虎，授官也如朱熹所说：“上面以科目词艺考试作为选拔最佳人才的方法，下面以应付循规蹈矩的考试作为尽职的表现。”六部的设置，源于《周礼》。秦朝不分部而设尚书四人。汉朝有五曹，后增为六曹。隋朝、唐朝沿用这种制度，设侍郎、郎中、员外郎，分掌曹事。后代沿用至今。这种六部制度确实是关系到天下各种政务的工具。但是由于它官多而事杂，所以又不如朱熹所主张的“由三位参知政事兼管六曹，而由长官自择其僚属”更为恰当。县令是最接近民众的官职。晋朝的制度规定，未曾担任县令者不得升入省台任职当郎官。北魏末期，由于用人繁杂滥用，所以士大夫们以担任县令为耻辱。宋朝初年，开始另以京朝官权知县事，但是由于时间长而积弊更深，所以朝廷便议论提高知县地位以激励人们任职的办法。到了南宋宁宗庆元年间，朝廷重视知县一职，所以进士们都去担任知县。朱熹说：“各路监司不如知府，知府不如知县，因为知县的仁爱之心将不受地理、职务等因素的阻隔而容易施予民众。”这番话真是治理天下的根本所在！国家设官求贤，也许对知县的人选应该咨询于国家平安之时，斟酌考核于始用之日吧。

本次策试诏令中，又以盐铁官营政策始于管子，并且施行了千百年而不能废止，从而探究其流弊。臣想来，盐铁官营之弊，如果以古代先例为准则，则极尽其暗中夺取民利的手段。即使就管仲来说，也不免是圣人中的罪人。可是这种制度沿用至今，仍然征收山林湖泽天然物产的税利，那么汉朝孔仅、桑弘羊将可以除去姓名了。汉武帝采纳孔仅、桑弘羊盐铁官营的建议，而在河东郡、太原郡等二十八郡中设置盐官，在左冯翊、右扶风、颍川郡等四十个郡中设置铁官，这是因为当时正在跟匈奴打仗，急需兵饷。财政利益一旦出现，就再也无法堵塞了。西汉昭帝始元年间、西汉宣帝地节年间都曾议论过削减盐铁官营的利润，西汉元帝初元、东汉和帝永元年间还曾议论过废止盐铁官营的制度，但是在西汉元帝永光、东汉明帝永平年间又都迅速恢复了这种制度。唐朝德宗贞元初年，刘彤请求调查盐铁的情况，而第五琦、刘晏、裴休继续主张并实施盐铁官营制度，才使得军队得到充足的粮饷供应。刘晏的做法是，在食盐的产地利用原先的官署设置盐官，收购盐户所煮之盐，转卖给盐商，任由他们贩往各地。这种做法跟朱熹所论广西任凭盐商往任何地方贩盐从而使盐价自然趋于稳定的方法有所吻合，比第五琦、裴休的方法更为恰当。但是那些从政府获得贩盐许可证的是盐商，而囤积居奇的也是这些盐商；禁止私人经营铁业的是铁官，而贪污受贿纵容违法的还是这些铁官。这种流弊没有终止之日，况且在盐铁官营以外还有别的苛捐杂税呢？

皇上深念怜悯民众生活的艰难，一定要从朱熹关于缩减开支、轻徭薄赋的主张着手。况且民众的生计是至关重要的，学术研究的内容是极其广泛的，人才的获得是极其困难的，国家的财政收支是极其繁杂的。朱熹说过：天下之大，只有善于治理的人才能够驾驭全局并整齐划一。而朱熹《壬午封事》和《戊申封事》则强调格物致知，用来通晓事物的变化，由此而推及直言规劝、教化百姓方面，但都归结于君主的心地。这些见解尤其恳切详尽。臣希望陛下您在日理万机之余，留心于真德秀《大学衍义》，而更加致力于研究《朱子全书》，以求掌握天理的本原而达到最完美的境界。那么则会水利兴修，农事修明；图书聚集，从而使前人的经验得以完整保存；人才选拔的途径拓宽，从而使人们对中央、地方官职的价值取向得到纠正；正确权衡征税、官卖制度的利弊，从而使终日疲于修补朝政漏洞的局面得以彻底消除。国家的治理一天天地比古代良好，而大清永远繁荣昌盛的国运，

光绪御书“敬教劝学”匾

就建立在这种坚实的基础之上了。臣没有学问而且刚成贡士，不懂得忌讳，冒犯了皇上的威严，简直恐惧到极点。臣恭敬地回答如上。

评议：

甲午年间，朝政外交阴云密布。光绪帝在殿试策问中，询问天下士子治理地区治水之策、古代典籍因袭沿革、科举制与其他取士制度相比的得失与盐铁专卖制度的流弊等。张謇认为畿辅地区久受河患，其治理的出发点当是从天津各沽口一带始。对于古代的宫廷藏书问题，他指出历代宫廷都重视藏书，永乐大典虽已经散佚，存世者也已汇集成编。在对策中，张謇还概要叙述了历代翰林、六部、县令地位的轻重变化。他指出盐铁官营积弊已深，如欲改革实非易事。张謇，字季直，号啬庵，江苏通州（今南通市）人。清末立宪派领袖，致力发展实业，民国初年任南京临时政府实业总长，在南北议和中也发挥了重要作用。

十一　清德宗光绪三十年（1904）甲辰恩科刘春霖（状元）会试卷五道

会试试题一：

周唐外重内轻，秦魏外轻内重，各有得失论。

译文：

历代对中央和地方的轻重关系的处理上，周朝和唐朝重地方轻中央，秦朝和曹魏轻地方重中央，其间各有成败得失，试论之。

会试卷一道：

天下之患无常处也，惟善谋国者，规天下大势之所趋，揆时度务，有以制其偏倚之端，则不至于变起而不可救。夫立国之初，每鉴前代得失，以定一朝之制。时势所迫，出于不得不然，非能使子孙世守，以维万世之安也。嗣世之主，昧于时变，因循荒怠，不思所以持之，欲无中于祸败，岂可得哉？

吾尝综观前史，历代内外轻重之际，得失之故，有由然也。夫天子建国，居中驭外，大抵据形胜以临天下，而操纵进退，自相维系。是以四方顺轨而下无觊觎。使非集权于中枢，久之必有拥兵坐大而睥睨奸命，适召天下数世之患。然使国家不寄阃于四方，则朝廷又孤立无援，势必至奸臣内擅而外无所忌。此千古以来，祸机倚伏，常如此者，非一世也。

昔周有天下，诸侯裂土，握强兵而拥列城者，星罗环拱。降及衰周，天子守府，然而绵延五百余年，从无权奸篡夺之祸，惧诸侯也。然自春秋以降，至于战国，诸侯放恣，益不知有周室。天子徒拥空名于上，而卒灭于秦。唐有天下，行府兵之制，沿边置节度府，天下劲旅，布处四方。突厥、吐蕃之寇，天宝、灵武之乱，皆资外兵扶翼而不遽亡。即以仇士良之威暴，而昭义一表，乃震惧不敢复肆。其制可谓善矣。然自安史之后，藩镇外擅，更为乖逆，至合纵以抗天子，飙驰云扰，终唐之世，其祸不解。凡此皆外重内轻，其失至于负嵎怙强，朝廷不能制也。

秦始皇惩周末之弊，堕名城，杀豪俊，收天下之兵，聚之关中，自以为万世有天下矣。然外无信臣精卒以制其内，赵高一薰腐之余，遂得以把持大柄，玩孺子于股掌之上，天下熟视而不敢校。及陈胜、吴广之徒起，奋梃大呼，天下弗能御也。魏文帝侵削诸侯，有同幽絷，设防辅监国之官，以伺察之，其势固莫能为乱也。然再传而后，微弱益甚，司马氏父子遂攘其臂而夺之。此又外轻内重，其失由于国无外援，故左右敢为乱逆而不顾也。

且非独周、唐、秦、魏然也。汉惩秦弊，广建亲藩，不旋踵而反者九起，其后复有七国之变。武帝离裂大国，以弱枝叶，未几王莽崛起，公移汉祚。宋惩唐季五代之乱，杯酒而释兵权，务用文臣，以柔其国，卒有靖康之祸。明惩宋室之孱弱，大封支庶，而靖难之师猝起而莫救。若此者，皆所谓更相惩戒，以就一偏之利。故其祸循环，而不可解也。

虽然，立国之初，固不能逆睹后日之害，而预防之也。防一害，必更有一害以中之，出于所防之外。惟嗣主深虑，知化规天下大势之所趋，因时制变以持之，使害未形而势已转，庶天下可久安长治，而无倾覆之忧。不然，使周无夷王之下堂，幽王之东迁，秦无二世之昏虐，魏无齐王之幼暗，唐无代宗、德宗之姑息，则其祸乱，亦未必遽至于是也。贾生有言：君子为国，观之上古，验之当世，参以人事，察盛衰之理，审权势之宜，去就有序，变化有时，故旷日长久而社稷安矣。如因四朝之乱弱，而归咎其祖宗立国初制之不善，则天下岂有无弊之法哉？[1]

译文：

一个国家的灾患并不是固定的。善于管理国家的君主，会去细致判断国家局势发展的大趋势，审时度势，随时采取措施来纠正消除各种偏差的苗头，不至于酿成大祸而不能挽救。每当立国之初，总要借鉴前代的得失，来制定本朝的制度。这实在是被眼前形势所逼迫，不得已才如此的，并不是为了让子孙世代维持旧制，维持万世安宁。继承皇位的后代君主，往往对现今的隐患充耳不闻，因循守旧，荒废殆政，不考虑如何维持先王旧制，想要不失败，怎么可能呢？

臣曾经综合考察过去的历史，感到历代对中央与地方关系处理的成败得失，是有一定缘由的。天子建立国家，居于中央而统辖地方，一般都是占据着有利地形而君临四方，然后才能自如管理，互相制约，互相辅依。从而使四方官民服从命令，而不产生叛乱的念头。倘若不集中权力于中央，时间长了一定会有人拥兵自重，而欲图夺取天下，结果导致国家几代的灾难。但假如国家不在地方上安置辅佐力量，中央便会陷入孤立，势必导致奸臣在朝内专权横行而地方没有顾忌。千古以来祸乱根源，一定都是这样，不只是一个朝代。

从前周朝拥有天下，裂土封侯，手握重兵，占有众多城邑的受封者环绕拱卫王庭。后来周朝衰落，天子只有王畿之地，然而却延续了五百多年，从来没有发生权奸篡位的灾祸，是因为权奸惧怕诸侯。然而自春秋以后，直到战国，诸侯肆意妄为，丝毫不知还有周王室存在。天子只不过徒有虚名而已，最后终于被秦国吞灭。唐朝拥有天下，施行府兵制度，沿着边疆

1. 金山、宋大川、杨寄林:《中华状元卷》之《大清状元卷》(下)，山西教育出版社，2002年，第632页。

设置了许多节度府、都护府，全国的精锐部队分布于各处。突厥、吐蕃的侵略，天宝、灵武年间的叛乱，都依靠地方军队的扶持帮助得以平定，没有立即灭亡。即使像仇士良那样凶暴，而昭义节度使一篇奏章，就让他惊慌失措不敢再放肆。这种体制可算完备。但自从安史之乱以后，藩镇割据嚣张背逆，甚至联合起来对抗中央，肆意横行，直至唐朝灭亡，祸乱还未能消除。这些都是外重内轻的例子，其弊端是地方势力割据自大，中央无法驾驭。

秦始皇借鉴周代末期的弊病，毁坏各地重要城邑，诛杀地方豪强，收罗天下武器，集中到关内，以为这样就可以永久拥有天下。然而由于地方上没有可靠的臣僚和强大的军队来制约朝廷，因而使赵高这个受过腐刑的人得以把持中央大权，玩弄小皇帝于股掌之上，天下都看到了却不敢纠正。等到陈胜、吴广揭竿而起，天下就再也无法控制了。魏文帝侵削诸王权力，如同将他们关押起来一样，设置了许多监管官吏，如此当然再也不会发生叛乱了。然而数代之后，诸王力量愈加弱小，司马氏父子便篡夺了政权。这又是外轻内重的例子，其弊端是由于中央朝廷没有地方的支援，所以君主左右的大臣才敢胡作非为而没有任何畏惧。

而且，不仅周、唐、秦、魏是这样，汉朝借鉴秦朝的教训，大力设置异姓和同姓诸侯王，结果没多久就发生了多次叛乱，后来又有七国之乱。汉武帝因此分割强大的同姓诸侯国，以削弱地方。结果不久王莽又起来，公然篡夺了汉朝政权。宋代借鉴唐末五代的战乱，杯酒释兵权，只用文臣，以使国家柔化，结果发生了靖康之祸。明朝借鉴宋朝国家文弱的教训，大封子弟，结果靖难军队突然发动而无人能够抵挡。这些例子，都是所谓屡次借鉴前代教训，而趋就另一极端的做法。结果两种灾祸交替接连出现，无法从中解脱。

即使这样，在立国之初，还是不能预料后日的灾难而先做防备。防备了一种灾难，又会遇上另一种灾难，而这种灾难超出防备之外。只有后代君主深思熟虑，懂得天下大势，并因时制宜，使灾难还没形成而情势便已转变，大概这样天下就能达到长治久安，而没有灭亡的担忧。否则，假如周朝没有夷王的流放，幽王的东迁，秦朝没有二世的昏庸残虐，魏国没有齐王的幼小糊涂，唐朝没有代宗、德宗的放纵姑息，那灾难恐怕不会马上达到如此程度。贾谊曾说过：君子在治理国家的时候，会对照远古的事例，并在现实中进行验证，再参考日常人情，总结出盛衰的道理，审察自己权势所适应的范围，而后取舍合理，随时变化，这样国家便能长治久安。如果因袭了那四朝的暴乱或衰弱，反过来却归罪于其祖宗在立国之初没有创设出完善的制度，岂不大错特错？难道天下还真存在着没有任何弊病的制度吗？

会试试题二：

贾谊五饵三表之说，班固讥其疏，然秦穆公尝用之以霸西戎，中行说亦以戒单于，其说未尝不效论。

译文：

西汉贾谊针对防御北方匈奴的问题提出和亲之外辅以“五饵三表”的策略，东汉的班固批评这一计策粗俗，然而秦穆公曾用这一计策称霸了西戎，中行说也曾用来告诫单于，这种策略未尝不会奏效，试论之。

会试卷二道：

吾尝读贾谊《新书》，观其上书文帝，请试以属国之官，以主匈奴，当挟五饵三表之说，系单于之颈而致其命。其所谓三表，则曰爱人之状，好人之技，仁道也；信为大操，常义也。爱、好有实，已诺可期，十死一生，彼将必至。至所谓五饵，不过娱其耳、目、口、腹，以丧其心志而已。呜呼！若三表者，尚不失圣王柔远之旨。至若五饵，则未尝不怪其计之陋也。

夫天子主中夏，控制百夷，自有强国芘民之道。善治国者，不能必敌之可胜，而能为必不可胜。使强邻黠敌闻风夺气，凛然而不敢犯，则天下安矣。若导人于淫靡之事，以乘其敝而取之，此所谓穿窬之智也，岂王者自强之大计乎？及吾读《汉书·贾谊传》，则于五饵三表之说，削而不书，犹复深讥其疏，以垂戒后世。于是乃叹班氏之书，其去取为至精，而其识为至远也。

或曰：昔秦穆公患戎臣由余之贤，遗戎王以女乐二八，以间疏其君臣，卒得由余而霸西戎。单于好汉缯絮食物，中行说戒之曰：今单于变俗，好汉物，汉物不过什二，则匈奴尽归于汉矣。执是以观谊之说，未尝不效。然吾以谓穆公之霸，在增修国政。国势既固，则外交之术，无往而不宜。且其时天下方以诈力相高，而秦又介居戎狄，行其狡黠之计，以取利一时，可也。若匈奴之在汉，窃谓虽好汉物，亦不至遽即于靡弱。何也？匈奴界处北陲，刚猛忿鸷，出于天性，岂独其习俗使然哉？设汉不自谋所以御侮之方，而专务出美善之物，以疲人之国，吾恐财产耗竭，而边郡之寇掠自若也。

或曰：后世文明之国，有以奇技淫巧之物，输入异国，以陷溺其心思，而汩没其志气者。汉何不可施之于匈奴乎？曰：此正文明进化之机也。好其物，则必艳其术；艳其术，则必学其学。夫使举国群趋于文明之学，适足以增其国力而已矣。汉代之文明，匈奴所不及也。使由爱好汉物，而因以渐求文章、礼乐、伦常之盛，则魏孝文帝之业，不难遽见于西汉之世也，岂足以敝其国哉？故吾谓御侮之道，惟当力求所以强国芘民之术，使国家安如磐石，炽如焱火，自能令单于远遁，而边尘不惊。若贾生之说，虽时或有效，何足取哉？此班氏所以为良史欤！[1]

译文：

臣曾读过贾谊的《新书》，见他上书给汉文帝，请求试用典属国的官吏去压制匈奴，应当施行五饵三表的计策，一定会让单于归顺。他所谓的三表，即是让匈奴羡慕汉人的容仪，爱好汉人的技术，把这些当作仁道；以讲究

1. 金山、宋大川、杨寄林:《中华状元卷》之《大清状元卷》(下)，山西教育出版社，2002年，第635页。

信誉为重要操行，把这当作固有道德。让单于有明确的爱慕目标，说到做到，即使九死一生，也一定会来归顺。至于他所谓的五饵，不过是满足单于的耳、目、口、腹需要，使他失去清醒头脑。唉！像三表，还不失圣明君主安抚远夷的原则。至于五饵，就没有人不责怪这种计策的粗俗了。

天子治理中原王朝，控制边境各蛮夷政权，自会有强国护民之术。善于治理国家的君主，不能保证一定战胜敌人，却能保证一定不被敌人战胜。使强悍狡猾的敌国闻风丧胆，慑于中原王朝的威严而不敢进犯，那样天下便可以安宁。如果引诱别人荒淫奢靡，趁他疲弱的时候攻占，这是所谓钻洞小偷的本事，哪里是身为君王求得自强的战略呢？后来臣读到《汉书·贾谊传》，见它对于五饵三表的计策删节而不收录，并且还严厉批评了它的粗俗，以给后世留下借鉴。于是臣非常感慨班固的汉书，它的取舍精细，见识也深远。

有人说：从前秦穆公担忧戎族有贤臣由余，便赠给戎王两组女乐，以离间君臣关系，最终得到由余而称霸西戎。单于喜爱汉地的丝绸、美食，中行说告诫他说：现在单于改变风俗而爱好汉物，可是汉物不过只占十分之二，但匈奴却全都归汉所有了。由此来看贾谊的计策，未尝没有效果。但臣认为秦穆公的霸业，更主要依靠的是巩固加强国内力量。国势昌盛之后，外交策略就没有运用不当的。并且当时天下各国都很推崇欺诈、强权，而秦国又夹居在戎狄部族中间，如果施行狡诈计划，来偶尔牟取暴利，是可以的。而像匈奴对于汉朝来说，臣私自认为，它虽然喜爱汉朝的东西，也不至于马上走向衰落。为什么呢？匈奴地处北方边疆，性情刚猛凶残，天生性格怎么会是风俗造成的呢？假设汉朝不去仔细考虑怎样来抵御侵略的措施，而只是软化、腐蚀别国，只怕财产都用光了，边境的侵扰仍然如故。

有人说：文明进步的国家，有把奇技淫巧的东西送到外国，来引诱其心思，消磨其斗志的。汉朝为什么不会施用在匈奴身上呢？因为这正是文明进化的途径！喜爱他国的东西，必定会羡慕他国的技术；羡慕他国的技术，必定会学他国的科学。让落后国家全都来学习文明国家的科学，正好帮助自己增强了国家力量。汉朝的文明程度是匈奴赶不上的。如果匈奴由喜爱汉朝的东西，而进一步趋向追求文采、礼乐、伦理道德的进步，那北魏孝文帝的事业，就不难在西汉见到了。又怎能削弱他们的国家呢？所以臣认为，抵御侵略的措施只有极力寻求强国护民的途径，使国家安定得如巨石，昌盛如烈火，自然会让单于远远地逃走，而边疆再也不会有惊扰了。至于贾谊的计策，即使偶尔奏效，又怎么值得采纳呢？这不正是班固成为优秀史学家的原因吗？

会试试题三：

诸葛亮无申商之心而用其术，王安石用申商之实而讳其名论。

译文：

诸葛亮没有申不害、商鞅的狠心却用了他们的政策，王安石应用了申不害、商鞅的政策却隐去它的名目，试论之。

会试卷三道：

天下之患，莫甚于不权时势，而务博宽大之名。国家当疲玩不振之秋，内忧外患，其势岌岌不可终日，而朝野方酣嬉而为偷惰之谋，不有以震厉之，则弛者不可复张，而天下终于不救。虽申商之术，儒者弗道，然时势所值，激于不得不然，善为国者，必不敢因循顾忌，而贻天下以不测之患。如猛烈之药，虽非所以养生，然遇沈痼之疾，则固非此不能起也。

诸葛武侯承刘璋之后，王荆公当北宋之衰，皆所谓处积弱积弛之余，非用申商之术，莫能治也。然武侯用之，功润一方，吏民衔感；荆公用之，毒乱天下，而诟病至今者，何哉？武侯无申商之心而用其术，荆公用申商之实而讳其名也。何以知其然也？史称武侯开诚心，布公道。尽忠益时者，虽雠必赏；犯法怠慢者，虽亲必罚。又曰终于邦域之内，畏而爱之。刑政虽峻而无怨者，以其用心平而劝戒明也。然则后之治国者，必先有武侯之心，而后可以行申商之术。苟徒窃其似，而无恻怛之诚以贯之，必流为残忍刻薄而无疑。

王荆公慨然有矫世变俗之志，深见天下蔽于积习，非执法坚定，必为群议所挠，而又虑申商之学，不足以服朝野之心，乃讳言其名，而阴托《周礼》以为说。然则荆公非误会《周礼》，乃附会《周礼》耳。其所以附会《周礼》者，非真有取于古，逆知在廷诸臣，必将斥为申商之术，非先王之法，而因托为先王之政，以闲执其口。卒之攻者自攻，而讳无可讳，乃专务以意气相遻，以博一日之胜。同己者进，异己者斥，使小人揣摩迎合，得行乎其间，而新法乃适以毒乱天下，为世大诟。

嗟乎！行政非人，虽有良法美意，亦足以为害，故程子曰：有《关雎》、《麟趾》之意，然后可以行《周官》之法也。夫武侯与荆公，其所用之术，无以远过，然其成败功罪，悬绝若此。匪独其心术不同，亦其所遭遇使然也。武侯则匡辅之者，多俊才；荆公则排击之者，多君子。然此固不特荆公之不幸，亦宋室之不幸欤？[1]

译文：

治国出现的问题中，没有比不考虑时势而只想博得宽大的虚名更为严重的了。国家正处在疲弱衰落时，内忧外患形势十分危险，随时都会灭亡，而官民却仍沉迷于嬉戏玩乐，只想着怎么苟且偷安，如果不采取手段震慑警醒，则颓废的人就不会再振作起来，国家最终就会无可救药。虽然申不害、商鞅之术不为儒家所称道认可，但遭遇到这种时局，出于不得已而为之，善于治国的人，一定不会再因循守旧，瞻前顾后，而给国家带来难以预料的灾难。这就像烈性药物虽然不具备养生的效用，但是遇上深重的疾病，不用它就根本不能治愈。

诸葛亮继承的是刘璋留下的烂摊子，王安石接手的是北宋的衰弱政局，

1. 金山、宋大川、杨寄林：《中华状元卷》之《大清状元卷》(下)，山西教育出版社，2002年，第638页。

都是长期疲弊的局势，不用申不害、商鞅之术，是无法挽救的。诸葛亮运用了它，功勋赐福一方，官民都心怀感念；而王安石运用了它，却毒害扰乱全国，至今还受人指责。这是为什么呢？是因为诸葛亮并没有申不害、商鞅的狠毒，只是运用了他们的方法，王安石却实际应用了申不害、商鞅的方法，没有表现出诚心，而且讳莫如深。怎么知道是这种情况呢？史书上记载，诸葛亮开诚布公，凡是忠于国家、立有功劳的人，即使是仇家也赏赐；凡是违法乱纪、玩忽职守的人，即使是亲属也惩治。又有记载说，当时全国官民，无不对他又怕又敬。他的刑法虽然严厉，却没有怨恨，这是因为他公平公正。既然如此，那么后世的治国者，一定要先具备诸葛亮的用心，而后才能实行申不害、商鞅之术，如果只采取他的表面做法，而没有贯穿他的爱惜怜悯的诚心，无疑会残忍刻薄。

王安石慷慨激昂，有矫治不良世风的志向，深刻地认识到国家为沉积陋习所阻碍，不坚定地执法，一定会受到天下人的阻挠。但他又担心申不害、商鞅的学说无法征服官民的内心，于是就隐去名目，而假托《周礼》来作解释。那么王安石不是误解《周礼》，而是故意附会《周礼》。他之所以去附会《周礼》，不是真的从古代吸取了什么，而是如不这样，朝中的大臣们一定会斥责他的政策是申不害、商鞅之术，不是先王的法度，所以他才首先假称是先王的政策，来封住他们的嘴。但是即便如此，最终攻击者还是攻击不断，他想遮掩也遮掩不住，结果只好专门凭着意气来对待，以夺取一时的胜利。同意自己的就提拔，攻击自己的就斥退，使一些小人迎合他的口味，得以掌握大权，结果新法也只被用来毒害、扰乱天下，从而遭到了全国的严厉批评。

如果没有贤德的人来执行政令，即使有好的政策和意图，也只会导致祸害。因此程颐说：要首先领会《关雎》、《麟趾》的教化之意，然后才能推行《周礼》的制度。诸葛亮和王安石，他们所施行的政策，并无太大差别，但他们的功过、成败，却差别如此之大。这不仅是由于他们的主观心意不同，也是由于他们的环境不同而造成的。辅佐诸葛亮的人，大多是优秀的人才；而攻击王安石的人，却大多是德高望重的君子。这实在不仅是王安石的不幸，也是宋朝的不幸吧。

会试试题四：

学堂之设，其旨有三，所以陶铸国民，造就人才，振兴实业。国民不能自立，必立学以教之，使皆有善良之德，忠爱之心，自养之技能，必需之知识。盖东西各国所同，日本则尤注重尚武之精神。此陶铸国民之教育也。讲求政治、法律、理财、外交诸专门，以备任使。此造就人才之教育也。分设农、工、商、矿诸学，以期富国利民。此振兴实业之教育也。三者孰为最急策？

译文：

学堂的设立，主要有三个目的：提高国民文化素质，培养造就优秀人才，振兴国家实业。国民不能够自立，必须设立学校来教导，使其具有善良优秀的美德，忠厚仁爱的心理，自己谋生的技能，生活必须的知识。这大概是东方西方各国共同的道理，而日本则尤其注重尚武精神。这就是提高国民文化素质的教育。讲求政治、法律、理财、外交等专门技能的培养，是为了以备任用。这是造就优秀人才的教育。分设农业、工业、商业、矿业等学科来教育人，是为了期求富国利民。这就是振兴国家实业的教育。这三者哪一项是国家最要紧的国策呢？

会试卷四道：

环地球而国者，以数十计。其盛衰存亡之数，不一端，而大原必起于教育。故学堂者，东西各国之所同重也。学堂之设，大旨有三：曰陶铸国民，曰造就人才，曰振兴实业。三者不可偏废，而立学者必自度其国家之性质，以为缓急之端。

今中国因积弱之弊，欲以学战，与列强竞存，则必以陶铸国民为第一要义。何者？国民之资格不成，则国不可立。虽有人才可以为我用，亦可为人用。虽有实业可以为我有，亦可为人有。所谓国民者有善良之德，有忠爱之心，有自养之技能，有必需之知识，知此身与国家之关系，对国家之义务。以一身为国家所公有，而不敢自私；以一身为国家所独有，而不敢媚外。凡为国家之敌者，虽有圣哲，亦必竭其才力，以与之抗，至于粉身绝脰而不悔，终不肯以毛发利益让之于人。以此资格，教成全国之民，虽有强邻悍族，亦将敛步夺气而不敢犯。然后人才可兴，实业可振也。

中国以重文轻武之故，民气靡弱偷惰。谋私利不谋公益，无善良之德；视国事不干己事，无忠爱之心。专事分利，无自养之技能；未习溥通，无必需之知识。稍有解外国语言而习其事者，则相与服属外人，而为之伥。于此而欲造就人才，振兴实业，不亦难乎？方今欲建学校，以图富强，非鼓其特立之精神，不足以挽回积习。日本与我同处亚东，其弊亦大致相类。今一变而脐于列强之次者，亦以重尚武之精神也。

夫今日人才销乏，可谓极矣。政治废弛，法律繁乱，财政竭蹶，外交失误，则设专门以储才，固当务之急矣。然窃谓即有人才，而庶政亦不能善。何也？一人修之，百人挠之，其势必不能胜。古之立国，惟恃有二三豪杰。今之立国，则恃有全国之国民。不然，愚民百万，谓之无民。以与文明诸大国争衡，虽有英雄，岂能措其手哉？至于农工之业，拘守故辙；商矿之利，见夺外人。以中国人力之勤，物产之博，苟分设各学，致富之道尤可跷足而待。然兴一事，必招洋股；创一利，适资他族。皆其民无特立之质，故利未兴而害乘之矣。

由是以观，则知必养成完备之国民，然后人才为我国之人才，非他国之人才；实业为我国之实业，非异国之实业。日本教育家福泽谕吉尝以独立自尊一语，为教育最大纲领，其即此意也欤？[1]

1. 金山、宋大川、杨寄林：《中华状元卷》之《大清状元卷》（下），山西教育出版社，2002 年，第 641 页。

译文：

全世界的国家有几十个。各国盛衰存亡的定数虽然各自不同，但根本却一定源于教育。因此东西方各国无不重视学堂。学堂的设立，主要有三个目的：提高国民文化素质，培养造就优秀人才，振兴实业。这三者不可偏废，但设立学堂的人又必须考虑自己国家的性质和状况，因时制宜，适当有所侧重。

现今中国因袭了以前积弱的弊病，想要培养奋斗精神，与列强竞争生存，就必须把提高国民素质作为首要任务。为什么呢？如果民众不具备成为“国民”的资格，那么国家就不可能屹立于世界。即使有了人才，可以为我们使用，也就可以被别人使用。即使有了实业，可以被我们所拥有，也就可以被别人所拥有。所谓国民应该具备善良的品德，具备忠君爱国的观念，具备养活自己的职业技术，具备必需的日常知识，也就是要明白自身与国家的关系，对国家的义务。懂得自己是国家的公有财产，而不敢自私自利；也懂得自己是国家的私有财产，而不敢媚外求荣。凡是与我国为敌的国家，即使它有圣贤相辅，也一定竭尽全部来和它对抗，即便粉身碎骨也全不后悔，绝不把一丝一毫的国家利益白白送给别人。如果用这种标准来教育全国民众，即使有了凶悍的邻邦外国，也会收敛气焰而不敢进犯。然后才可以培养人才，振兴实业。

中国因为一向重文轻武的缘故，民风萎靡懦弱、苟且怠惰。因此只考虑个人利益而不考虑国家利益，由此缺乏善良的品德；认为国家的事务与自己无关，由此缺乏忠君爱国的观念；专门做争权夺利的事情，由此缺乏养活自己的职业技术；对事物不广泛予以涉猎，由此缺乏必需的知识。稍有几个能听懂外语并熟悉外事的人，也都为外国人服务，为虎作伥。处在这种状况下而想培养人才、振兴实业，不也太难了吗？现今正要设立学校，以求国家富强，如不鼓舞人们树立自立的精神，是无法挽回衰败的传统习惯的。日本和我国同处东亚地区，它原先的弊病也大体相似，而现在一变而跻身于列强行列，原因就是重视尚武精神。

今天中国人才匮乏，已达到极点。政治荒废松懈，法律条文杂乱，财政拮据困难，外交失败错误，所以设立专门学校来培训人才，当然是当务之急了。但臣个人认为即使有了完备的人才，政治也不会必定改善。为什么呢？一人奋发图强，却有多人阻挠破坏，这种情势自然不能走向成功。古代治理国家，可以只依靠两三个突出人才。而今天治理国家，则要依靠全国所有国民。否则，民众愚昧无知，即使有百万之众，也等于零。依靠他们来和各文明强国争雄，即使有个别英雄，又怎能着手应付呢？至于农业、工业的生产，只是拘守原来的模式；商业、矿业的利润，只是被外国人侵夺而去。凭着中国劳动力的充裕，物产的丰富，如果去分别设立各科学校，可以马上致富。但是每开办一件事务，一定招募洋股；每创设一件好事，正好帮助了外国。这都表明我国国民缺乏独立自主的品格，所以好事还没办成而害处已乘虚而入了。

从这来看，就可以明白一定要首先培养成完备的国民，然后人才才会是我国的人才，而不是外国的人才；实业才会是我国的实业，而不是外国的实业。日本教育家福泽谕吉曾经把“独立自尊”一条来作为教育的最大纲领，他大概就是这种意思吧。

会试试题五：

中立而不倚，强哉矫义。

译文：

确立中正而没有偏倚，强盛就在这上面。阐发其义。

会试卷五道：

自古帝王之治，圣贤之道，不外一中。中者，举天下万世所宜视为标准者也。然芸芸之众，率苶然不能自立，而豪杰奇逸之士，则又不免矫持太过，而不能以大中为归。即中矣，而卒不能历久不渝，贯始终而如一，则物欲为之累也。惟君子能祛物欲之累，介然有以自持，此其所以难能而可贵欤？夫子答子路之问强，而复进之于君子，有曰：中立而不倚，强哉矫。信哉！其能强也。

且吾尝见天下之变，所以挠吾中立者多矣。凡夫祸乱之萌，必先挟一近是之词，以为煽惑人心之计。一二见微之士，或能逆知其妄，耿耿自立，而不陷其樊。设于此而复有巨诈雄奸，别树一帜，以相抵抗，其所以攻击彼党而发其逆谋者，适与己见若合符节，则不觉沛然从之，而无复疑。及乎势焰已成，徒党已众，而阴谋渐露，其狂悖乃更有甚焉。至此虽觉悟，愤悔而已。失身其中，噬脐无及。自古以来忠义慷慨之士，不能卒守中立者，往往如此也。

君子则不然。其识足以鉴别天下之是非，灼然如黑白之不可乱；其力足以搘拄狂澜之横决，屹然如砥柱之不可摇。当举世昏昧之秋，尝倡为非常之说，以冀弭百世之患。迨吾谋不用，而卒归于败，然后天下服其先觉，纷纷并起，窃其绪论，横议放言。而奇邪诡辩之徒，思乘时以售其奸，乃托君子之言，以保国救时，悚动天下。而君子于此，反退然中处，若无以异于常人。及其邪说一败，为世大僇，而君子不与其祸。

时势迁流相激，世变万端。君子以一身卓立其中，凝然若出于无事。天下方惊骇怪叹，以为神奇。而岂知其素所树立者，固如是哉！夫惟有定识，以烛于几先；有定力，以持于局外。然后甘言好词，不足以诱之；群疑众谤，不足以动之；权谋诡术，不足以误之；祸福利害，不足以乱之。而要其本原，在能取物欲之私而胜之也。故曰自胜之谓强。[1]

译文：

自古以来，帝王的治国策略、圣贤的思想内核都离不开“中正”。中正

1．金山、宋大川、杨寄林：《中华状元卷》之《大清状元卷》（下），山西教育出版社，2002 年，第 643 页。

是普天之下的人们永远都应视为标准的东西。但是在现实中，普通大众却往往不能独立自主；而英雄豪杰又不免过分刚强傲慢，都不能把中正作为归宿。即使做到中正了，也还是不能经久不变，始终坚持，这都是被物欲牵累的缘故。只有那些君子，才能消除物欲的牵累，一身正气，坚持自己的原则。这不正是他们难能可贵的地方吗？孔子回答了子路询问的什么是强盛的问题后，又向他介绍了君子的做法。其中一句说：确立中正而没有偏倚，强盛就强在这上面啊！君子在这上面确实是能强盛的。

我曾经观察天下的变乱，会破坏我确立中正的因素实在太多了。每逢祸乱酝酿的时候，坏人总会首先鼓吹一套听似有理的说法，用来蛊惑人心。这时一两个能够看出苗头的人，也许能够料知他们的欺诈，从而保持清醒和独立，不落入他们的圈套。但假如这时又有十分厉害的奸诈之徒另立旗号，来反对前面的坏人。而用来攻击坏人并揭露他们的阴谋的论调，又正好和自己的观点完全符合，于是大众便不知不觉痛快地跟着他，再没什么怀疑的。不料等到他的势力形成，党徒已经很多的时候，阴谋也就逐渐暴露，猖狂、反动比以前更为厉害。至此人民虽然明白过来，也只能愤恨后悔而已。因为自己已经身陷其中，不能自拔，后悔也晚了。自古以来，忠义慷慨的人士，不能最终坚持自己的中正原则，往往是这样。

君子却不是这样。他的见识足以鉴别清楚天下的是非正误，明白得不会混淆黑白；他的力量又足以挽狂澜于既倒，岿然不动，如同不可动摇的砥柱。还在所有人都对时局浑然不知的时候，他就常常提出不一般的说法，希望能消除祸及百年的灾难。等到因为自己的谋划不被信用，而事情最终归于失败之后，天下人这才都佩服他的先见之明，于是纷纷剽窃他的观点，大肆鼓吹。其中一些狡猾诡辩的人，想趁机兜售自己的奸谋，于是就假借君子的言辞，用保国家、救时局的旗号来鼓动天下。这时的君子，反而隐退，以中正自处，和普通人一样。结果等到这些邪说又走向失败，遭到世人的大举声讨时，君子却一点也没受到牵连。

时代的发展趋势互相冲突，世间的变化也并不固定。君子一人独立于其间，安定得像什么也没发生过一样。天下人见此才大为叹服，觉得他简直是神人。又怎知他平常所培养的人格原本就是这样！只有拥有固定的见识，能在事先就清楚地看出苗头；拥有恒定的力量，能坚持居于局外。然后才能做到甜言蜜语无法引诱，冷嘲热讽无法动摇，阴谋诡计无法陷害，福利祸害无法干扰。而究其根本，就在于他能找出自己物欲的私心而克制住它，所以说能够克制自己就叫“强”。

评议：

在清末“新政”的改革浪潮中，晚清朝廷在选官任员方面最大的革新即是废除科举制度。光绪三十一年（1905）慈禧太后下诏次年开始废除科举，由是光绪三十年甲辰恩科便成为中国历史上最后一次科举考试。刘春霖即是中国历史上最后一位状元。此处选取的五道会试卷虽仍采用旧有形式，其问题也多为历史问题，却仍明显地显现出当时的革新特色与时代特点。自秦代后，在中央与地方关系上逐渐呈现出内重外轻的特点。在清末新政时期，地方自治的浪潮也是风起云涌，刘春霖认为“外重内轻”与“外轻内重”各有得失，不可以今日之“非”否定往日之“是”。鸦片战争后，在对抗外侮的斗争中，清朝屡次失败，刘春霖主张向西方学习，并进而指出，由“器物”到“制度”再到“文化”的认识，是后进国家进步的途径。既是“新政”，便需改变法度。虽然采用的都是申不害、商鞅之术，诸葛亮与王安石的变法却一成一败。究其原因，改革必有对既得利益集团的损害，只有开诚布公、秉公办理才会成功推进。刘春霖同时主张设立新式学堂以代替旧有书院，培养有利于国家的新式公民。改革中，最为关键的一点便在于保持中正，明辨是非。由此可见，五道会试卷篇篇不离“新政”主题。刘春霖，字润琴，号石云，直隶（今河北省）肃宁人，历任民国初年政府要职。

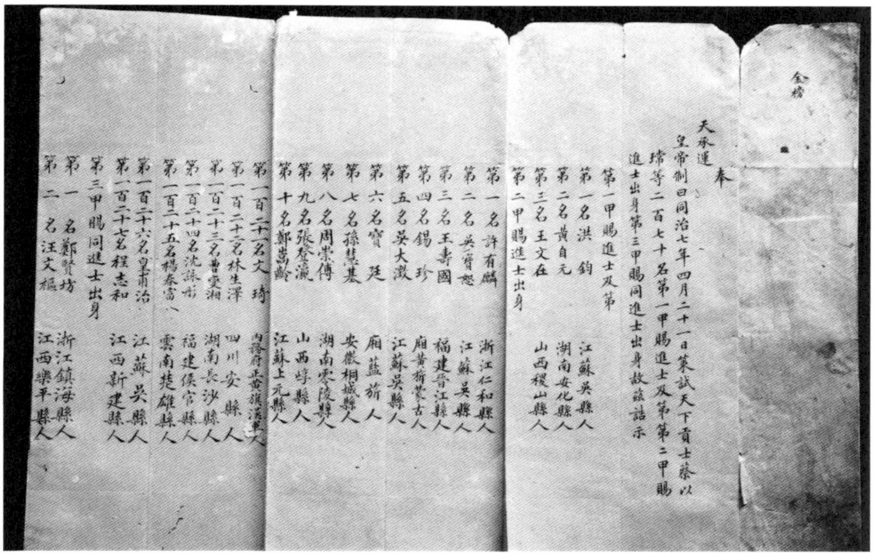

金榜

奉
天承運
皇帝制曰同治七年四月二十一日策試天下貢士蔡以
瑺等二百七十名第一甲賜進士及第第二甲賜
進士出身第三甲賜同進士出身故茲誥示

第一甲賜進士及第
第一名洪鈞　江蘇吳縣人
第二名黃自元　湖南安化縣人
第三名王文在　山西稷山縣人

第二甲賜進士出身
第一名許有麟　浙江仁和縣人
第二名吳寶恕　江蘇吳縣人
第三名王壽國　福建晉江縣人
第四名錫珍　廂黃旗蒙古人
第五名吳大澂　江蘇吳縣人
第六名寶廷　廂藍旗人
第七名孫慧基　安徽桐城縣人
第八名周崇傅　湖南零陵縣人
第九名張登瀛　山西崞縣人
第十名鄭嵩齡　江蘇上元縣人
第一百二十一名文琦　內務府正黃旗漢軍人
第一百二十二名林生澤　四川安縣人
第一百二十三名曹秉湘　湖南長沙縣人
第一百二十四名沈詠彤　福建侯官縣人
第一百二十五名楊春富　雲南楚雄縣人
第一百二十六名皇甫治　江蘇吳縣人
第一百二十七名程志和　江西新建縣人

第三甲賜同進士出身
第一名鄭賢坊　浙江鎮海縣人
第二名汪文樞　江西樂平縣人

同治七年殿试小金榜，中国国家博物馆藏

孔庙和国子监俯视图

| 下篇 |

社会效果——明清科举优秀人才

一　中枢宰辅

（一）赈济灾民、体恤民情——于谦

永乐十九年（1421）进士

于谦（1398～1457），字廷益，钱塘（今杭州）人。永乐十九年（1421），于谦考中进士。宣德初年，任命于谦为御史。后历任兵部右侍郎，巡抚河南、山西。于谦在任上勤于考察民情，兴利除弊，兴修水利，开垦屯田，年年上报水旱灾情，青黄不接之时分发谷物给百姓渡过难关。他的威望恩德遍布于任职各地。入朝任职后两袖清风，招致权贵不满受到排挤。

（二）三元及第、辅国贤相——商辂

正统十年（1445）状元

商辂（1414～1486），字弘载，号素庵，浙江淳安人。正统十年（1445），商辂会试、殿试都是第一，大魁天下，成为明代近三百年科举考试中第一个"三元及第"的人。他历经英宗、代宗、宪宗三朝，曾任兵部尚书、户部尚书、太子少保、吏部尚书、谨身殿大学士等显官要职，时人有"我朝贤佐，商公第一"之说。

商辂为人敢言直谏，临大事则果敢刚毅，不为他人所动。宦官汪直作恶多端，商辂上疏直陈汪直十一条罪状，并说皇上查办汪直直接关系到国家的安危，最后宪宗不得不革去西厂。曾言："实不敢使朝廷妄杀一人。"[1]

1.《明史》，15 册，中华书局，1974 年，第 4691 页。

商辂内阁为官十八年，退休以后，他的子孙都贤能有德。商辂居家十年后辞世，享年 73 岁。赠太傅，谥文毅。商辂工书法。著有《商文毅公集》、《商文毅疏稿略》。

（三）正直谏言、政绩显著——谢迁

成化十一年（1475）状元

谢迁（1449～1531），字于乔，号木斋，浙江余姚人。明成化十一年（1475）状元，历任翰林院修撰、左庶子、太子少保、兵部尚书兼东阁大学士，嘉靖朝一品大学士。曾内阁参预机务，与刘健、李东阳同心辅政，遇事明敏，善于持论，当时人们评价说：李公谋略高超，刘公办事果断，谢公谈吐尤健。三人均被誉为贤相。

武宗时，宦官刘瑾乘皇帝年幼，排斥忠良，大权独揽。谢迁为少傅兼太子太保。他从国家存亡的立场，决心"触危机而罔恤，当逆峰而直犯"[1]，多次向皇上陈述己见，要求诛杀刘瑾。可惜他的建议没有得到采纳，还遭到打压。明世宗即位后，待谢迁十分优厚，又重新起用他。

（四）忠心勤恳、一代治臣——费宏

成化二十三年（1487）状元

费宏（1468～1535），字子充，号健斋，又号鹅湖，晚年自号湖东野老。费宏 20 岁中殿试状元，为明代最为年轻的状元翰林，曾三次入阁。始终以高风亮节与杨廷和、杨一清等人共治天下，深受君主、朝臣倚重，百姓称赞。

费宏为人不畏奸宦，仗义执言。在刘瑾擅权乱政，公卿百官噤若寒蝉时能够保持自己独立的人格。刘瑾败亡被诛后，他主持改正被刘瑾等破坏

1.（明）谢迁：《归田稿》卷四《自题野服行乐图》，《四库全书》集部别集类五《家藏集》，四库本。

的各种规章制度。费宏以敢于直言、勇于行动、办事得体，受到廷臣的敬重和信任。宁王朱宸濠，于正德十四年（1519）起兵谋反。他出谋划策，帮助王守仁打败宁王。

费宏从 20 岁入仕至 68 岁逝世，历经三朝，两次致仕，三次入阁，为官三十余年，始终勤勤恳恳，忠心不贰。曾两次主持礼部考试，一次主持应天乡试，四次为廷试读卷官，门生半天下，虽位至首辅，富贵已极，却一直崇尚节俭，食不兼味。

（五）整顿吏治、力行改革——张居正

嘉靖二十六年（1547）进士

张居正（1525～1582），祖籍安徽凤阳，湖北江陵人。字叔大，少名张白圭，又称张江陵，号太岳，谥号文忠。明代著名的政治家、改革家。

张居正在任时整顿吏治，开源节流，推行“一条鞭法”。张居正对明王朝所面临的问题有着深刻的认识，认为国力匮乏和盗贼横行都是由于吏治不清造成的。

万历元年（1573）十一月，张居正上疏实行“考成法”，明确职责，加强督办。万历四年规定，地方官征赋不足九成者，一律加以处罚。他通过加强对官吏的考核，裁减冗员，节省朝廷的俸禄开支，并通过各种途径削减朝廷的军费开支。一方面与鞑靼人修好，通贡互市，保持边境安定，减少战争费用；另一方面大量削减抚赏开支，通过减兵、清粮的办法减少支出。

万历六年（1578），张居正以福建为试点，清丈田地。万历八年，张居正上疏并获准在全国陆续展开清丈土地，并在此基础上重绘鱼鳞图册，明朝的田赋收入大为增加。万历九年（1581），张居正下令，在全国范围内实行一条鞭法。一条鞭法是中国田赋制度史上继唐代两税法之后的又一次重大改革，它简化了赋役的项目和征收手续，使赋役合一。一条鞭法的施行，有效改变了当时极端混乱、严重不均的赋役制度。它减轻了农民的不合理

赋役负担，限制了胥吏的舞弊，特别是取消了苛重的力差，使农民有较多时间从事农业生产。万历十年（1582），随着清丈田亩工作的完成和一条鞭法的逐渐推行，明朝的财政状况有了进一步的好转。这些做法顺应了历史的发展潮流，在一定程度上减轻了百姓的负担，缓和了一触即发的阶级矛盾，对历史的发展起了积极的推动作用。

（六）无为治国、寻求平衡——申时行

嘉靖四十一年（1562）状元

申时行（1535～1614），字汝默，号瑶泉，晚号休休居士，苏州府长洲（今江苏苏州）人。嘉靖四十一年（1562）状元。历任翰林院修撰、礼部右侍郎、吏部右侍郎兼东阁大学士、首辅、太子太师、中极殿大学士。

申时行继任首辅后的策略是尽量争取朝廷的稳定，努力平衡各方的势力，努力化解各方矛盾，崇尚无为而治。申时行知道如何在“阴”“阳”中变换和生存，因为他深深地懂得中国官场的潜规则。他主政期间官员变动非常小，这不仅避免了引起大臣之间的斗争，还避免了激化文官系统的矛盾。

申时行在为官从政的过程中，一直在追求他所认为的“平衡”，包括在政治、军事对抗中的平衡，力求尽量减少矛盾，保持稳定，坚持无为而治家，与张居正的强硬专权、力推改革的风格形成鲜明的对比。

（七）创设规程、完善职制——张廷玉

康熙三十九年（1700）进士

张廷玉（1672～1755），字衡臣，号研斋，安徽桐城人，清朝保和殿大学士、吏部尚书、军机大臣、太保，封三等伯，历三朝元老，居官五十年。

"军机处初设，职制皆廷玉所定。"[1] 军机处在清朝成为中枢机构，这确实是张廷玉的历史功业。

张廷玉还在完善奏折制度中功不可没，帮助清廷定立了一整套保密制度。由此奏折代替了原来题本的作用，成为主要官方文书。这一制度一直持续到清末。

（八）文人武侯、中兴柱石——曾国藩

道光十八年（1838）进士

曾国藩（1811～1872），初名子城，字伯涵，号涤生，湖南长沙府湘乡县人。晚清重臣，湘军的创立者。清朝理学家、政治家、文学家。晚清"中兴四大名臣"之一，官至两江总督、直隶总督、武英殿大学士，封一等毅勇侯，谥文正。

曾国藩一生最大的功绩是帮助清廷镇压了太平天国起事。曾国藩办团练期间知人善用，并能够以身作则遵守军纪。大军所到之处百姓皆"各行其是"，"行军以不扰民为本"。湘军在军事素质落后的清朝武装力量中成为中国南方地区与太平天国军事力量作战的主力之一。曾国藩也因军功被封为一等毅勇侯，成为清代以文人而封武侯的第一人。

（九）坐镇直隶、领导洋务——李鸿章

道光二十七年（1847）进士

李鸿章（1823～1901），安徽合肥人，本名章桐，字渐甫或子黻，号少荃（泉），晚年自号仪叟，别号省心，谥文忠。世人多尊称李中堂，亦称李合肥。作为淮军的创始人和统帅、洋务运动的主要倡导者之一，李鸿章官至直隶总督兼北洋通商大臣，授文华殿大学士，曾经代表清政府签订了《烟台条约》、《中法新约》、《马关条约》等。

1.《清史稿》，34 册，中华书局，1977 年，第 10241 页。

李鸿章任直隶总督不久，即兼任北洋通商事务大臣。同治十一年（1872），加授武英殿大学士。自此，李鸿章在直隶总督兼北洋大臣任上秉政达二十五年，参与了清政府有关内政、外交、经济、军事等一系列重大举措，成为清廷的股肱重臣。在其带领下，开始了中国早期的洋务运动。

同治二年（1863），李鸿章利用上海富绅的银两引进洋人的机器设备，创办了中国第二个近代军工企业：上海洋枪三局（第一个是曾国藩1861年创办的安庆内军械所）。同治四年（1865），李鸿章在署理两江总督任上将上海洋枪三局扩建为江南制造局。与此同时，苏州机器局也随李鸿章迁往南京，扩建为金陵机器局。同治九年（1870），李鸿章调任直隶总督，接管原由崇厚创办的天津机器局，并扩大生产规模。中国近代早期的四大军工企业中，李鸿章一人就创办了三个。在引进西方设备进行近代化生产的实际操作中，他又进一步得出“中国欲自强，则莫如学习外国利器。欲学习外国利器，则莫如觅制器之器，师其法而不必尽用其人。欲觅制器之器与制器之人，则或专设一科取士，士终身悬以为富贵功名之鹄，则业可成，艺可精，而才亦可集”[1]的认识，反映出其认识的深化。

19世纪70年代出任直隶总督后，李鸿章痛感中国积弱不振的原因在于“患贫”，得出“富强相因”，“必先富而后能强”的认识，将洋务运动的重点转向“求富”。同治十一年（1872）底，李鸿章督办创立了轮船招商局。这是中国第一家民营轮船公司，也是中国近代最大的民用企业。其后，李鸿章先后创办了河北磁州煤铁矿、江西兴国煤矿、湖北广济煤矿、开平矿务局、上海机器织布局、山东峄县煤矿、天津电报总局、唐胥铁路、上海电报总局、津沽铁路、漠河金矿、热河四道沟铜矿、三山铅银矿、上海华盛纺织总厂等一系列民用企业，涉及矿业、铁路、纺织、电信等各行各业。在经营方针上，也逐渐由官督商办转向官商合办，从客观上促进了中国资本主义的发展。

1.（清）宝鋆等编：《筹办夷务始末·同治朝》，1册，中华书局，2008年，第10页。

（十）推动洋务、振兴实业——张之洞

同治二年（1863）进士

张之洞（1837～1909），字孝达，号香涛，别号壶公、抱冰，直隶南皮（今河北南皮）人。同治二年（1863）考取进士第三名（探花），授翰林院编修。历任湖北学政、四川学政、山西巡抚、两广总督、湖广总督、两江总督、军机大臣。张之洞一生力推改革，主张广开新学、改革军政、振兴实业，是洋务新政的代表。

光绪十五年（1889），张之洞上奏朝廷，建议修筑芦汉铁路，作为贯通南北交通的大动脉。同年冬，张之洞在湖北开办军用企业和民用企业，先是筹建汉阳铁厂，后又创办湖北织布局。

张之洞也致力于教育事业的发展，在广州创办广雅书局和广雅书院；在湖北设有两湖书院、经心书院，又设立农务学堂、工艺学堂、武备自强学堂、商务学堂等；在南京设立储才学堂、铁路学堂、陆军学堂、水师学堂等。他针对社会需要改革学堂、书院的学习科目，添增新的学科，并派遣留学生到日本留学。他注意训练军队，军官全部用德国人担任，采用西法操练，曾在徐州编练过江南自强军一万人。

二　军事

（一）保卫北京、力挽危局——于谦

永乐十九年（1421）进士

于谦（1398～1457），字廷益，钱塘（今杭州）人。永乐十九年（1421），于谦考中进士。宣德初年，任命于谦为御史。后历任兵部右侍郎等职，巡抚河南、山西。

正统十四年（1449）土木堡之变，明英宗被俘，蒙古瓦剌部也先率军直攻至北京城下，于谦临危受命，率领军民，经历数月苦战，击退蒙古瓦剌大军，使北京城得以保全。于谦在国家危难时挺身而出，爱国从道，匡济时艰。

（二）科场文状元、抗倭武状元——沈坤

嘉靖二十年（1541）状元

沈坤（1507～1560），字柏生，号十洲，南直隶淮安府大河卫（今江苏淮安市）人。嘉靖二十年（1541）中进士一甲第一名，状元及第。历任翰林院修撰、右春坊右谕德、南京国子监祭酒。沈坤最大的业绩不是读书做官，而是抗倭。

明朝嘉靖年间，沿海倭寇活动猖獗，沿海百姓经常遭受倭寇的烧杀抢掠。沈坤的老家淮安是沿海重镇，也成为倭寇骚扰的重要目标。沈坤毅然

变卖家产，拿出积蓄，招募训练乡勇，树起抗倭大旗。沈坤的乡兵纪律严明，雷厉风行，英勇善战，打了许多胜仗。

（三）经略辽东、谋略抗清——袁崇焕

万历四十七年（1619）进士

袁崇焕（1584～1630），字元素，号自如，广东东莞人，祖籍广西梧州。万历四十七年（1619）中进士，历任邵武知县、兵部主事、山东按察司佥事、山海关监军、山东布政司右参政、山东按察使、右佥都御史、辽东巡抚兼兵部侍郎、兵部尚书兼右副都御史等 。明末著名军事家、抗清（后金）名将。先后取得了宁远之战、宁锦之战、广渠门之战等胜利。后被崇祯帝以通敌谋叛等罪名磔杀。

（四）血战扬州、誓死守节——史可法

崇祯元年（1628）进士

史可法（1601～1645），字宪之，又字道邻，祥符（今河南开封）人，祖籍顺天府大兴县（今北京），其师为左光斗。历任西安府推官、户部员外郎、郎中、都御史、南京兵部尚书、东阁大学士等职。因抗清被俘，不屈而死。

清军入关后，史可法坐镇扬州亲自指挥，治军严明，与士兵同甘共苦，深受将士们爱戴。面对力量悬殊的险恶形势，他决心与扬州城共存亡。扬州城破后史可法惨遭杀害。

（五）平定叛乱、战功赫赫——年羹尧

康熙三十九年（1700）进士

年羹尧（1679～1726），字亮工，号双峰，原籍凤阳府怀远县（今属安徽），

后改隶汉军镶黄旗。康熙三十九年（1700）进士，官至四川总督、川陕总督、抚远大将军，还被加封太保、一等公，高官显爵集于一身。年羹尧曾配合各军平定西藏乱事，平息青海罗卜藏丹津，立下赫赫战功。

在清军击败准噶尔部首领策妄阿拉布坦入侵西藏的战争中，年羹尧积极统筹安排，充分保障清军后勤供给，显示了他的卓越才干和领导能力。雍正帝即位后，年羹尧和隆科多并称雍正帝的左膀右臂。青海发生了罗卜藏丹津叛乱，年羹尧接任抚远大将军，驻西宁坐镇指挥平叛。因筹划周详，出奇制胜，从此威镇西北，享誉朝野，成为雍正帝在外省的主要心腹大臣。

（六）禁烟销烟、抵御外侵——邓廷桢

嘉庆六年（1801）进士

邓廷桢（1776～1846），字维周，又字嶰筠，晚号妙吉祥室老人、刚木老人。江苏江宁（今南京）人。嘉庆六年（1801）进士，选庶吉士，授编修，屡分校乡、会试，历任浙江宁波知府，陕西延安、榆林、西安知府及湖北按察使、江西布政使、陕西按察使、安徽巡抚、两广总督、闽浙总督等职。

道光十九年（1839），邓廷桢积极支持和密切配合林则徐禁烟。在虎门海防建设中，邓廷桢也经常陪同林则徐前往各海口视察、研究，提出建设性意见。

（七）蒙古族爱国将领、抗英民族英雄——裕谦

嘉庆二十二年（1817）进士

裕谦（1795～1841），原名裕泰，字鲁山，号舒亭，蒙古博罗忒氏，内蒙古察哈尔镶黄旗（今锡林郭勒盟）人。裕谦于嘉庆二十二年（1817）考中进士，历任翰林院庶吉士、礼部主事、员外郎、湖北荆州知府，后调

武昌府知府、荆宜施道。裕谦在武昌积极开展禁鸦片烟运动，并在《严禁鸦片烟示》中明令禁止栽种和买卖鸦片。后又任江苏按察使、布政使、江苏巡抚，成为独当一面的封疆大吏。裕谦任职湖北、江苏期间，勤政廉明，关注民情，倾听民声，兴修水利，发展生产，继续开展禁烟运动，查获大量烟土、烟具等物，缉获烟贩。

道光二十年（1840）鸦片战争期间，裕谦坐镇镇海，指挥军队奋勇抵抗英军侵略，浴血拼战六昼夜，最后壮烈牺牲，是我国杰出的爱国将领。

三　社会经济

（一）水利专家、治黄功臣——潘季驯

嘉靖二十九年（1550）进士

潘季驯（1521～1595），字时良，号印川。湖州府乌程县（今浙江省湖州市吴兴区）人，历任江西巡抚、刑部右侍郎、工部左侍郎总理河漕、工部尚书、南京兵部尚书、刑部尚书等。明朝治理黄河的水利专家，著作有《宸断大工录》、《两河管见》、《河防一览》等。

潘季驯一生四次治河，在一次又一次的治黄实践中，他从一个对黄河和河工技术一无所知的文人，逐步磨炼成长为一位治河专家，被誉为“千古治黄第一人”。

（二）状元道员、赈灾治税——陈初哲

乾隆三十四年（1769）状元

陈初哲（1736～1787），字在初，号永齐，江南元和（今江苏吴县）人。乾隆三十四年（1769）状元，授翰林院修撰。

乾隆三十七年（1772），《四库全书》文化工程开始动工，陈初哲奉命入四库馆参加修纂。自陈初哲入仕以来，曾两次遇上京察（对在京官员的一种考核方式）。两次京察，陈初哲都名列第一等，被特旨任命为湖北荆宜施道道员。陈初哲到任后，赈济饥民，抗洪抢险，调整税额，在荆宜施道的治绩受到朝野上下的称赞。

（三）忠于职守、反对浮收——胡家玉

道光二十一年（1841）探花

胡家玉（1810～1886），字小蘧，江西新建县人。道光二十一年（1841）中一甲第三名进士（探花），授翰林院编修。曾任提督贵州学政、军机处章京、太常寺卿、四川乡试正考官、都察院左副都御史、兵部左侍郎、稽查京通、十七仓大臣等职。

光绪五年（1879），针对严峻的海防形势，胡家玉上疏朝廷，提出“海防紧要，大沽有炮台无战舰，请添设”以及“请移缓就急，设船厂，造铁甲轮船，以壮军威”等，对清军的实际军力和战斗力有正确的认识。光绪六年（1880），胡家玉又上疏，请求疏浚江西河道，对河南糟粮征收本色银。这些建议都得到认可和施行。胡家玉屡次上奏，多受挫折，但他尽力尽心，忠于职守。这种敢于为百姓申言的勇气是难能可贵的。

（四）重视工商、培植税源——魏源

道光二十五年（1845）进士

魏源（1794～1857），名远达，字默深、墨生、汉士，号良图，湖南邵阳隆回人，清代启蒙思想家、政治家、文学家，近代中国“睁眼看世界”的先行者之一。道光二十五年（1845）中进士，官高邮知州，晚年弃官归隐。

魏源主张培植和保护税源，认为赋税于民就好比栽柳，需要发育新枝，增强根基。他反对横征暴敛，指责苛重税敛。魏源还主张国家利用赋税手段保护工商业的发展。

（五）大兴洋务、挖掘油井——曹鸿勋

光绪二年（1876）状元

曹鸿勋（1846～1910），字仲铭、竹铭，号兰生、铭帛，室名益坚斋，山东潍县（今潍城区）人。光绪二年（1876）状元，历任修撰、湖南学政提督、云南永昌知府、陕西巡抚等。他大兴洋务，曾开办延长油厂，打出中国陆地第一口油井。

光绪三十一年（1905）正月，曹鸿勋升任陕西巡抚。期间他曾设立学务处，举办巡警学堂、陆军小学堂，开办罪犯习艺所，"教以工艺，导其自新"，批准选派学生留学日本，培养人才，学习工农路矿各实业，扩建陕西高等学堂。延长发现石油后，曹鸿勋在巡抚任上，一方面加强考查勘探，另一方面筹措费用预算，并聘请日本石油技师负责采油技术指导。光绪三十三年（1907）正月开始，从安装、开工凿井，再到产出原油，用了不到一年的时间就打出了号称"中国陆上第一口油井"的"延一井"。

（六）财税能手、清正为官——陈宗妫

光绪六年（1880）进士

陈宗妫（1854～1922），原名建中，字麓宾，山东省东阿县人。陈宗妫出身农民家庭，幼年刻苦读书，光绪五年（1879）考取举人，光绪六年（1880）进士，初任户部主事，后补福建司主事，又任山西员外郎、广东司郎中、度支部左丞。在任职户部，协同翁同龢执掌财政期间，深得翁同龢信任，依为左右手。在掌管全国财政期间，克己奉公，兢兢业业，两袖清风，一身正气。

（七）实业救国、兴办纱厂——张謇

光绪二十年（1894）状元

张謇（1853～1926），字季直，号啬庵，江苏南通人。慈禧太后六十大寿设恩科会试，考中状元，授翰林院修撰。曾任中央教育会长、江苏两淮盐总理。南京政府成立后，任实业总长，1912 年任北洋政府农商总长兼全国水利总长，1914 年兼任全国水利局总裁。之后走上实业教育救国之路。

光绪二十二年（1896），张謇在南通创办了大生纱厂。光绪二十四年（1898），大生纱厂在通州城西的唐家闸陶朱坝正式破土动工，次年大生纱厂建成投产。经过数年的惨淡经营与发展，大生纱厂逐渐壮大，到 1908 年累计纯利达 190 多万两白银。

四　教育

（一）重视文教、造福后世——罗伦

成化二年（1466）进士

罗伦（1431～1478），字应魁，一字彝正，号一峰，吉安永丰（今属江西）人。成化二年（1466）进士状元，授翰林院修撰，曾任泉州市舶司副提举。后因病辞职，归隐金牛山，钻研经学，开门教授，学生众多。他笃守宋儒之学，修身持己，文气刚毅，诗作不凡，著有《一峰集》等。

罗伦在泉州任职期间，充分利用自己的渊博学识，工作之余在净真观讲学收徒。罗伦讲学能够因人施教，产生了很好的社会影响，陈献章曾称赞他："洞彻不欺之心，炳中天之杲日；轰劲出群之气，发百蛰之春雷。"[1]

（二）盛德为教、天下师表——朱希周

弘治九年（1496）进士

朱希周（1473～1557），原名朱璞，字懋忠，号玉峰，直隶昆山（今江苏昆山）人。弘治九年（1496）进士。明孝宗喜其姓名，擢为第一，成为状元。授修撰，累迁礼部侍郎，官至南京吏部尚书。

朱希周的座右铭是"不妄取予"，他从不随便接受别人赠送的礼物，不管是学生还是老部下，也不管礼物轻重，都一律拒绝，一生廉洁自持。时人视其为长厚君子，王世祯称其"盛德为天下师表"。

1.（明）何乔远：《闽书·文莅志》，福建人民出版社，1994 年。

（三）热心教育、潜心校勘——卢文弨

乾隆十七年（1752）进士

卢文弨（1717～1796），字绍弓，号矶渔，又号檠斋、抱经，晚号弓父，人称“抱经先生”。浙江杭州人。乾隆十七年（1752）进士，授翰林院编修充侍读学士。历任广东乡试主考官、湖南学政。

卢文弨曾主讲江浙崇文、钟山、龙城等书院二十余年，历主江浙一带各书院讲席。《清史稿·卢文弨传》中说：“文弨历主江、浙各书院讲席，以经术导士，江浙士子多信从之，学术为之一变。”他在钟山书院先后任教十一年，对钟山书院进行了教学改革，以经术导士，培养造就了一批学术人才，开创书院学术新风，使钟山书院逐步发展成为重要的文化教育学术中心。

卢文弨一生好学，潜心汉字，以校勘古籍称名于世。他对经义注疏有独到的见解。经他校勘的古籍有《逸周书》、《吕氏春秋》、《贾谊新书》、《韩诗外传》、《春秋繁露》、《方言》、《白虎通》等，多达二百多种，并镂板刊印，汇成《抱经堂丛刻书》十五种。又苦刻板不易，合经史子集三十八种，摘字而注之，名为《群书拾补》。他所作的注疏，都能使学者“�正积非，蓄疑涣释”[1]。

（四）两朝帝师、因人施教——翁同龢

咸丰六年（1856）状元

翁同龢（1830～1904），字叔平，江苏常熟人，大学士翁心存之子。咸丰六年（1856）一甲一名进士。翁氏家族当时声名显赫，有“一门四进士、一门三巡抚、父子大学士、父子尚书、父子帝师”之称。咸丰六年（1856）翁同龢以27岁中状元后，便擢任翰林院修撰。同治四年（1865），子替父业，

1.《清史稿》，43册，中华书局，1977年，第13191页。

入值弘德殿，为同治帝师傅，前后教读九年。同治帝病逝后，光绪帝继位，慈禧又命翁同龢入值毓庆宫，为光绪帝师傅。

（五）教育救国、兴办学校——张謇

光绪二十年（1894）状元

张謇（1853～1926），字季直，号啬庵，江苏南通人。

光绪二十八年（1902），张謇以举办通州纱厂五年以来应得未支的公费连本带息2万元为基础，另加一些集资，创办通州师范学校，第二年便建成开学。这是我国第一所师范学校，标志着中国师范教育专设机构的开端。

1905年，张謇与马相伯在吴淞创办复旦公学（复旦大学前身）。1907年创办农业学校和女子师范学校。1909年倡建通海五属公立中学（今南通中学）。1912年创办医学专门学校（扬州大学前身）、纺织专门学校（南通大学前身）、河海工程专门学校（河海大学前身）、江苏省立水产学校（今上海海洋大学），并陆续兴办了一批小学和中学。光绪三十一年（1905），张謇在通州建立了国内第一所博物馆——南通博物苑。1915年建立了军山气象台。此外还陆续创办了图书馆等。

（六）思想自由、兼容并包——蔡元培

光绪十八年（1892）进士

蔡元培（1868～1940），字鹤卿，又字仲申、民友、孑民，浙江绍兴山阴县（今绍兴县）人，原籍浙江诸暨。蔡元培早年参加反清组织光复会，任会长，又参加同盟会。1916年至1927年任北京大学校长，革新北大，开“学术”与“自由”之风。

1912年，蔡元培任南京临时政府教育总长，主张采用西方教育制度，实行男女同校等改革措施。二次革命失败后，赴法与李石曾等创办留法勤工俭学会。1916年冬，回国任北京大学校长。

蔡元培主持北大的办学方针可以概括为“兼容并包”、“思想自由”。他聘请具有不同思想的人物在北大任教。蔡元培用人不分信仰、党派、学术见解，尊重讲学自由和一切学术讨论的自由。他的这种容纳异己的民主作风，尊重学术思想自由的卓见开创了一代新风。

（七）末榜状元、重视教育——刘春霖

光绪三十年（1904）状元

刘春霖（1872～1942），字润琴，号石云，直隶肃宁人，清光绪三十年（1904）甲辰科状元，也是中国历史上最后一名状元。他出身寒苦，祖父务农，父亲刘魁书为保定府皂隶，母亲靠给人当奶妈糊口。他自幼寄养在伯父家中。后来，刘春霖全家迁居保定，他被送入莲池书院学习。1903年刘春霖兄弟一同参加殿试，刘春堂考取进士，刘春霖意外落榜。科举考试一般为三年一科，由于次年适逢慈禧七十大寿，所以特加甲辰恩科。刘春霖参加殿试，一举获得一甲一名，得中状元。1905 年科举制度的废除，使刘春霖成为中国历史上最后一个状元。

刘春霖中状元之后，历任福建提学使、直隶法政学堂提调、直隶女学堂监督。1909 年，他又改任直隶高等学堂监督，并在莲池文学馆讲学。他在直隶高等学堂，积极网罗社会名流到校执教，学校也以治学严谨，学术昌明，文明教化，陶铸人才闻名于世。

五　思想

（一）文攻武略、阳明心学——王守仁

弘治十二年（1499）进士

王守仁（1472～1529），幼名云，字伯安，号阳明，封新建伯，谥文成，人称王阳明。浙江承宣布政使司绍兴府余姚县（今浙江余姚）人。明代著名的思想家、教育家、文学家、书法家、哲学家和军事家，官至南京兵部尚书、南京都察院左都御史，因平定宸濠之乱等军功而被封为新建伯，隆庆年间追封侯爵。王守仁是陆王心学之集大成者，不但精通儒、释、道三教，而且能够统军征战，是中国历史上罕见的全能大儒。

（二）研究古地理、人口学先驱——洪亮吉

乾隆五十五年（1790）进士

洪亮吉（1746～1809），字君直，一字稚存，号北江，晚年号更生居士。阳湖（今江苏常州）人。乾隆五十五年（1790）进士。历任编修、充国史馆编纂官、督贵州学政等职。洪亮吉以治经史文学而闻名，造诣最深的是对古地理的研究，其次是对当时人口问题的研究。他在《治平篇》人口论中已经敏锐地发现人口过快增长问题的严重性，乃是近代人口学说之先驱。

洪亮吉是我国早期的人口论学者。他指出人口增长过快与粮食产量存在着矛盾的问题，主张开荒移民，反对封山禁林；主张轻徭薄赋，反

对横征暴敛；主张整饬吏治，反对巧取豪夺；主张临灾赈济，反对罔顾民命，并且希望能在相对安定的情况下，工、农、商各安所业，使人民能休养生息。

（三）开眼看世界的第一人——林则徐

嘉庆十六年（1811）进士

林则徐（1785～1850），字元抚，又字少穆、石麟，晚号俟村老人、俟村退叟、七十二峰退叟等，福建侯官（今福建省福州）人。官至一品，曾任江苏巡抚、两广总督、湖广总督、陕甘总督和云贵总督，两次受命为钦差大臣，是清后期的政治家、思想家，是中华民族抵御外侮过程中伟大的民族英雄。他因主张严禁鸦片、抵抗西方的侵略、坚持维护中国主权和民族利益而深受国人的敬仰。

1838 年 11 月 15 日，朝廷特命林则徐为钦差大臣赴广东查办禁烟。在广州禁烟的过程中，林则徐意识到英国殖民者不仅不肯放弃罪恶的鸦片贸易，而且蓄谋动用武力侵略中国。为抗击侵略，他组织翻译外国书刊，加强沿海防御力量，进行了一系列“师敌之长技以制敌”的军事变革。林则徐敢于学习外国先进科学技术的精神，受到高度赞扬，被称为“开眼看世界的第一人”。

（四）中学为体、西学为用——冯桂芬

道光二十年（1840）进士

冯桂芬（1809～1874），字林一、景亭，自号邓尉山人，江苏苏州府吴县（今苏州）人。道光二十年（1840）庚子科一甲二名进士。冯桂芬推崇顾炎武的学术思想，十分尊重和敬仰顾炎武。每次去京城，都会前往顾炎武祠致祭。冯桂芬坚持两种操守：第一，万钟粟千匹马也不能改变他的节操。年少受贫时，他懂得通晓和了解民情，留意民间掌故。第二，不居

人之下。永远做文人学士，不以吏事相许，不凭官位对待他人。

第二次鸦片战争时期，冯桂芬更加全面地论述了向西方学习的问题，肯定了“师夷长技以制夷”的口号。之后冯桂芬提出了“自强攘夷”的主张，概括为“以中国之名教伦常为原本,辅以诸国富强之术”。冯桂芬代表作《校邠庐抗议》陈述关于改革腐败时政的见解，切中要害。他的思想理论对洋务派有很大影响，他的治国理论和主张，如裁减冗员、精制规则、停捐输、变科举、广取士、废武科、采西学、制洋器等评议，都被朝廷甄别、采纳，大部分得以施行。

（五）“师夷之长技以制夷”——魏源

道光二十五年（1845）进士

魏源（1794～1857），名远达，字默深、墨生、汉士，号良图，湖南邵阳隆回人，清代启蒙思想家、政治家、文学家，近代中国“睁眼看世界”的先行者之一。魏源以“经世致用”为宗旨，提出“变古愈尽，便民愈甚”的变法主张，倡导学习西方先进科学技术，总结出“师夷之长技以制夷”的新思想。

面对外国侵华的形势，魏源重视了解西方的科学技术，并以此作为应对侵略的重要方法。他的《海国图志》贯彻并发展了林则徐学习西方的思想，在当时社会上产生了振聋发聩的重大影响。

六　外交

（一）出使朝鲜、著述见闻——董越

成化五年（1469）进士

董越（1430～1502），字尚矩，江西省宁都县人。明朝政治家，文学家。成化五年（1469）进士，授翰林院编修。两次奉旨出任科考官，选中王鏊、梁储等，后均为一代名臣。

弘治元年（1488），董越出使朝鲜，凡朝鲜馈赠给他个人的物品，一件都没有接受。他还根据自己的所见所闻撰写了《朝鲜赋》，记述朝鲜的民情风俗，内容极为丰富，且颇富文采，被国人广为传诵。他还著有《使东日录》、《圭峰文集》、《董文僖公集》等。

（二）出使朝鲜、唱诗和词——唐皋

正德九年（1514）状元

唐皋（1469～1526），字守之，号心庵，别号紫阳山人。南直隶徽州府歙县（今安徽黄山市）人。明正德年间状元，官至侍讲学士兼经筵讲官。曾奉旨出使朝鲜，是中朝交流史上的重要人物之一。

正德十六年（1521），新登基的明世宗嘉靖皇帝任命唐皋为钦差正使，出使朝鲜。在出使过程中，唐皋第一次在官方层面上将李梦阳等“前七子”的复古主张介绍到朝鲜，对李朝中后期的文学复古革新产生了深远的影响。归朝后，唐皋参修《武宗实录》。嘉靖五年（1526）三月，唐皋去世，年仅 58 岁。唐皋去世的消息传到朝鲜后，曾和唐皋唱和的李朝文学家李荇、郑士龙等人都作诗寄托缅怀之情。

（三）出使朝鲜、书画名家——朱之蕃

万历二十三年（1595）状元

朱之蕃（1548～1624），字元升、元介，号兰嵎、定觉主人。原籍山东聊城茌平县，后附籍南京锦衣卫。万历二十三年（1595）状元，授翰林院修撰，历任庶子、少詹事、礼部侍郎、吏部侍郎。后以母丧，不复出仕。死后，朝廷赠其礼部尚书。

万历三十三年（1605），朱之蕃奉命出使朝鲜，与其国才士互相辩难，赋诗赠答，应对如流，且语言得体，礼仪得当，不辱使命。他醉心于自己的生平爱好：工绘画，竹石兼得东坡神韵，山水酷似米芾等绘画大家；工书法，师法赵孟頫、颜真卿、文徵明笔意。著有《南还杂著》、《金陵四十景图考》、《莫愁旷览》、《奉使朝鲜稿》等文集。书画作品有《君子林图卷》、《杉禽图》等。

（四）出使安南、平定局势——李仙根

顺治十八年（1661）进士

李仙根（1621～1690），名之钦，字子静，号南津。遂宁县人。李仙根的父亲是李如石，也是进士出身，曾任长洲知县，是著名的经学家、语言学家。李仙根为顺治十八年（1661）进士，先后曾任宏文院编修、秘书院侍、总裁武会试，充任《世祖实录》副总裁、内阁学士、右副都御史、户部侍郎、经筵讲官、光禄寺少卿等。善书法，尤精行草，其绘画饮誉画坛，著有《游野浮生集》、《奏疏碑记》等。

康熙七年（1668）安南（今越南）内乱，黎维禧占据莫元清之高平地，双方矛盾激化，最后莫元清逃到广西南宁。康熙皇帝命令李仙根出使安南，

朝廷赐正一品麒麟蟒服以行。经三个月的处理，莫元清返回高平，安南的局势由此平定。李仙根在回朝廷的途中写下了《安南使事纪略》，并得到了皇帝的喜爱。

（五）四国大臣、和平外交——洪钧

同治七年（1868）进士

洪钧（1839～1893），字陶士，号文卿，江苏吴县（今苏州）人，祖籍徽州歙县。同治七年（1868）获状元后，任翰林院修撰，后历任湖北学政、内阁学士、兵部左侍郎等。1889年至1892年任清廷驻俄、德、奥、荷四国大臣。回国任总理各国事务衙门大臣期间，主张加强军训，巩固边防。

1887年，洪钧奉命出使俄、德、荷、奥四国，身兼四国出使大臣，往返于四国。洪钧置身于列强之间，更加真切地感受到列强之间存在的尖锐矛盾。他上书朝廷，指出中国应利用列强之间的矛盾，致力于自身的强大。在对外交涉上，他始终反对用兵，主张通过外交途径和平解决问题。

七　文化艺术

（一）尊重文学、注重创新——汤显祖

万历十一年（1583）进士

汤显祖（1550～1616），字义仍，号海若、若士。江西临川人。万历十一年（1583）进士，任太常寺博士、礼部主事，因弹劾申时行，降为广东徐闻典史，后调任浙江遂昌知县，又因不附权贵而免官，未再出仕。

汤显祖重视文学创新而反对当时的复古之风。他的戏剧创作现存主要有五种,即“玉茗堂四梦”（或称“临川四梦”）及《紫箫记》。“玉茗堂四梦”即《紫钗记》、《牡丹亭》、《邯郸记》、《南柯记》。这四部作品中，汤显祖最得意，影响最大的当数《牡丹亭》。

（二）精通经史、工于诗词——朱彝尊

康熙十八年（1679）进士

朱彝尊（1629～1709），字锡鬯，号竹垞，又号醧舫，晚号小长芦钓鱼师，又号金风亭长，秀水（今浙江嘉兴市）人，清代著名诗人、词人、学者。康熙十八年（1679）举博学鸿词科，被授翰林院检讨，入史馆参加纂修《明史》。朱彝尊博通经史，他的诗与王士祯称南北两大宗；他的词风格清丽，是浙西词派的创始者，与陈维崧并称“朱陈”。朱彝尊精于金石文史，不遗余力购藏古籍图书，是清初著名藏书家之一。

朱彝尊是明朝大学士朱国祚曾孙，天赋极高，读书能够过目不忘。年

轻的时候勤奋善学，四方游学，期间不论碰到祠堂荒冢，还是破炉残碣上面的文字，都会细细搜索考证，参照对比历史记载，寻找差异。康熙十八年（1679），应试博学鸿词科考，朱彝尊以布衣入选，时称“四大布衣”（朱彝尊、严绳孙、潘耒、李因笃）。康熙南巡期间，在无锡迎驾，御书“研经博物”匾额赏赐给他。当时王士祯工诗，汪琬工文，毛奇龄工考据，只有朱彝尊兼有众长。著有《经义考》、《日下旧闻》、《曝书亭集》，编有《词综》、《明诗综》等。

（三）兴贤育才、学术巨儒——黄叔琳

康熙三十年（1691）进士

黄叔琳（1672～1756），幼名伟元，字昆圃、宏献，号金墩、北砚斋，晚号守魁。顺天大兴（今属北京）人。康熙时进士，历经康熙、雍正、乾隆三朝。曾任侍讲、鸿胪寺少卿、浙江巡抚、浙江总督，官至詹事、内阁学士、礼部侍郎、刑部侍郎、吏部侍郎。

黄叔琳主政浙江期间，励精图治，剪除地方巨恶，严惩贪官污吏，辨释冤狱冤案，赈济灾害伤亡，最值得称道的是他能够荐贤举能。主政山东期间，他更是以兴贤育才为己任，当时被公认为“巨儒”。著有《砚北易钞》十二卷、《诗经统说》三十二卷、《周礼节训》六卷、《夏小正传注》一卷、《史通训故补注》二十卷、《文心雕龙辑注》十卷，另有《宋元周易解提要》、《易解别录》、《宋元春秋解提要》、《颜氏家训节录》、《砚北杂录》、《砚北丛录》、《养素堂诗文集》等。

（四）四库功臣、文坛巨人——纪昀

乾隆十九年（1754）进士

纪昀（1724～1805），字晓岚，一字春帆，晚号石云，又号观奕道人、孤石老人，谥文达。直隶河间府献县（今属河北）人。清代藏书家、学者、

文学家、目录学家。历任礼部尚书、编修、协办大学士等。

乾隆三十八年（1773）开四库全书馆，大学士刘统勋推荐纪昀任总纂官，从此，他一生的主要精力便倾注在此项事业上。《四库全书》编成后，迁任左部御史，再迁礼部尚书，被誉为乾嘉时代学术界之泰斗。编纂《四库全书总目提要》200卷，正式入库书3503种，收入79337卷；存目书6819种，93500余卷，概括了清乾隆以前尤其是元代以前的古籍，对保存和传播中国古代文化典籍有重要贡献。

纪昀为文，重视文学作品的艺术效果。著有笔记小说《阅微草堂笔记》、《纪文达公遗集》。

（五）戏曲名家、文坛巨匠——蒋士铨

乾隆二十二年（1757）进士

蒋士铨（1725～1785），字心馀、苕生，号藏园、清容居士，晚号定甫。铅山（今属江西）人。乾隆二十二年（1757）进士，官翰林院编修。曾主持蕺山、崇文、安定三书院讲席。精通戏曲，工诗古文，是清代著名的戏曲家、文学家，与袁枚、赵翼合称“江右三大家”。

蒋士铨一生官场失意，于乾隆二十九年（1764）辞官南归，开始讲学生涯。他先在南京与袁枚等友人交游，后于乾隆三十一年（1766）开始主持绍兴蕺山书院讲习。乾隆三十七年（1772），他又主持扬州安定书院。蒋士铨的十年教育生涯，多与文人品评艺术，交流思想，批判社会现实，是其创作的丰收季节，也是其创作风格的成熟阶段。其戏曲创作有《桂林霜》、《四弦秋》、《雪中人》、《香祖楼》、《临川梦》等重要剧目。

（六）“六经皆史”——章学诚

乾隆四十三年（1778）进士

章学诚（1738～1801），原名文酕、文镳，字实斋，号少岩，会稽（今

浙江绍兴）人。乾隆四十三年（1778）进士，曾任国子监典籍，曾主讲定州定武、保定莲池书院，并为南北方志馆主修地方志。

章学诚一生精力都致力于讲学、著述和编修方志。所著《文史通义》，与唐刘知几的《史通》并称史学理论名著。章学诚倡“六经皆史”，其中《文德》、《文理》和《史德》等篇中涉及理论见解最多。

（七）潜心研究书法——邵瑛

乾隆四十九年（1784）进士

邵瑛（1739～1818），字桐南，号瑶圃，浙江余姚人。乾隆四十九年（1784）进士第二名，授翰林院编修，后历任国史馆纂修、文渊阁检阅等。他擅长书法，根据学习心得编写《楷书间架结构二十九法》一书。

邵瑛自幼就在他父亲邵升陛的教育下，由浅入深，最终精于朴学。之后他又致力于训诂，尤其在研究《说文解字》上竭尽精力。他对群经正字的著述，引起了大学问家朱珪、翁方纲的垂青。纪昀计划编写的《规杜持平》一书，始终未能完成，最后求助邵瑛。邵瑛秉承纪昀的要求，完成了这部著作。邵瑛七十多岁以后，闭门不出，潜心著述，创作了《黄叶著书图》以铭其意。

（八）续写红楼——高鹗

乾隆六十年（1795）进士

高鹗（约1738～约1815），字兰墅、云士，汉军镶黄旗内务府人，祖籍铁岭（今属辽宁），先世清初即寓居北京。乾隆六十年（1795）进士，历任内阁中书、内阁侍读、顺天乡试同考官、江南道监察御史、刑科给事中。在任以“操守谨、政事勤、才具长”见称，为官两袖清风。

高鹗因酷爱《红楼梦》，别号“红楼外史”。众所周知，《红楼梦》是中国古典文学四大名著之一，作者曹雪芹用其一生撰写，计划写一百二十回，但是写到八十回就去世了，后面的四十回是由高鹗续写。据说当时高鹗在京城遇到了江苏人程伟元，二人对当时流传的《红楼梦》（八十回）非常欣赏和喜欢，钦佩曹雪芹的才华，在搜集前八十回的基础上，陆续收得后四十回书稿的残抄本，于是两人共同修补，成一百二十回。高鹗除续写《红楼梦》后四十回外，还有《高兰墅集》（草稿本）、《吏治辑要》及诗集《月小山房遗稿》、词集《砚香词·簏存草》等。

（九）忧国忧民、文学新篇——龚自珍

道光九年（1829）进士

龚自珍（1792～1841），字璱人，又名易简，字伯定，又更名巩祚，号定庵，仁和（今浙江杭州）人。晚年居住在昆山羽琌山馆，又号羽琌山民。清代思想家、诗人、文学家及改良主义的先驱者。

龚自珍著有四篇《明良论》，第一次明快地表露了自己的政治见解，对君权专制进行抨击。他认为腐败的原因首先在于皇帝视臣下如犬马、奴才，这样使大臣不知廉耻，只知朝夕长跪，只知以言词取媚君上。这样“官益久则气愈偷，望愈崇则谄愈固，地愈近则媚亦益工”[1]。

道光九年（1829），龚自珍第六次参加会试，终于考中了进士。他在殿试对策中仿效王安石《上仁宗皇帝言事书》，撰写了《御试安边绥远疏》，议论新疆平定准噶尔叛乱后的善后治理政策，从施政、用人、治水、治边等多个方面提出了自己的改革主张。在历任京官期间，龚自珍屡屡上书，指斥时弊，但都未被采纳，甚至被同僚视为“痼疾”，不断遭到权贵的排挤和打击。道光十九年（1839），他离京南归，同年九月又自杭州北上接还眷属。两次往返途中，百感交集的龚自珍写下了忧国忧民的诗文，这便是有名的《己亥杂诗》。

1.《龚定庵全集类编》，中国书店，1991年，第133页。

（十）金石学家、发现甲骨文第一人——王懿荣

光绪六年（1880）进士

王懿荣（1845～1900），字正儒、廉生，山东福山（今烟台市福山区）人。中国近代金石学家、甲骨文的发现者和爱国人士。光绪六年（1880）进士，历任编修、侍读、祭酒等职。

王懿荣幼承家学，聪颖勤奋，广涉书史，青年时就开始潜心于金石之学。他走遍鲁、冀、陕、豫、川等地来搜求文物古籍，拜访金石收藏名家，与他们共同切磋琢磨，撰有《汉石存目》、《古泉选》、《南北朝存石目》、《福山金石志》等书，成为当时著名的金石学家。光绪二十五年（1899），王懿荣首次发现甲骨文，并将其时代断为商代，轰动了中外学术界，是我国第一代甲骨学家。

八 以德为官

（一）文章第一、忠君不二——王艮

建文二年（1400）进士

王艮（1368～1402），字敬止，吉水人。建文二年（1400）进士，参与编修《太祖实录》、《总集类要》、《时政纪》等书。

燕兵逼近京城，王艮与妻子诀别，并对她说："食人之禄者，死人之事，吾不可复生矣。"[1] 在京城失陷前一晚喝毒酒而死。

（二）壮志不已、敬业守职——归有光

嘉靖四十四年（1565）进士

归有光（1507～1571），字熙甫，又字开甫，别号震川，又号项脊生，江苏昆山人。60 岁方成进士，历长兴知县、顺德通判、南京太仆寺丞，留掌内阁制敕房，参与编修《世宗实录》，卒于南京。归有光与唐顺之、王慎中都崇尚内容翔实、文字朴实的唐宋古文，并称为"嘉靖三大家"。归有光的散文创作具有极深造诣，当时被称为"今之欧阳修"，后人称赞其散文为"明文第一"，著有《震川集》、《三吴水利录》等。

明朝时，太湖水旱灾情越来越严重。归有光居住在安亭时，对太湖地区的水利情况进行了研究，上书给当时的兵道、知府、知县，阐述自己的

1.（清）刘坤一等：《光绪江西通志（五）》，《中国地方志集成·省志辑·江西》第六册，凤凰出版社，2009 年，第 85 页。

治水主张。他还搜集当时相关的水利文献，著《水利论前》、《水利论后》等，撰成《三吴水利录》四卷，是古代太湖水利研究的重要资料。

嘉靖四十四年（1565），归有光第九次参加会试，终于考中进士，此时他年已60。他满腹诗文经义，一心想为国出力，却被分派到僻远的长兴当知县。归有光一心学习两汉循吏，做廉洁刚正之官：兴办学校，培养后进；整治恶吏，平反冤狱。在治长兴的短短两年中，归有光实实在在地为百姓做了几件好事，深受百姓拥戴。

隆庆二年（1568），63岁的归有光迁顺德通判，这其实是明升暗降，但他到任却还是兢兢业业。他利用马政通判的清闲，广阅史籍，采访掌故，修了一部完备的《马政志》。

（三）孝顺父母、恪尽职守——史大成

顺治十二年（1655）状元

史大成（1621～1682），字及超，号立庵，浙江鄞县人。清顺治十二年（1655）汉榜状元。殿试时，史大成的考卷被主考官拟为第三（探花），顺治帝御览时，推崇他行文雅正，书法端庄秀丽，欣赏他的人品，于是钦定他为状元。历任翰林院修撰、戊戌科会试同考官、顺天武闱乡试主考官、内阁学士、经筵日讲起居注官。

康熙年间，史大成曾多次典司科考，始终尽心尽力，廉洁公正，恪尽职守，唯才是举，被认为是称职的考官。据说在他任主考官时，有人上书康熙皇帝，建议免除朝廷对孝子节妇的粮米供给，他们说："孝顺父母，为丈夫守节，是他们分内之事，与朝廷何干？"而史大成坚决驳斥这种议论："为子不孝，为妇不贞，又与朝廷何干？但为何却要对他们绳之以法？"他的意见让康熙帝十分赞赏，下令对孝子节妇之粮米供应不得减免。弃官在乡期间，他捐资义修家乡水利。

（四）德才兼备、公正严明——陆肯堂

康熙二十四年（1685）状元

陆肯堂（1650～1696），字邃升，一字澹成，江苏长洲（今江苏苏州）人。祖父陆延楫品行学识称道于世，好行善赈济贫困，乡人颂其为有德之人。又嗜书笃学，精通天文地理。其父亲陆究，个性豪放，为人敏捷有智略，曾被诰赠为吴县清生。陆肯堂自幼受到良好教育，天赋颖悟，苦读嗜学。

康熙二十四年（1685）陆肯堂状元及第后，朝廷授翰林院修撰。康熙二十六年（1687）即充任丁卯科乡试江西正考官。他秉公办事，以才选人，“所得尽知名人士”，时人皆赞其公正严明。陆肯堂不仅才学为人称颂，而且德行令人钦佩。陆肯堂父亲早亡，他能尽心赡养祖父，抚养异母弟。对待幼孤他辅之成人，对待姊妹循礼关照。时人认为他的德望才学都不愧于状元之称。

（五）爱民如子、清正廉洁——郑燮

乾隆元年（1736）进士

郑燮（1693～1765），字克柔，号板桥，江苏兴化人，应科举为康熙年间秀才，雍正十年（1732）举人，乾隆元年（1736）进士。官山东范县（今属河南）、潍县县令。清代书画家、文学家。

郑燮在范县做县令期间重视农桑，体察民情，与民休息，百姓安居乐业。郑燮为官清廉，兢兢业业，利用空闲时间与文人们喝酒吟诗，以至于文人们经常忘记他是一县的长官。郑燮后来被调任到潍县做官，恰逢荒年，那里的百姓饥饿无食，他就打开官仓发放粮食，赈济灾民。因为没向上级报告，当时还有人阻止他，郑燮说：“这都什么时候了，要是向上申报，辗转往复，百姓怎能活命？上级降罪，我来承担。”于是打开官仓赈济当地灾民，使上万人得以活命。任命到期的时候，潍县的百姓沿路相送，百姓对其的爱戴由此可见一斑。

（六）体恤民苦、贤名县令——袁枚

乾隆四年（1739）进士

袁枚（1716～1798）字子才，号简斋，晚年自号仓山居士、随园主人、随园老人，钱塘（今浙江杭州）人。乾隆四年（1739）进士，历任溧水、江宁等县知县，有政绩，40岁即告归。清代诗人、散文家。

乾隆八年至十年（1743～1745），袁枚任沭阳知县。在歌舞升平的乾隆盛世，沭阳民间却是万户萧疏、悍吏横行。他到任不久，针对这种情况，开仓赈灾，减免赋税，率民治水，修建有名的六塘子堰。他采取多种抗灾措施，恢复和发展农业生产。他严厉管束家属、下属、衙役，不准扰民害民。在讼狱处理上，他终日坐堂，小案立结，大案从速，加上治理有方，社会秩序较以前稳定。他与耕夫、蚕妇、工匠、商贩、书生皆有交往。他说："视民如家，官居而不能忘其地者，则其地之人，亦不能忘之也。"百姓都称他为"大好官"，成为父母官"为官一方、造福百姓"的极好范例。

（七）不畏权势、正直廉洁——胡长龄

乾隆五十四年（1789）状元

胡长龄（1758～1814），字西庚，号印渚，江南通州（今江苏南通）人。乾隆五十四年（1789）状元，授翰林院修撰。曾任国子监祭酒，并主试山东，后官至礼部尚书。胡长龄才誉卓著，为"江东三俊"（胡长龄、马有章、李懿曾）之一，著作有《胡三余堂存稿》等。

胡长龄为官刚正不阿，反对趋炎附势，曾多次智斗当朝权倾一时的和珅。胡长龄考中状元，自然就是当朝宰相和珅的门生，按照惯例拜谒和珅也是理所应当。可胡长龄却因为不齿和珅的所作所为而不愿交结，自然也就不屑去拜谒和珅。嘉庆年间，和珅倒台后家中被抄，人们发现朝廷大臣一般都与和珅有往来，唯独没有胡长龄的只字片言。胡长龄的正直和才干，使他得到嘉庆皇帝的赏识，官职逐步提升，位至礼部尚书。

（八）孝顺父母、不忘故乡——吴信中

嘉庆十三年（1808）状元

吴信中（1772～1827），字阅甫，号蔼人，安徽休宁县人，寄籍江苏吴县（今江苏苏州），吴云之子。嘉庆十三年（1808）四月二十一日的殿试在保和殿开考，吴信中一举夺魁，成为清朝开国以来第六十九名状元。历任河南乡试主考、广东乡试主考、左庶子、湖北乡试主考、四品侍读学士等。

吴信中儿时由于家中贫困被遗弃，由其养父吴云捡回养大。等到他高中状元之后，养父将实际情况告诉了他，并告知其生母仍然健在。吴信中得知后对养父感激涕零，不计前嫌接回其生母来奉养、照顾，并对其养父吴云始终孝顺。他居官秉公无私，很有声望。

（九）三元及第、为政清廉——陈继昌

嘉庆二十五年（1820）状元

陈继昌（1791～1849），原名守睿，字哲臣，号莲史，广西临桂人。嘉庆二十五年（1820）中状元后，授职翰林院修撰。陈继昌抱病应殿试而连中“三元”（解元、会元、状元），声名大振。察考又得第一，故又有“三元及第”之称。他是中国科举史上最后一位“三元”状元。

陈继昌在翰林院修撰国史三年后，历任陕西、甘肃、顺天等乡试典试官，道光六年（1826）任会试同考官。道光十年（1830）后，历任山东兖州知府、直隶保定知府、通水河道巡察、江西按察使，山西、直隶、甘肃、江宁布政使等职。道光二十五年（1845），官至江苏巡抚。陈继昌为官所到之处，都是六十年前其高祖陈宏谋曾经任职的地方，这并非历史巧合，而是朝廷的有意安排，其中的目的不言自明，就是让陈继昌时刻注意维护陈宏谋的声誉和自身形象。

陈继昌外任期间，每次回京，皇帝都要召见他，并慰勉一番。这是一

种十分难得的殊荣。陈继昌任地方官期间，果然不负重望，勤谨办事，做了许多兴利除弊、促教兴文和兴修水利的实事，为振兴当地发展作出了贡献，而且为政清廉，上到皇帝、朝臣，下至同僚、部属以及普通老百姓，都对他的廉洁表示出崇高的敬意。陈继昌在官场近三十年，始终坚持清廉持重、不贪不贿。他十分热爱自己的父老乡亲，但从不徇私情。在传统社会，“循吏”的美名不是随便能得到的，只有那些“重农宣教、清正廉洁、所居民富、所去见思”的地方官才能享受这样的美誉。这是当时人们对陈继昌为官之道的认可与肯定。

（十）修身治县、清廉为官——郑秉恬

道光二年（1822）进士

郑秉恬（1783～1840），字性和，号云蟿，瑞州上高（今江西上高）人。清道光二年（1822）壬午科进士。道光二年壬午科是庆祝道光帝登极而特开的恩科，殿试钦赐郑秉恬一甲第二名进士及第，授翰林院编修，历任山西五寨知县、曲沃知县等职。曲沃在当时是有名难治的大县，针对公役假威挟诈的弊端和现象，郑秉恬在曲沃知县任上广察民情，为加强与百姓联系，特设两个密封投诉箱，箱上写着“愿闻己过，求通民情”。两个投诉箱在白天放在通衢路口供百姓投诉，到了夜晚，郑秉恬就独自查阅、了解民情，这些投诉信虽不全以为凭，而一县之情真伪尽知，自此官不敢贪，县境也逐渐归于平安。这些举措显示了他修身治县的心愿和身体力行的态度。

（十一）勤政爱民、一心为民——毛澄

光绪六年（1880）进士

毛澄（1843～1906），字叔云，号瀚丰，四川仁寿县人。毛澄幼时聪慧好学，专攻经史，旁及诸子百家，对于学术源流、政治兴废无不研习，

其为文切合时宜，义理精当。光绪六年（1880）会试，毛澄中进士，殿试三甲、朝考第一等，授翰林院庶吉士，以知县待选。光绪十年（1884）起，毛澄先后历任山东数十县知县，勤政爱民，政绩卓越。

毛澄在菏泽时，亲自带队察看规划黄河堤防，先疏通河身之后，再加固堤基，水患遂得排除，民众也少受水患之苦。因此在去职时，士民挽留不让他走。光绪十七年（1891）任历城知县，夏季洪水季节，毛澄亲临指挥抢险。任职泰安时，毛澄捐出自己的薪俸造船三十余艘供民众渡用。光绪二十一年（1895）调任益都以后，毛澄考察水患之源，派民工采用“以工代赈”加以疏导，把数百年毁弃荒地变为良田。任职邱县期间，逢连年干旱，毛澄上报请求动用仓库粮拨款赈恤，平价售粮，使民众得以安居。

（十二）秉承父训、乐善好施——陈冕

光绪九年（1883）进士

陈冕（1859～1893），字冠生，顺天宛平（今北京市）人，祖籍浙江绍兴府山阴县，籍贯济南。光绪九年（1883）癸未科状元，授翰林院编修。早年师从山东举人、翰林院编修王芷庭。十七岁参加乡试中举，留在咸安宫任教习，并任国子监学正学录。光绪九年（1883）参加殿试，一举夺魁，成为状元，授翰林院修撰，掌修国史。

陈冕的父亲陈恩寿曾历任莱阳、恩县、长清知县，后辞官专做善事，因乐善好施，时称“陈大善人”。光绪九年（1883），其父陈恩寿由于赈灾操劳过度而病倒。陈冕闻讯立即回到济南侍奉，其父最终积劳成疾，不治身亡。陈冕遂在家守制三年。光绪十年（1884），黄河又发大水，灾情严重，陈冕秉承父训，倾尽家财，赈济灾民，亲自带领亲友，去给灾民送饭送水，并选择高处建简易民房多处，安置灾民暂时栖身。陈氏父子扶危济困的义行义举使家乡的百姓甚为感动。三年丧满，陈冕回京任职。光绪十九年（1893），陈冕在济南病逝。

后 记

北京孔庙和国子监，是元、明、清皇家祭孔和教育、教化的专用场所。临雍讲学，则是皇帝崇儒重道、宣扬教化的盛大典礼活动。在具有七百多年历史的孔庙国子监古建遗址上成立的博物馆，自然肩负着弘扬优秀传统文化的使命。如何发掘孔庙国子监的深厚历史文化底蕴，是我馆同仁一直思考的问题。

在传统文化资源的发掘上，我们认识到，皇帝临雍讲学汇集大成，是锻造文化品牌的亮点。但首先面临的一个问题是：明清皇帝的讲学到底讲了什么？这项空白必须填补。这也是编辑本书的最初缘起。2012 年 8 月，馆领导即明确提出了收集整理皇帝讲学资料并争取汇集成册的设想。随后，我馆研究部的同仁们便通力合作，将这个设想逐步扩展完善，并付诸实施。一方面，我们争取资料上的发掘和完善。这指的是收集和皇帝讲学相关的资料。另一方面，我们也希望不仅仅就讲学而论讲学，我们必须再寻求点什么，再力图表达更多。讲学仪式无疑是皇帝和封建国家表达对教育重视的一种形式，但仅仅表达重视又让人隐约觉得意犹未尽。仅仅将讲学的资料提供给读者会不会于事无补、于今无益？这背后到底缺少些什么呢？明清的统治者们会不会再做点什么呢？这样的困惑萦绕脑际之时，却是“踏破铁鞋无觅处，得来全不费工夫”，北京孔庙第一进院落竖立的 198 块进士题名碑不就给出了答案吗？于是我们将讲学视作理论导向，将科举视作制度实践，而皇帝是讲学的主体，士子是实践的主体。一务虚，一务实，浑然天成。

在我馆的同仁们将本书的设想搭出框架、划定范围、精选案例并一步步使之实现的两年多时间里，我们并不是一气呵成的。2013 年上半年，在查找讲学资料的同时，馆领导也曾调派人力研究讲学流程、卤簿仪仗和衣冠服饰，为能够将讲学再现为展演的方案提供了资料基础。展演虽未实现，但我们在“中国古代官德文化展”中，将临雍讲学以幻影成像的方式再现给观众。这些经历，都凝聚了工作队伍，提高了业务能力。

在本书即将付梓之际，我们诚挚地感谢对本书编写提供帮助和关怀的各位人士。感谢孔庙和国子监博物馆吴志友馆长的殷切关怀和大力支持；感谢李超英副馆长和王琳琳主任在本项工作上的领导和帮助；感谢研究部高彦副研究馆员在编写上的指导；感谢首都博物馆刘高研究馆员对书稿修改提出的宝贵意见。同时感谢中国国家图书馆的孙圆馆员，中国民族博物馆的胡彦龙馆员，中国人民大学历史学院的郑云艳博士、苏柏玉博士、李诚博士、孙泉硕士在资料查找上为我们提供的巨大帮助。故宫出版社的王志伟编辑对本书的出版颇为费心尽力，特意从故宫博物院的馆藏资源中发掘出《胤禛临雍图》用于本书的封面设计。此图为清宫画家原作，描摹雍正讲学实景，十分契合本书主旨。吴庆庆、宋文二位编辑对本书的编排提供了很多帮助。对他们三位我们也一并致以谢意。

当然，这本书也不能尽如人意，我们诚挚地希望广大读者提出宝贵意见，给予批评指正，支持我们传承优秀传统文化的初心。

孔庙和国子监博物馆研究部

2016 年 3 月

图书在版编目（CIP）数据

明清皇帝讲学录 / 孔庙和国子监博物馆编 . — 北京：故宫出版社，2016.3

ISBN 978-7-5134-0814-1

Ⅰ. ① 明… Ⅱ. ① 孔… Ⅲ. ① 教育史—史料—中国—明清时代 Ⅳ. ① G529.4

中国版本图书馆 CIP 数据核字 (2015) 第 245021 号

明清皇帝讲学录

孔庙和国子监博物馆 编

出 版 人：王亚民

责任编辑：宋 文 吴庆庆 王志伟

装帧设计：王 梓 贾玉英

出版发行：故宫出版社

地址：北京市东城区景山前街4号 邮编：100009

电话：010-85007808 010-85007816 传真：010-65129479

网址：www.culturefc.cn 邮箱：ggcb@culturefc.cn

印 刷：北京方嘉彩色印刷有限责任公司

开 本：787毫米×1092毫米 1/16

印 张：19.5

字 数：281千字

版 次：2016年3月第1版

2016年3月第1次印刷

书 号：ISBN 978-7-5134-0814-1

定 价：86.00元